跨界治理：
理论·规划·机制

CROSS-BOUNDARY GOVERNANCE:
THEORY, PLANNING AND MECHANISM

陈小卉　间　海　胡剑双　钟　睿　国子健　著

中国建筑工业出版社

图书在版编目（CIP）数据

跨界治理：理论·规划·机制 = Cross-Boundary Governance：Theory，Planning and Mechanism / 陈小卉等著. —北京：中国建筑工业出版社，2022.6

ISBN 978-7-112-27285-3

Ⅰ.①跨… Ⅱ.①陈… Ⅲ.①区域—行政管理—研究—中国 Ⅳ.①D630.1

中国版本图书馆CIP数据核字（2022）第058275号

自党的十九大报告提出"建立更加有效的区域协调发展新机制"以来，建立健全跨界治理体制机制成为提升各领域的跨界治理能力和水平的迫切需要和重要保障。本书分为理论篇、规划篇和机制篇。理论篇综述了跨界治理相关理论研究和实践经验，聚焦于跨界治理在中国的模式演变和实践表现，明确跨界治理的内涵和目标；规划篇主要基于长三角地区的实践，重点聚焦于跨界协调规划的实践经验，对战略协调、实施协调、专项协调三种类型跨界协调规划进行了深入剖析；机制篇则探讨了跨界治理主体的不同组织模式、协调跨界资源的政策手段，以及保障跨界治理有效实施的制度设计。

本书可供相关政府管理人员阅读，供广大国土空间规划及相关规划工作者参考，也可为区域规划和区域治理研究实践提供思路。

责任编辑：焦　扬　陆新之
版式设计：锋尚设计
责任校对：张惠雯

跨界治理：理论·规划·机制
CROSS-BOUNDARY GOVERNANCE：THEORY，PLANNING AND MECHANISM
陈小卉　闾　海　胡剑双　钟　睿　国子健　著
*
中国建筑工业出版社出版、发行（北京海淀三里河路9号）
各地新华书店、建筑书店经销
北京锋尚制版有限公司制版
北京中科印刷有限公司印刷
*
开本：787毫米×1092毫米　1/16　印张：17½　字数：336千字
2022年9月第一版　　2022年9月第一次印刷
定价：**120.00元**
ISBN 978-7-112-27285-3
（39475）

版权所有　翻印必究
如有印装质量问题，可寄本社图书出版中心退换
（邮政编码100037）

2015年8月,《江苏临沪地区跨界协调规划研究》启动座谈会在苏州召开

2015年12月,《徐州都市圈规划》编制工作动员会在徐州召开

2018年1月,《宁扬一体化规划研究》专家咨询会在南京召开

2019年12月,南京都市圈城市发展联盟城乡规划专业协调委员会第七次会议召开

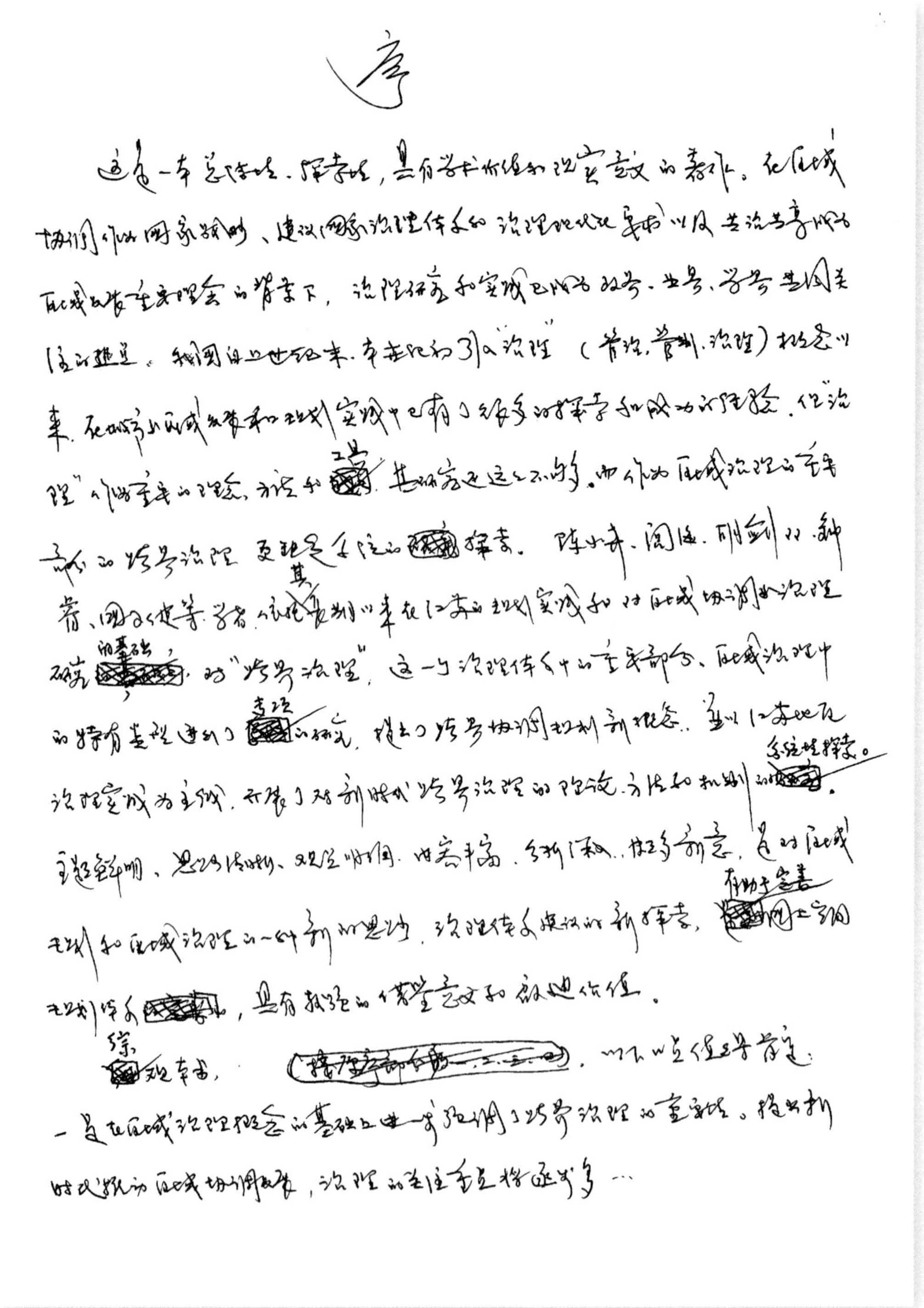

崔功豪教授为本书作序的部分手稿

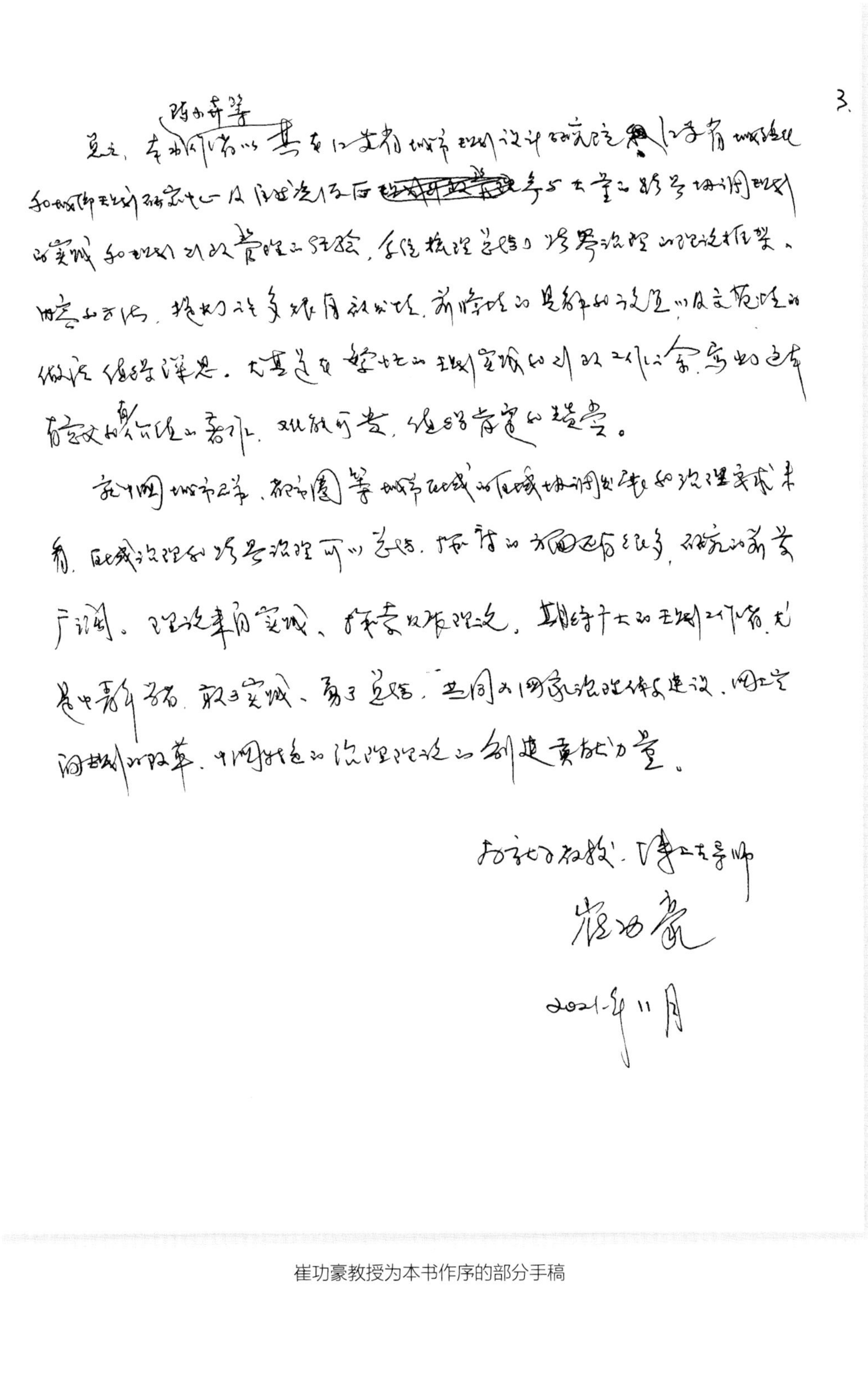

总之，本书作者以其在北京市城市规划设计研究院[不易辨认]长期有城市规划和城市管理研究中心，以及曾经长期在石景山区等多个区县和多个大学参与多种调研的实践和积累的丰富的工作经验，[不易辨认]整理总结的《城市治理》这部[不易辨认]成书，[不易辨认]数十万字，多视角多层次的，新颖的观点和讨论以及富有特色的做法经验介绍。大量翔实的整理完成的研究工作，令人耳目一新，[不易辨认]有效的实际性的著作。观点可贵，经验值得借鉴。

就中国城市之多，中国国情等城市地域和区域协调以及管理发展来看，区域治理和城市治理可以说在，探索的方面还有很多，研究的新学广阔。理论来源于实践，探索发展的路径。期待于更多的实际工作者、更多年轻人学者，致力实践、勤于总结，共同为国家治理体系建设、国土空间规划的改革，中国特色的治理体系的创建贡献力量。

北京大学教授、博士生导师
崔功豪
2021年11月

崔功豪教授为本书作序的部分手稿

这是一本总结性、探索性、具有学术价值和现实意义的著作。在区域协调作为国家战略、建设国家治理体系和治理现代化要求以及共治共享成为区域发展重要理念的背景下,治理研究和实践已成为政界、业界、学界共同关注的热点。我国自20世纪末、21世纪初引入"治理"(管治、管制、治理)概念以来,在城市与区域发展和规划实践中已有了很多的探索和成功的经验,但"治理"作为重要的理念、方法和工具,其研究还远远不够。而作为区域治理重要部分的跨界治理,更缺乏系统的探索。陈小卉、闾海、胡剑双、钟睿、国子健等学者依据其长期以来在江苏的规划实践和对区域协调与治理研究的基础,对"跨界治理"这一个治理体系中的重要部分、区域治理中的特有类型进行了专项的研究,提出了跨界协调规划新概念,并以江苏地区治理实践为主线,开展了对新时代跨界治理的理论、方法和机制的系统性探索。主题鲜明、思路清晰、观点明确、内容丰富、分析深入、颇多新意,是对区域规划和区域治理的一种新的思路,治理体系建设的新探索,有助于完善国土空间规划体系,具有较强的借鉴意义和启迪价值。

  综观本书,以下几点值得肯定:一是在区域治理概念的基础上进一步强调了跨界治理的重要性。提出新时代推动区域协调发展,治理的关注重点将逐步多元,从传统区域治理关注的宏观战略、统筹布局等,逐步向边界地区的协调、各不同主体之间的利益协调等方面延伸,从更高层次的尺度关注了地方基层事务,以及跨边界地区的具体板块协调事务。二是明晰了其与传统的区域规划、城镇体系规划、城市群和都市圈规划等的关系。提出将对跨界治理内容较为关注的各种规划,统称为"跨界协调规划",也可以理解为"有关跨界协调的规划",可以是国土空间规划体系中的专项规划,也可以是联合编制的国土空间规划等。三是明确提出了跨界协调规划分为战略协调、实施协调、专项协调三个层面,对理解跨界协调规划提供了清晰的视角。尤其是书中所展示的江苏省在新世纪以来开展的大量的区域规划管理实践，既是对过去实践的一个系统性总结，也对新时代如何与国土空间规划体系进行衔接提供了很好的借鉴。四是从组织架构、协调政策和实施保障三个方面系统地提出了完善跨界治理机制的建议，包括双层次模式、单层次模式、产业联盟形式和民间联盟等组织架构，以及在要素流动、设施共享、利益补偿等政策，在立法、投资开发和金融服务、矛盾仲裁、平台建设和考核监督等实施保障机制方面，为新时代中国推进跨界治理机制完善提供了系统的总结。

总之，本书作者陈小卉等以其在江苏省城市规划设计研究院、江苏省城镇化和城乡规划研究中心、江苏省住房和城乡建设厅及江苏省自然资源厅参与大量跨界协调规划的实践和规划行政管理的经验，系统梳理和总结了跨界治理的理论框架、内容和方法，提出了许多很有启发性、前瞻性的见解和观点，以及示范性的做法，值得深思。尤其是在繁忙的规划实践和行政工作之余，写出了这本有意义和有价值的著作，难能可贵，值得肯定和赞赏。

就中国城市群、都市圈等城市区域的区域协调发展和治理要求来看，区域治理和跨界治理可以总结、探讨的方面还有很多，研究的前景广阔。理论来自实践，探索发展理论。期待广大的规划工作者，尤其是中青年学者，敢于实践、勇于总结，共同为国家治理体系建设、国土空间规划的改革、中国特色的治理理论的创建贡献力量。

南京大学教授、博士生导师

2022年3月

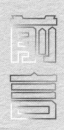

前言

经历了改革开放40余年的发展，中国经济社会发展突飞猛进，城市区域空间格局已逐步进入以城市群为主体构建大中小城市和小城镇协调发展的城镇格局，城市群成为新时代主要的国土空间载体。从国家的政策部署来看，对于区域协调发展的重视程度也不断提升，尤其是党的十九大报告提出"建立更加有效的区域协调发展新机制"，不仅从空间布局方面关注区域协调，更从深层次体制机制的建立健全来推进跨界治理。在国家"十四五"规划建议中，也明确提出，"坚持实施区域重大战略、区域协调发展战略、主体功能区战略，健全区域协调发展体制机制"，"健全区域战略统筹、市场一体化发展、区域合作互助、区际利益补偿等机制"，明确了新时代跨界治理的重点关注内容。

跨界治理概念源于区域治理。区域治理理论自21世纪进入中国，学术界随之开展了相关的探索，经历了以行政区划调整为主导的刚性治理模式以及以区域合作组织为主导的柔性治理模式等发展历程。区域治理的核心是通过建立良好的制度环境和法律来达到合理、公平的市场规则，去协调区域产业空间布局和城镇空间布局，重点在于不同层级政府或发展主体之间、同级政府之间的权利互动关系。而跨界治理则是在区域治理的基础上，更加明确区域之间治理的重点是跨界不同主体之间的关系，重点探索不同跨界主体之间的矛盾和利益如何协调，形成共建、共享、共赢的区域协调发展的格局。因此，在国家推进国家治理体系和治理能力现代化、进入新时代以城市群为主要载体的发展阶段的背景下，对跨界治理的理论、实践和机制进行深入探索研究，具有十分重要的现实意义。

从国际上的发展阶段来看，美国、西欧、日本等的城市群地区已经开展了一些跨界治理的实践，如日本东京都市圈、美国纽约大都市区等。从中国的发展来看，跨界治理比较成功的架构模式主要有两种：一是双层架构，如长三角执委会的模式,出台了长三角生态绿色一体化示范区22条支持政策等,对跨界治理的模式和方法都有很好的探索;二是肩并肩的平行架构,如南京都市圈的模式,在各相关城市共商共建中已经走过了20余年的发展历程。在跨界治理的规划实践上,近年来,京津冀协同发展、长三角区域一体化和粤港澳大湾区等区域战略不断出台,不同层级政府之间的跨界协调受到了更为广泛的关注,尤其是跨边界功能组团的协调,如近期出台的《长三角生态绿色一体化发展示范区国土空间总体规划(2019—2035年)草案公示稿》和《广佛高质量发展融合试验区建设总体规划》等,分别关注了跨省边界和跨市边界地区的协调发展事务等。

作为中国城市群发展最为成熟的地区之一,长江三角洲地区作了大量的跨界治理实践探索,以江苏为例,其地处长三角城市区域地区,历来高度重视跨界治理,积累了丰富的研究和实践经验。如在跨界协调规划等治理手段方面,重点编制了一系列区域规划、区域专项规划和跨界地区规划等,如编制完成了三大都市圈规划,次区域城镇体系规划,江苏临沪地区、宁镇扬一体化等跨界地区协调规划等,以及在跨界治理架构方面,创新探索了南京都市圈联盟,参与了上海大都市圈和长三角生态绿色示范区一体化工作等。本书主要聚焦中国区域治理从传统模式走向新时代跨界治理的新阶段,基于长江三角洲区域一体化发展的大背景,以江苏的跨界治理行动实践为研究基础,从跨界治理的理论基础、实践探索、机制创新等方面进行展开,对这一时期内的跨界治理实践经验进行回顾与总结,认为跨界治理和跨界协调规划是新时代推进城市群地区发展的重要手段。本书提出的跨界协调规划实际上也是历史的延续,是在区域规划、城镇体系规划、同城化规划等基础上,基于系统性认识提出的一种规划。严格来说,跨界协调规划不是传统意义上一个纯粹的规划类型,而是承担了跨界主体之间平等对话平台的功能,能够有效促进横向政府间的空间协同,同时也依托多方沟通的过程性,协调各方利益,同时还注重政府行动性,有效提升规划实施性。

本书分为上、中、下三篇。上篇为理论篇,主要综述了跨界治理溯源和相关理论研究,梳理既有研究中跨界治理的对象、内容、机制和模式,并回顾总结了国内外跨界治理方面的相关实践经验。聚焦于跨界治理在中国的模式演变和实践表现,全面剖析跨界治理矛盾的根源,并结合当前发展的新形势和新要求,明确跨界治理的内涵和目标,梳理分析了跨界治理的空间界定和重点内容等理论基础。

中篇为规划篇,主要是基于长三角地区的实践,重点聚焦于跨界协调规划的实践经验,试图通过对跨界协调规划的发展历程、概念、本质、类型和框架进行深入的研究,并结合跨界协调规划的典型实践案例进行深入剖析,理顺跨界协调规划的体系和内容。本书认为，跨界协调规划可以分为战略协调层面、实施协调层面和专项协调层面三个层面，并对三个层面的不同类型规划主要关注的内容进行了剖析，提出了与国土空间规划体系对接的相关设想。

下篇为机制篇，主要从"组织架构－协调政策－实施保障"三个维度，探讨了跨界治理主体的不同组织模式、协调跨界资源的政策手段，以及保障跨界治理有效实施的制度设计。跨界治理组织包括双层次、单层次、产业联盟形式、民间联盟形式等；跨界要素协调政策包括跨界要素流动政策、跨界设施共享政策和跨界利益补偿政策等；跨界治理保障机制包括立法、金融、仲裁、管理、监督考核等保障制度。

本书得到了中国城市规划学会规划实施学术委员会、区域规划与城市经济学术委员会的指导。全书由陈小卉拟定写作思路和框架并统稿，闾海、胡剑双协助统稿并参加全书撰写。钟睿、国子健等同志按分工参与撰写。全书共三篇11章，其中：上篇第1、2章由闾海、钟睿执笔，第3、4章由陈小卉、钟睿执笔；中篇第5章由闾海、胡剑双执笔，第6章由陈小卉、胡剑双执笔，第7、8章由陈小卉、国子健执笔；下篇第9、10章由胡剑双执笔，第11章由闾海、国子健执笔。陈宇琼、吴凡分别参与了上篇第1、2章和下篇的资料收集以及初稿的撰写工作。

作者团队长期在省级规划管理部门及规划机构工作，近年来持续跟踪跨界治理的前沿动态并开展了大量实践，书中所引用的《徐州都市圈规划（2016－2030年）》《江苏临沪地区跨界协调规划研究》《宁镇扬一体化规划研究》《环太湖地区绿色生态空间规划》等案例，均为作者在江苏省城镇化和城乡规划研究中心就职期间，带领团队完成的规划实践，《环阳澄湖特色田园乡村跨域示范区规划》《昆山南部水乡特色精品示范区规划》则为作者在江苏省规划设计集团完成的项目，以上项目的项目组成员丁志刚、杨红平、郑文含、叶晨、许景、邵玉宁、何常清、孙华灿、毕波、庞慧冉、鲁驰、孙光华、姚梓阳、姜克芳、尤雨婷、葛大永、汪虹、顾睿和陈文宇等对本书相关案例亦有贡献，在此表示感谢。本书在编写过程中也得到了江苏省规划设计集团及各级领导、社会各界专家的关心和指导，中国建筑工业出版社的编辑也对书稿进行了精心的编辑加工，在此一并致以最诚挚的谢意。

历经多年的实践探索，作为一份工作的总结，《跨界治理：理论·规划·机制》得以成稿。同时，也由于中国城市群还在不断地成熟完善，破除"行政区经济"的治理路径也在不断地创新，我们在跨界治理上的探索仍有更为广阔的研究领域，我们也将持续跟踪和总结。此外，限于作者水平有限和时间仓促，书中一定存在着不足和缺憾，还请广大读者和同行批评指正、不吝赐教。

作者

2022年3月于南京

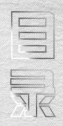

序
前言

上篇　理论篇

第1章　跨界治理相关研究 / 3
1.1　跨界治理溯源 / 4
1.2　跨界治理相关理论基础 / 9
1.3　跨界治理相关研究进展 / 16
1.4　跨界治理模式的比较 / 24

第2章　跨界治理国际实践 / 28
2.1　国际案例 / 29
2.2　国内案例 / 45

第3章　跨界治理的中国模式演变 / 57
3.1　中国区域治理重心演变 / 58
3.2　中国跨界治理的实践表现 / 66
3.3　中国跨界治理矛盾的根源透视 / 74

第4章　新时代跨界治理的理论体系构建 / 80
4.1　新时代背景下的跨界治理内涵 / 81
4.2　跨界治理的目标 / 85
4.3　跨界治理的空间范畴 / 86
4.4　跨界治理的内容重点 / 88

中篇　规划篇

第5章　跨界协调规划概述 / 98
5.1　跨界协调规划的概念内涵 / 99
5.2　跨界协调规划的中国实践回顾 / 100
5.3　跨界协调规划的类型 / 106

第6章　战略协调层面的跨界协调规划 / 109

6.1　战略协调层面的跨界协调规划内容 / 110

6.2　以区域战略协同为主导的跨界协调规划 / 112

6.3　以城镇空间治理为主导的跨界协调规划 / 117

6.4　以生态空间治理为主导的跨界协调规划 / 126

第7章　实施协调层面的跨界协调规划 / 136

7.1　实施层面的跨界协调规划内容 / 137

7.2　跨地级市空间发展格局协调规划 / 138

7.3　接壤沿线地区空间使用协调规划 / 145

7.4　跨界城镇组团空间建设协调规划 / 151

第8章　专项协调层面的跨界协调规划 / 158

8.1　专项协调层面的跨界协调规划内容 / 159

8.2　特定事项规划协调 / 160

8.3　特定地段设计协调 / 165

8.4　特定事项计划协调 / 170

下篇　机制篇

第9章　跨界治理组织架构 / 180

9.1　双层次治理组织 / 182

9.2　单层次治理组织 / 197

9.3　产业联盟形式治理组织 / 203

9.4　民间联盟形式治理组织 / 205

9.5　不同模式跨界治理组织特征 / 210

第10章　跨界资源协调政策 / 212

10.1　跨界要素流动政策 / 214

10.2　跨界设施共享政策 / 219

10.3　跨界利益补偿政策 / 228

第11章　跨界治理实施保障 / 234

11.1　跨界地区立法及合约机制 / 236

11.2　区域投资开发及金融服务平台 / 243

11.3　协商矛盾仲裁机制 / 247

11.4　跨区域平台建设 / 250

11.5　考核监督机制 / 254

参考文献 / 260

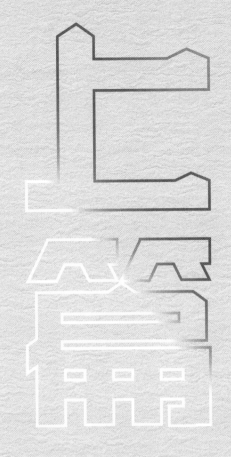

理 —— 论 —— 篇

当前，中国经济由高速增长阶段转向高质量发展阶段，经济发展的空间结构正在发生深刻变化，中心城市和城市群正在成为承载发展要素的主要空间形式。党的十八大以来，党中央高度重视区域协调发展，提出了京津冀协同发展、长江经济带发展、粤港澳大湾区建设、长三角一体化发展等区域发展战略，对区域协调发展提出了新的要求。过去城市间各自为政的竞争状态不可持续，发挥各地区比较优势、促进各类要素合理流动和高效集聚、关注区域空间治理已成为当前形势下的现实需求，我们必须适应新形势，谋划区域协调发展的新思路。

"治理"（governance）一词最早出现于西方社会经济由福特主义倡导的大规模生产和凯恩斯福利社会，向后福特主义下的弹性专业化生产模式和新自由主义转变的时期，以应对因全球化竞争、弹性经济体系、民众力量成长等新背景而产生的国家危机，其内涵更为强调"多方协作治理"。反观中国，在"多方协作"的基础上，治理的关注尺度经历了从国家层面，到城市层面、城市区域层面，再到流域性地区和跨界地区四个阶段。十九大报告中提出，"建立更加有效的区域协调发展新机制"，在国家积极推进治理体系和治理能力现代化的渐进式改革进程中，跨界治理已经成为区域治理的重中之重。可以说，跨界治理是区域治理向管理层面的行动延伸，是中国治理体系和治理能力现代化的一种体现，是治理理论在中国特色化实践的丰富。

本篇将回顾跨界治理起源、空间范畴、治理内容、机制构建以及相关理论，从政府、市场、社会等主体参与程度总结跨界治理的多种模式，梳理分析国内外跨界治理的相关案例。重点聚焦中国跨界治理模式的演变过程，从空间选择阶段、形成机制等方面梳理提出跨界治理的内涵，继而构建适应于中国新时代特色的跨界治理的理论体系，重点关注国土空间保护协调、国土空间开发协调、基础设施建设协调等各类要素、治理机制的构建等内容，旨在通过对多个行政单元政府拥有的权力、资源、利益进行统筹协调，搭建有效解决跨界公共问题的空间治理新体系，最终实现区域协调一体化发展和国家治理能力的有效提升。

第1章

跨界治理相关研究

1.1 跨界治理溯源

1.1.1 治理的起源

"治理"一词最早出现于西方社会经济由福特主义倡导的大规模生产和凯恩斯福利社会,向后福特主义下的弹性专业化生产模式和新自由主义转变的时期(Jessop,1995a;1995b),以应对全球化竞争、弹性经济体系、民众力量成长等新背景而产生的国家危机。自20世纪90年代以来,西方学者相继在新福特主义、后福特主义理论基础上对发达资本主义国家的现实发展不断地进行总结和提炼,"治理"一词被反复应用于政治学、经济学、公共管理学等的研究之中,形成治理(governance)、善治(good governance)、公共治理(public governance)等概念,这标志着政治观念的演变,即从传统的政治统治(rule)逐渐转变为现代政治管理(administration)概念,再转向治理、善治和公共治理概念。

对于治理的概念,许多机构和学者都作出了相关界定(吴骏莲 等,2001;杨光斌,2000)。全球治理协会(Earth System Governance)对治理的定义为"个人与机构、官方和私人治理其共同事物的总和,多种多样互相冲突的利益集团可以借此走到一起,找到合法的办法"。世界经济合作与发展组织(Organization for Economic Co-operation and Development)对治理的定义是"运用政治权威管理和控制国家资源,以求经济和社会的发展"。联合国开发计划署(The United Nations Development Programme)则认为,治理基于法律规则和正义,促使平等、高效、系统的公共管理框架贯穿于管理和被管理的整个过程,治理要求建立可持续的体系,赋权于人民,使其成为整个过程的支配者。因此,有别于西方早期经历的统治、管理模式,治理的内涵更为强调"多方协作治理"。对此可分为三个层面来理解:一是"治理"意味着减少政府直接行政干预和等级控制(Jessop,1997),强调一个有限但有效的"好政府";二是"治理"改变传统单一权力垄断的体系,强调管理主体由单一化向多元化转变,倡导市场、社会等多种非政府组织的共同参与和联合管理(Rhodes,1997);三是"治理"意味着权力运行轨迹由传统的自上而下垂直型运作向平行合作或网络化等多元化结构转变(Stoker et al.,1993)。另一方面,为了应对全球资本的无疆界流动和激烈竞争的全球环境,许多城市又通过各种合作方式将城市治理的权力上移,治理模式也由以往关注地方政府有效解决辖区内事务的能力(Lowery et al.,1995;Neiman et al.,1976)逐渐转向区域层面,强调多个政府单元联合创建一个新的"区域政府",以避免"碎片化的管理模式无法应对跨界问题"的弊端（Russell，2002）。诸如意大利波各那省大都市政府、荷兰鹿特丹大都市政府、英国大伦敦政府等区域层面的治理形式大量涌现，为解决区域协调问题进行了新的探索。

1.1.2 区域治理的内涵

治理理论出现后便很快被广泛运用于分析全球和区域的社会、政治、经济、文化等各个领域现象，区域治理的概念和理论应运而生。区域治理是在对全球化进行更加深层次的理性思考的基础上，实事求是地分析和研究全球性和区域性问题的一种治理方案，自然成为治理理论实际运用的更进一步思考（陈艳，2006）。

区域治理是在传统治理的概念上，又被赋予了"区域"的空间概念。区域可以被定义为关系性的存在、互联互通的节点和立体的空间结构，具有独特的自然属性和社会属性。不管如何界定，区域都是由地理意义上的一组单位聚合而成，这些集群也必将嵌入一个更大的体系中，该体系也有自己的结构。因此，在一个相对独立的"环境－人文系统"中，从治理角度来看，区域具有网络联结、社会建构和权力结构等三个方面的属性。其一，区域是一个互动频密、相互联系的治理网络。区域内的自然性联系网络，体现在山川河流的自然延伸、大气洋流的自我循环和不同族群的历史分布；社会性联系网络则体现在物质与意识、观念与实践的共同进化（co-evolution）和相互建构中，不同的行为体通过特定的社会网络在区域体系内交流互动。在地理联结的基础上，物流、人流、资金流和信息流在区域内的互动越来越频密，区域本身的社会性越来越强，形成政治、经济、文化等不同的功能性领域，成为区域治理的主要对象。其二，区域是一个在社会实践中被建构的共同体。区域不仅是一个物质空间，也是特定人群社会实践的构造物。历史学家的研究表明，在现代民族国家产生之前，地理相近的人群可以通过家族、部落、酋邦和帝国等前现代单位形成松散的社会联系网络，他们有相同或类似的文化形态，如习俗、习惯、规范和法律等。通过共享文化，同一地域的人们可以结成价值共享与互动的文明单元，并以多个中心并存、多个区域体系并行。其三，区域是一个多元单位聚合的行动场域，其中主体单位不限于区域内行政单元。全球的、区域的、国家的、次国家的乃至个体的多元行为体都参与其中，包括各种区域组织、共同体和实体机构，以及其他可以在区域内发生影响的功能性组织和自治力量。在无政府原则下，地区内实际上存在着各种等级制的权力结构与关系。

总体而言，区域体系由不同的物质要素和社会要素构成，在不同要素的联系、组合、互动、控制、反馈和调节中，形成不同的单位和行为体，构成治理网络与权力结构。

综上，区域治理既包含"区域"的空间属性，也包含"治理"的管理属性，区域内各主体基于自然、地理、历史和文化等结构性特征，形成互动的网络活动空间，以区域共同利益和发展为目标推动治理体系的创立、建设与运转。区域治理结构直接决定了区域体系的稳定性，保证区域治理体系中的权力、制度与文化关系相协调（张云，2019）。具体而言，区域治理的内涵主要包括以下几个层面：一是区域治理的主体是多元的，区域治理意味着单中心管理结构的分化和多中心治理结构的建立。在单中心管理结构中，政府是唯一的管理主体；多中心治理结构中，除了政府外，非政府组织、企业、社会都可以成为参与公共事务治理的主体。二是区域治理的权威是分散的。冲突的协调不再依赖于权力结构，各主体可以依据自身的资源获得新的权威，从而在协调时获得有利于自己的结果，使得各方的谈判能力回归到一个对等的水平。三是治理的愿景是共同的，各方都懂得追求一种互动、协作、共赢的发展方向，各主体都有为共同利益努力的积极性。四是区域治理具有自组织的协调性。各要素或子系统之间彼此相互依赖且关系复杂，自组织是相对较合理的一种协调方式。在特定的条件下，系统内部自身对环境的变化保持灵活的适应性，并通过各种形式的信息反馈和谈判进行正面的协调并达成共识，从而弥补了政府调控和市场交换的不足，实现各种资源的协同增效。

1.1.3 跨界治理的兴起

基于国内外区域治理的相关研究可知，西方有关区域治理的研究与实践主要关注在区域尺度完善制度构建和政策引导，并认为通过市场作用、利益分配等机制的建立，可以促使区域内各发展主体自发地达到其互利目标。而区域治理理论赖以存在的根基是国家－市场－社会的关系结构，而中国的国家－市场－社会的关系结构不同于西方，用通俗的话说，中国是"大政府小社会"，而西方是"小政府大社会"，国家－市场－社会的关系结构差异致使区域治理理论在中国特殊语境下，有着不同于西方理论与现实环境的特殊意涵和表现形式。

改革开放以来，中国经济体制和政治体制的转型不断深化，行政区划对社会经济发展环境影响尤为突出。在经济政绩和财政分权的激励下，地方政府展开了发展资源争夺战,行政区划造成了地区间经济发展的壁垒矛盾(罗震东,2005)。面对区域无序发展、恶性近域竞争、管理"碎化"等问题,国内相关的研究与实践主要沿着两方面分别展开:一方面是以行政区关系或以政府关系变更为主体,重视行政力量在区域协调中的作用,强调通过刚性的行政管辖地域空间调整来解决区域发展中的矛盾,如长江三角洲与珠江三角洲的许多城市兼并其他市镇,或扩大行政辖区,但行政区划调整未从根源上解决各地利益冲突;另一方面是从治理的视角,强调以多元主体合作参与的方式来建立新的地域空间框架,从而解决区域协调中的矛盾,进而实现多方合作共赢,亦被称为"跨界协调""跨界治理",如南京都市圈、淮海经济区建立的城市联盟和城市市长联席会议。究其本质,跨界治理核心是通过建立良好的制度环境和法律来达到合理、公平的市场规则,协调区域产业空间布局和城镇空间布局,重点在于不同层级政府或发展主体之间、同级政府之间的权力互动关系(Newman,2000;张京祥 等,2011)。如以跨界协调、协作共享为主题的同城化战略也是从跨界治理出发,提出打破传统的城市之间行政分割和保护主义的限制,让要素和资源在区域间自由流动及在更多的范围内优化配置,形成优势互补、共同繁荣发展的整体效应(吴蕊彤 等,2013)。

本书提出的"跨界治理"概念,与区域治理的相似点是都关注如何实现区域协调发展与整体效益的帕累托最优,达到统筹区域发展的战略目标;不同点是跨界治理更侧重于关注"界",更聚焦于跨界地区公共事务中涉及边界职能分工的合作治理失灵问题,重点研究针对跨界地区各主体边界排斥困境的协调措施,通过克服碎片化和抵制政策变化带来的边界排斥问题,实现跨边界整合的一种无缝隙治理模式。实质上,跨界治理是区域治理向管理层面的行动延伸,是中国治理体系和治理能力现代化的一种体现,是治理理论在中国特色化实践的丰富(图1-1)。

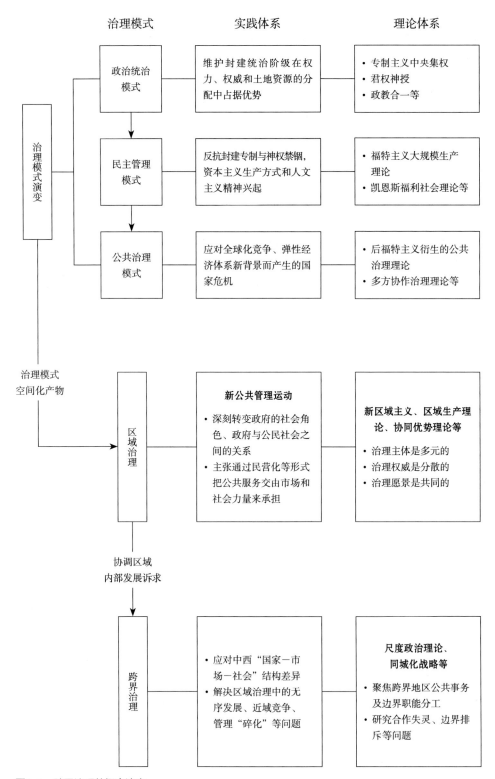

图1-1 跨界治理的概念演变

1.2 跨界治理相关理论基础

跨界治理问题一直以来备受国内外学界和实务界的关注，就理论脉络而言，大致可以分为空间层面和管理层面两大类，空间层面包括竞合学说、新区域主义理论、区域空间生产理论等，管理层面包括新公共服务理论、府际管理理论、复合行政理论、博弈论等。

1.2.1 跨界治理空间层面的相关理论

1. 竞合学说

"竞合"（co-opetition）理论最先由哈佛大学教授亚当·布兰顿伯格和耶鲁大学教授巴里·内尔布夫提出，地方政府推动区域发展时会受到同一地区内以及周边其他地方政府的影响，不同的地方政府行为之间构成一种既有竞争又有合作的状态。竞合理论用博弈论方法分析组织间这种既有竞争又有合作的关系，认为不同的地方政府在利益诉求上存在着差异，而这种差异对各方利益制造冲突的同时，也为各方利益保留了合作空间。这一理论通过论证证明，地方政府之间并非零和博弈的关系，并非传统竞争理论中所强调的利益争夺，博弈过程中也会产生双方都有收益的结果。迪格里尼和布杜拉教授在此基础上提出"竞合优势"理论，该理论提倡以合作取代竞争，同时强调，地方政府在分配利益过程中也会因为对自身利益最大化的追求，产生损坏合作方利益的冲动。地方政府间的竞合关系是一种动态博弈过程，如果进展顺利，双方的合作意图会逐渐增强并进一步深化合作；如果进展不顺利，地方政府随时都可能终止合作，并可能进一步变为恶性竞争（姬兆亮，2012）。

中国的"地区竞争理论"始于20世纪90年代进行的行政和财政分权。在这一制度改革的基础上，形成了两个具有代表性的竞争理论："市场维护型联邦主义"（market-preserving federalism）（Qian，1997）和"晋升锦标赛"（周黎安，2007）。"市场维护型联邦主义"理论的解释逻辑，体现在四个环节：首先，行政分权强化了地方政府的决策自主权，使得地方政府有能力来调控和管理经济发展；其次，财政分权使得地方政府的财政收支与辖区收入密切相关，地方政府与辖区具有更广泛的"共容利益"，地方政府具有更强的动力来维护市场，促进经济发展，以获取规定限额之外的剩余收入；再次，要素流动和税收竞争"倒逼"地方政府提高公共支出的效率，保护产权，改善市场环境；最后，中国改革开放以来在税收、财政、货币和银行等方面的改革硬化了地方政府的预算约束，地方政府不得不扩大财政来源或寻找预算外收入来弥补财政缺口。这一过程展示了中国的地方分权、地方竞争与市场保护之间的内在逻辑。

"晋升锦标赛"理论是以中国的干部人事考核制度作为解释变量,认为中央政府在组织人事方面的政治集权,以及对地方政府"标尺竞争"式的考核,形成了地方政府之间围绕投资和经济增长的晋升竞争。"晋升锦标赛"以行政和人事集权为制度基础,由上级政府直至中央政府推行和实施,通过标尺竞争的方式,把晋升激励和经济增长联系在一起,由此导致了地方政府之间"为增长而竞争"的格局。

总体来看,市场维护型联邦主义理论和晋升锦标赛理论都内含着地方政府的竞争机制。这种竞争机制由四个条件形成:一是行政分权提高地方政府的决策自主权;二是财政分权和税收约束对地方政府的收入激励;三是政治集权对地方官员的晋升激励;四是统一的市场和要素自由流动。这四个条件的共同作用,使得地方政府围绕财政收入和政治晋升展开了激烈的"为增长而竞争"。

2. 新区域主义

新区域主义的理论建构始于20世纪70年代末,在新技术革命和市场自由化体制推动下,一些西方学者对于资本主义经济所出现的新的时空变化,特别是对区域经济复兴的关注。以"第三意大利""硅谷"等为代表的"新马歇尔产业区"的出现,及其在全球经济中所表现出的持续强大的创新、竞争能力和良好的经济增长绩效,使学者们认识到,与经济全球化进程相伴而生的并不是新古典经济学所预测的区域差异的消失,反而是区域的崛起和经济个性化的凸显。新区域主义是一种治理范式,具有很高的规范性,这种规范性来自一种假设,即区域代表了民主治理、好的公共管理和有效的发展政策所固有的治理框架。根据"从政府到治理"转换的普遍范式,国家政权通过特定的政治过程转移到私人部门主体、公民社会和"利益主体",区域治理被作为应对复杂性不断增加的政治决策的一个研究过程。

新的城市与区域空间尺度重塑必然带来蕴含其间的经济、社会关系转变,为了建立和维持这些经济社会联系,必须建构起相应的控制和协调生产网络的权利关系,因而带来新的区域治理结构。新的区域治理网络既需要跨越行政边界进行构建,也需要在跨越行政层级的情况下构建,其建立的本质是为了促进特定区域空间生产关系的实现和发展资本的增值。全球化的世界是一个处于不断变化中的图景,资本与各种发展要素的快速流动过程也在不断地塑造着新经济地理的格局,从而导致区域空间生产关系亦处于不断变化之中,区域合作治理体系也因而不断处于旧体系解体和新体系形成的过程之中。

作为治理理论在区域的新发展,新区域主义有几个核心概念:首先,新区域主义扩充了区域整合的主体范围,新区域主义提倡公权到私权的让渡,打破传统的单一政府管理主体，主张多元治理和多级治理（multi-level governance system），以后现代公共行政的去中心化理论为基础，新区域主义理论主张在区域发展的过程中，打破传统政府单一主导的方式，构建合理的参与机制与互动网络；其次，重塑政府－社会关系，引入公民社会和私人部门等主体，实行政府、社会组织、公民社会、私营部门的联合治理（joined-up governance），形成一种嵌入式经济和政治发展新模式，推动非政府组织及私人部门参与。

3. 区域空间生产

空间形式可以被看作是实现自身利益最大化或巩固利益分成的有效手段，这也成为当今城市、区域空间格局形成和转变的根源，因此也就出现了"区域空间"的生产。现代主义的社会科学研究一向强调时间性而忽视空间性，20世纪60－70年代，后现代主义向启蒙运动以来把空间当作单纯客观的物质实体或空洞容器的观念发起了挑战，特别强调"空间"的重要性，重视研究某一问题在特定时间与特定地点的独特性，主张在探讨问题时应特别注意所探讨的事物所处的特定时间和空间，要将其放入一个特定的情景中加以考虑。

后现代空间观的最初阐述来自列斐伏尔和福柯。列斐伏尔提出了"社会空间"与"空间生产"的理论（黄亚平，2002），认为社会空间与社会生产是辩证统一的，社会空间由社会生产，同时也生产社会。他认为空间的重组是二战后资本主义发展以及全球化进程中的一个核心问题，指出资本主义发展到后现代，它的主导生产方式就是"空间的生产"，而不是物的或社会的生产，当代资本主义正是通过空间的生产和再生产得以维持下来。福柯进一步提出了空间权力的批判思想，认为现代国家对个人的影响借助了空间这个手段，通过规划空间赋予空间一种强制性，达到控制个人的目的。列斐伏尔、福柯的思想对后现代地理学家起到了根本性的影响，空间在这个时代的重要性被充分揭露出来，与空间相关的领域研究日益交叉渗透，从而标志着后现代地理学研究的"空间转向"。不同于列斐伏尔、福柯关注城市空间的复杂性和不平等，如今全球化借助于现代信息、交通等技术的支撑，正使得权力与资本对利益的追逐已经从单一城市拓展到区域尺度上。这种区域化的趋势脱胎于快速而广泛的城市化进程，代表着资本利益寻求新"殖民地"的需求，空间形式可以被看作是实现自身利益最大化或巩固利益分成的有效手段，这也成为当今城市、区域空间格局形成和转变的根源，因此也就出现了"区域空间的生产"。

当空间生产理论从城市推演到区域层面，经济和社会的空间生产关系也从城市尺度跃迁到区域尺度，新的区域空间生产关系导致新的区域合作治理关系形成，建立任何一个区域合作治理关系的本质都是为了促进特定区域空间生产关系的实现和经济社会资本的增值。20世纪80年代，哈维首先将工业化与城市化的进程剥离开来，指出城市建构环境的生产和创建过程实质上是资本控制和作用的结果。城市空间的生产就是通过资本投资于城市这个建构环境，现代交通体系、通信技术的迅猛发展使得各种要素在区域尺度上实现了快速、大量的移动，空间的非均衡性、非连续性也因而被建立了起来。它将全球、区域空间撕裂、破碎化，并借助交通运输和信息传递被重新组织在全球体系之中，至此资本的扩张终于突破了"时空统一性"的瓶颈。当全球化带来激烈的竞争环境并因此导致个体城市的产业和建构环境产生危机后，资本就开始了寻求继工业化、城市化之后新的扩张模式——区域化。全球化时代的区域空间生产并不具有稳定性和简单的可复制性，而是处于不断变化之中。当研究视角由城市空间生产逐渐向区域空间生产转变后，便可更深刻地理解区域合作与区域治理背后本质、内在的经济社会与制度机制。

1.2.2 跨界治理管理层面的相关理论

1. 新公共服务理论

新公共服务理论产生于20世纪70－80年代，其本质上是建立在对传统公共行政和新公共管理进行批判基础上的修正与超越。众所周知，传统公共行政普遍聚焦于组织、权威和体制等要素，目的在于维系组织的稳定性和权威性。新公共管理则转向了对管理至上主义的崇拜，追求企业家政府，采用成本与效益的价值分析方式面向市场上的顾客。然而，新公共服务理论从人本主义出发，强调人的重要性，呼吁尊重公民权利，维护公共利益。这与新公共管理理论对效率的推崇形成了鲜明对比。此外，新公共服务理论认为，政府角色需要重新界定，它不再是处于以往控制地位的掌舵者，而只是诸多重要的参与者之一，其规划和行动也必须在战略和民主的框架内进行。应当说，这些理念的提出不仅是对传统官僚制、政治行政二分法的有力回应，同时也是对管理至上主义的修正。

从新公共管理到新公共服务的转变过程中，两者之间的区别集中体现在个人利益与公共利益之争、效率与公平之争、政策工具与民主参与之争等层面。新公共管理把市场交易机制中的企业与顾客关系引入到公共行政场域。政府应具有企业家精神，维护顾客的个体利益，因为后者的自身利益是政府决策的前提和基础。为了更好地满足顾客的需求，政府必须强调企业价值的优先性和工具理性，以此实现效率的提升。在效率的追逐过程中，政府所有的行动和规划都是围绕着资源的合理配置和较高效益的获取而展开，公民参与仅仅是一种象征性的政策工具而已。与之相反，新公共服务认为市场与公共场域之间并不能划等号，政府不是企业，公民也不完全是顾客。把政府和公民紧密连接在一起的是公共利益，而公共利益的维护源自对共同价值准则的平等对话和理性协商。在此过程中，无论是政府还是公民个体，都必须超越狭隘的个人利益，维护好公共场域的公平。公民的民主参与既是公民权利的体现，同时也是公共利益实现的保障。

客观而言，新公共服务理论所倡导的公共服务导向、公共利益追求和公民参与价值对于跨界治理研究有着重要的指导意义。因为跨界治理最终需要以维护公共利益和优化公共服务体系为根本目标，治理过程的有序推进必然离不开公民的广泛参与。

2. 府际管理理论与复合行政理论

20世纪90年代后，随着行政改革、政府间伙伴关系以及政府再造等活动的开展，府际关系理论逐渐成熟起来，府际管理理论（Intergovernmental Management，IGM）正是府际关系理论的进一步发展，府际管理理论主要关注"多方治理模式"下的府际关系。从字面理解，府际关系就是政府之间的关系，府际关系的核心问题就是政府之间的关系网络问题。府际关系所影响的对象是跨区域的公共服务和公共产品，府际管理理论认为，公共产品的提供在主体和方式上都是多元的，从主体上看，除了政府，企业、非营利组织都可以成为公共产品的提供方；从方式上看，公共产品的生产、组织、协调、评估等不同环节都可以通过不同方式提高供给效率。

复合行政（Compound Administration）是指在经济全球化背景下，为了推动区域经济发展，可以吸纳非政府组织参与，通过交叠（overlap）、嵌套（nest）形成一种多中心的（polycentric）、自主治理的（autonomous governance）合作机制，从而跨越行政区划、行政层级的界限，实现跨行政区的公共服务。复合行政理论是基于尊重现有的行政区划的情况下，在发挥市场资源配置优势的基础上，适应区域经济发展的需要，进一步转变政府职能，为跨行政区公共服务的实现，提供一种政府体制创新的新思路。其核心思想表现在：一是多中心地提供跨行政区公共服务，即在中央政府的支持下，通过地方政府与地方政府之间、地方政府与非政府组织之间的合作形成多中心以分别提供；二是交叠与嵌套式地立体联合提供跨行政区公共服务，即在跨行政区不同层级政府之间、政府与非政府之间形成上下左右交叠与嵌套的多层次合作供给方式；三是自主治理的合作方式，即在跨行政区公共服务的提供方式上，不能仅仅依靠中央政府，而应该发挥地方政府的自主性，发挥非政府组织的自发参与性，采取民主合作的方式，形成自主治理网络。这一新理念是在尊重现有行政区划的情况下，在发挥市场资源配置优势的基础上，适应区域经济发展的需要，进一步转变政府职能，为跨行政区公共服务的实现，提供了一种政府体制创新的新思路（傅永超，2007）。

府际管理与复合行政除各自产生的背景不同，相关内容有所差异外，在"建立以合作为基础的互惠共进的政府合作模式"的本质上是一致的。两者的内容体系和作用可以相互补充，互相利用。其一，府际管理强调建立协调性、依赖性的网络型结构，突破金字塔层级结构，理顺官僚体制，建立网络状的治理结构，高速吸收信息，迅速共享资源，快速联动管理，并提出"小社区、跨邻里"的大都市地区治理结构；复合行政提出形成政府间多中心的自主治理结构，以期提高跨行政区公共服务的回应率与效率。其二，府际管理强调公共产品和服务的多元化供给，通过外包（contracting out）和签约安排公共工程、卫生和社会福利以及一般性政府业务；而复合行政则提出吸纳非政府组织参与并交叠与嵌套，跨行政区不同层级政府之间、政府与非政府组织之间，都能形成上下左右合理交错的多层次合作。其三，府际管理提出项目和管理功能上的府际间转移，设立政府理事会（Council of Governments，CG）和地区规划理事会（Regional Planning Councils，RPC）来处理公共物品的外部性，并建立目标导向、网际沟通的冲突解决方式；复合行政则强调建立不同政府与非政府组织的共同合作机制，为了打破行政壁垒，既不限制各个政府的辖区内行政权，又可以统揽各个行政力量，共同规划、统一政策、统一政务服务，对接城市功能。

虽然复合行政与府际管理形成的背景各不相同，在具体内容上也多有不同，但是在基本观点上都强调了"多中心治理"的基本路径，都认为可以建立一种相互合作、互惠共进的政府合作模式。在对待跨界问题上，二者均认为政府可以通过改革，打破对既有组织边界的固有观念，加强行政机关和行政机关、行政机关和立法机关，以及行政机关和社会组织、公民之间的合作，通过组织内外部多元主体的互动，使组织可以获取或者交换到需要的资源。

3. 博弈论

博弈论在分析主体间冲突与合作方面的应用性，使其成为当前社会科学领域研究的热门工具，张维迎（2013）将其界定为研究多个主体间行为发生直接相互作用时的策略选择以及如何平衡主体间策略选择的理论；谢识予（2002）认为博弈论是对各种博弈问题的系统研究，包括博弈的前提、博弈的策略选择以及均衡策略选择的对策三个主要方面。

其中博弈优化的对策，是针对博弈无法实现帕累托最优的原因提出博弈改进策略。帕累托原则是建立在"社会偏好排序"的基础上，即若资源配置达到了这样一种均衡状态，在这种状态下不论怎样调整，如不使一部分人的福利水平降低，就不能使另一部分人的福利水平获得提高，帕累托最优表明了资源配置的一种均衡状态。从理论上说，经过不断的帕累托改进，资源配置最终会实现帕累托最优，社会价值总量可以达到最大值。换句话说，社会管理创新的帕累托原则是指在资源稀缺性和生产技术可能性的客观条件约束下，在众多制度安排选择中寻求社会价值产出最大的制度安排。为了寻找有效公共治理的评判性标准，改进政府的行政效率，帕累托原则被广泛运用到公共管理和公共政策问题的研究，从传统的公共行政（通过分工和官僚制使政府以最少的人力和财力投入获得最大的产出）到现代的新公共管理（如引入竞争、重新管制、消除外部性与垄断、强化责任、以结果为导向等），均是为了寻求当时社会情境中的帕累托最优，不断完善其实现条件。

区域发展由于地理、资源、历史等原因，内部各个城市间存在着密切的联系。这种联系体现在政治、经济、社会、文化等各个方面，它们彼此之间存在典型博弈特征的竞争与合作关系。影响区域内部府际博弈关系的因素很多，包括内部各政府自身的利益诉求、官员对于政绩的强烈追求、资源互补性、各自为政下的政策制定、信息沟通是否畅通以及相互间是否信任等（李金龙 等，2010）。因此，各个城市政府在博弈的过程中，一方面会因为对方环境或者政策的变化不断地修正自身的策略，而对方的策略变化，反过来又会刺激另一方的行为，影响下一步的策略。从总体上来看，城市府际博弈是一种比较特殊的博弈模式，相较于经济市场中私人性质的博弈，城市间博弈本质上是为了实现区域利益的最大化，各城市在政府领导下努力获得其他城市也试图获得的资源的过程。随着区域发展水平不断提高，城市在经历了一段时间的府际间恶性竞争、两败俱伤的博弈惨局后，都认识到博弈无序的负面效应，就会倾向一种新的、有序的合作博弈态势。随着城市府际间合作博弈意识的强化，制度规范的不断完善，城市府际间的博弈会逐步向有序、高效的方向发展。总体来讲，区域内部府际博弈从无序到有序、从不整合状态到整合发展，是一个循序渐进的演变过程，并且在这个过程中博弈无序阶段持续时间更长。

综上，基于跨界治理在空间层面和管理层面的理论发展脉络及其主要观点，对研究区域政府跨界治理具有重要的理论借鉴。一是各地自然条件及其要素禀赋的差异产生了社会劳动的地域分工，从而形成了竞争与合作对立统一的区域经济联系。在长期的发展中，由于自然禀赋、劳动分工和生产力发展水平的不同又导致了区域经济发展的不平衡，从而形成了区域协调发展的内在需求，为跨界治理奠定了物质基础。二是区域发展的不平衡是客观存在的，根据自然禀赋培育区域增长极，并通过产业和要素从经济发达地区向次一级发展区域不断进行梯度转移,是实现区域协调发展的有效路径。三是通过建立多中心、多层次的网格化治理结构,形成共同创造价值的"竞合"优势提供跨区域公共服务,是区域跨界治理的一种有效方式。

1.3 跨界治理相关研究进展

1.3.1 跨界治理对象的相关研究

1. 跨界治理对象空间范围界定研究

1957年法国地理学家戈特曼在研究美国东北部都市区连绵化现象时提出大都市带(Megalopolis)的概念:其人口规模达2500万人以上,由许多都市区首尾相连,经济、社会、文化等方面存在密切交互作用的巨大城市地域(戈特曼,2007)。20世纪末以来,一些学者在世界城市/全球城市研究的基础上对巨型城市空间形态提出了新的概念,如美国学者斯科特(1996)提出的全球城市-区域(global city-gion)、英国学者霍尔等(2010)提出的多中心巨型城市区域(mega-city region)。城市群一直是城市地理学的核心研究内容,引起了国际上持续的研究热潮(表1-1)。由于我国城市经济发展起步较晚,直到20世纪80年代,城市群研究才逐步进入地理学者的研究范围,周一星(1991)在都市区基础上,提出了都市连绵区(Metropolitan Interlocking Region)的概念,其尺度与大都市带近似。

城市群空间范围界定相关研究梳理 表1-1

	人口规模	人口密度	大城市数量	交通模式
戈特曼(1957,大都市带)	2500万人以上	—	有相当多的大城市形成各自的都市区	—
日本总理府统计局(1960,大都市圈)	—	—	中心城市为中央指定市,人口100万以上,邻近有50万人以上的城市	外围地区到中心城市的通勤人口不低于本身人口的15%,大都市圈之间的货物运输量不得超过总运输量的25%
周一星(1991,都市区)	—	—	与我国现行的地级市设市标准一致	—

续表

	人口规模	人口密度	大城市数量	交通模式
周一星（1991，都市连绵区）	2500万人以上	700人/km²	有2座以上人口超过100万人的特大城市作为发展极，其中1座有相对较高的对外开放度	有相当规模和技术水平领先的大型海港和空港，并有多条定期国际航线运营，有多种现代运输方式叠加而成的综合交通走廊，区内各级发展极与走廊之间有便捷的陆上手段
姚士谋 等（1998）	—	较大	1座或2座特大城市	现代化的交通工具和综合运输网络
姚士谋 等（2006）	总人口1500万～3000万人	城市人口比重大于35%	特大、超级城市不少于2座，城镇规模等级完整，形成5个等级	交通网络密度中，铁路网密度250～350km/km²，公路网密度2000～2500km/km²
方创琳 等（2007）	—		3座以上的大中城市，1座核心城市带动	发达、便捷的交通通信网络
方创琳（2009）	人口规模不小于2000万人，城镇人口规模不小于1000万人	—	都市圈或大城市数量不少于3座，但最多不超过20座，至少有一座人口超过100万的特大城市	—

国内外已有研究对于都市圈的空间范围的划定思路有两个，一是定量测度、定性相互校核，结合都市圈的一般规则、现状基础、上位规划、规划愿景等，综合划定空间范围（孙晓敏 等，2017；李万勇 等，2019；熊健 等，2019；徐海贤 等，2019；易行 等，2019）；二是基于人口、经济、距离等指标，利用引力模型、场强模型等测度方式划定都市圈空间范围（许均 等，2016）。其中，美国大都市区界定从1949年开始被定义为详细、精确的定量指标体系，2000年美国从功能整合、大都市区特征、中央核和基本地理单元四个方面的总体思路构建最新的大都市区界定指标体系CBSA（Core Based Statistic Area）。美国大都市区基于指标体系的定量界定为我国大都市区界定指标研究提供了一定的借鉴，周一星（1991）针对中国沿海城镇密集地区空间集聚与扩散的研究确定了中国大都市区的界定指标体系。

总体而言，国外的研究对都市圈、经济区的空间界定主要关注核心城市与外围的关系，美国界定都市圈指标体系常用通勤指数、电话通信指标、人口密度、非农人口指标等，指标体系虽然在发展过程中有些变化，但是始终关注中心城市、大都市区特征和地域空间单元等方面。日本政府和学界对于都市圈的界定有所差异，政府对都市圈的界定更侧重通勤指标，从人流通勤和货流通勤方面，对都市圈空间范围进行界定，学界强调产业的分工协作和经济的联系程度，更加重视城市功能要素指标。国内早期研究借鉴国外空间界定的方式，采用城镇人口比重、区域城镇化率、经济总量以及空间覆盖等指标对都市圈进行定性的界定（姚士谋，1992；王建，1996；王德 等，2003）。

2．行政区划和行政区经济

中国对于跨界治理对象的划定，大多以行政单位作为基础单元。狭义的行政区划是指为实现国家的行政管理、治理与建设，对领土进行合理的分级（层次）划分而形成的区域和地方。广义的行政区划除了包括上述内容外，还包括国家以行政区域为单位，设置相应的国家行政机关来管理行政区域内的一切行政事务。"行政区经济"的概念由刘君德（1996）在《中国行政区划的理论与实践》一书中提出，指由于行政区划对区域经济的刚性约束而产生的一种特殊区域经济现象，是我国在从传统计划经济体制向社会主义市场经济体制转轨过程中，区域经济由纵向运行系统向横向运行系统转变时期出现的具有过渡性的一种区域经济类型。其主要表现为以下特征：①企业竞争中渗透着强烈的地方政府经济行为；②生产要素跨行政区流动受到很大阻隔；③行政区经济呈稳态结构；④行政中心与经济中心的高度一致性；⑤行政区边界经济的衰竭性。

上述概念诞生于中国改革开放后的经济社会转型初期，由于当时行政区划对区域经济的空间约束所引发的区域发展矛盾大量凸显，而表现为强有力的"刚性约束"特质。现阶段，中国的区域经济格局发生了重大变动，市场力量逐渐在资源配置中起基础作用，原有行政区划对区域经济的刚性约束作用正在逐步弱化。"行政区经济"的概念又有所完善，现阶段"行政区经济"，是指在中国政治经济制度背景下，由于行政区划对于区域经济发展的"空间约束"而形成的一种特殊的区域经济现象和区域经济运行规律。行政区经济的本质内涵是区域经济运行中地方政府与市场力量的互动与消长，反映了权力空间与市场空间的匹配（或博弈）过程，是区域经济运行中地方政府间关系的重要体现（刘君德 等，2015）。其核心是地方政府运用权力资源和手段，在辖区范围内组织、协调和干预地方经济发展，参与区域经济竞争，谋取地方经济利益。在行政区经济的运行过程中，各级地方政府之间、行政辖区之间表现出各异的地方发展特质和空间经济特征。

由于存在不同等级和层次的行政区，"行政区经济"也相应地有"省（自治区）域经济""市域经济""县（市）域经济"和"乡镇经济"等不同的概念和层次。从实际掌控经济资源和发展权力的角度来看，省（自治区）一般辖区空间范围大，且省（自治区）政府作为国家级分治单位并不直接掌握和经营土地资源，也不直接参与组织地方经济生产，其行政区经济的运行特征并不突出。地级政区的主体是地级市，其不仅掌握着城市建设用地等核心经济资源，直接在城市辖区范围内组织经济生产，同时在现有行政体制下它还对下属县（市）、乡镇具有行政管辖权。地级市政府事实上在整个城市经济区（或市域）范围内都具有最丰厚的经济资源和权力资源，其行政区经济的运行特征最为显著和突出，体现为对地方经济增长和辖区利益的管控。县（市）级政区由于中国长期以来采取的市管县体制，其虽然具有丰厚的经济权力（尤其是土地资源），但其行政地位被置于地级市之下，因此常常受到地级市的利益"盘剥"和控制。乡镇作为最小一级的行政管理单元，具有独立财政权，其经济权力较强，但受制于上级政府的管辖，其行政权力较弱，主要诉求表现在辖区的经济增长和综合利益优化。不同行政层级上行政区经济的空间组织与运行特征具有一定的差异（表1-2）。

不同行政层级上行政区经济的空间尺度与运行特征　　　　表1-2

行政层级	空间尺度	经济权力	行政权力	政治权力	行政区经济运行特征
省（自治区）	超大	弱	强	极强	区域政治，区域冲突（强）
直辖市/地级市	大	极强	极强/强	极强/强	经济增长，辖区利益（极强）
县（市）	中	强	较强	中	经济增长，辖区利益（强）
乡镇	小	较强	弱	弱	经济增长，辖区利益（较强）

资料来源：刘君德，林拓，2015. 中国行政区经济与行政区划：理论与实践［M］. 南京：东南大学出版社.

随着政区等级的下降，其行政区范围（空间尺度）和行政权力（尤其是经济管理权等）也随之缩小（舒庆，1995）。在现实的经济实践中，每一层级的行政区及与之对应的地方政府事实上都在一定程度上依照行政区经济的运行逻辑在组织地方经济生产，并在地方利益和政治激励的双重作用下不断强化和固化（张五常，2009）。因此，我国区域治理对象仍依托传统的行政管理结构，跨界治理管理机构与其所辖行政区、地方政府之间的权责问题、职能问题和利益分配问题等现象依旧与行政区经济问题密不可分。

在城市快速发展和空间外延的趋势下，不少研究开始关注以"经济区建设"和"撤县（市）设区"为主的行政区划空间再界定措施，减少不必要的资源浪费和无谓的区域内消磨，扩大市场运作空间，整合政府间的关系以促进公共效率的提高（顾朝林，2002）。随着国内连绵都市区的迅速形成，市场分割从过去市县之间矛盾上升为区域之间矛盾，行政区划的壁垒以新的形式在新的地域形成。事实上，这种行政兼并式的治理模式已经被很多学者指出有相当多的负面效应，而且也不适合快速发展的发展中国家，他们认为激烈变动的行政区划给地方经济带来了不安定感和波动，并可能导致经济活力的丧失（张京祥 等，2002；罗震东，2008）。

  静态定性的空间界定方法对城市间的相互影响因素考虑较少，导致区域治理空间界定的片面性。改革开放后，中央政府一方面通过推行"财政分权"使各级政府都有了相对独立的财权和事权，另一方面，中央对地方官员的晋升标准也由过去的以政治表现为主转变为以经济绩效为主，这两项举措作用下，经济发展的主体真正落实到了具有产权属性的地方政府，以行政区划为界的空间界定研究更符合国内区域治理的制度特征，形成了很多关于"地方市场分割"的研究（洪银兴 等，2003；徐现祥 等，2005），地方市场分割是地方经济与行政区划叠合的结果，导致出现"行政区经济"或"诸侯经济"现象（沈立人 等，1990；刘君德，1996）。这一类型的研究大多集中反映了在中国政治和经济转型初期，行政界线的空间独立性造成的区域无序发展、恶性近域竞争、管理"碎化"等问题（张军 等，2005；张京祥 等，2008）。

  在已有治理空间界定研究的基础上，本书所探讨的跨界治理，相较于行政区划调整而言，是以打破传统的行政区划分割和保护主义的限制的空间界定方式，作为更为全面的区域管治手段，应对范围更大、问题更多的区域整体发展中的矛盾，在跨界治理下进一步实现产业的空间集聚、城市功能的转型和要素市场的统筹协调。

1.3.2　跨界治理内容的相关研究

  跨界治理在越来越多的国家和地区被广泛运用在不同领域的政策实践中，逐步成为解决跨界矛盾的重要方式。在美国，跨界治理被广泛应用于多个领域，比如在跨流域的水资源规划领域，联邦政府与州政府之间、州政府与州政府之间通过项目合作的形式，同时吸纳非政府组织、非营利机构参与进来共同对水资源规划进行合作。在英国，为了解决社会福利问题，政府、企业和民间团体结成合作伙伴关系。英国工党政府与志愿部门在1997年达成了《政府与志愿部门关系协定》，形成正式的伙伴关系，在医疗保健和社会关怀、就业与儿童服务等领域加强了合作。而在正式关系之外，根植于城镇或农村的一些非正式群体的非正式志愿行动也逐步开展起来，大大改善了地方生活的质量。在其他国家的诸多领域，如印度教育、能源、健康、金融领域的社会变革，巴西旅游行业的可持续发展，非洲的热带景观保护，跨界治理的实践变得越来越广泛。跨界治理的实践活动在国外蓬勃发展的同时，也受到中国实务界人士的关注。在相当长的一段时期内，中国秉持全能型政府的理念，政府机构向来是公共事务治理的主体，市场和社会在公共领域中的角色相对薄弱。

但随着经济体制和政治体制的全面深化改革，市场在资源配置中的决定性地位得以确认，社会组织获得长足的生长空间。在这样的背景下，中国跨部门、跨领域的协同治理实践活动也开始了有益尝试，具体的跨界治理内容主要集中在区域经济合作、生态环境治理、公共服务供给、公共危机管理等领域。

其一，区域经济合作领域的跨界治理。2020年5月召开的中央政治局常委会会议提出，深化供给侧结构性改革，充分发挥中国超大规模市场优势和内需潜力，构建国内国际双循环相互促进的新发展格局。扩大内需、加强区域跨界经济合作是形成以国内大循环为主体、国内国际双循环相互促进的新发展格局的核心动力和基础条件。推进跨界经济合作高质量发展，即促进各地区消除壁垒，加强合作，优势互补，推动经济要素自由有序流动、资源配置优化和高效利用及各类市场融合统一，形成发展合力，共同推动区域经济发展。以长三角地区为例，其作为全国最重要也是最发达的经济区域之一，长三角区域经济合作对其经济增长有着巨大的推动作用，通过充分发挥上海的龙头带动作用，强化其作为国际经济、金融、贸易、航运以及科创中心的功能，立足于沪苏浙皖各自优势，合理分工，形成共建共享、共同发展的良好区域经济发展格局。

其二，生态环境保护领域的跨界治理。实践经验证明，通过传统工业主义手段让政府大包大揽治理环境问题的方式在生态环境保护问题上往往收效甚微，因为环境问题具有很强的开放性，其产生与存在往往是跨越刚性行政区域的。但目前"属地管理"的原则将地方政府的活动严格限制在行政区域之内，单个地方政府难以有效地解决跨域性环境问题。因此，通过制度创新促成府际协同治理环境问题很有必要。就我国的实践来看，跨界治理在大气污染治理和跨域水污染治理两个领域发挥着重要作用。如在京津冀雾霾治理过程中，环境保护部、北京市、天津市、河北省，协同周边地区共同开展大气区域污染的联防联控工作，从中央到地方制定法律规范、完善组织机构，公共部门、企业、公民共同参与，形成了雾霾治理的网络化结构。在跨域水污染治理中，以太湖流域治理为例，苏浙沪以保障流域防洪安全、供水安全、水生态安全为核心，形成以水治理为纽带，率先推进水环境共治、水资源共享、水生态共保、水安全共建的生态环境一体化。

其三，交通基础设施的跨界治理。由于交通条件的改善对于各地经济发展的影响较大，各地对交通基础设施的需求与功能定位可能存在一些差别，导致区域交通设施布局冲突和城市跨界道路衔接不畅，在缺乏跨界协商机制的情况下难以顺畅地沟通。交通基础设施的跨界治理重点关注区域交通和城市交通，区域交通层面统筹和有机衔接高速公路、铁路、民航、公交、轨道等多种交通运输方式的总体布局，构建多层次综合交通网络，提高区域间的通达性，降低交通运输成本，从而推进区域一体化协同发展；城市交通层面，协调城市间快速干道的对接，预留接口，打通省际断头路。如宁句（南京－句容）是南京都市圈区域一体化的先导区，依托高速公路（S266和S358）、城际轨道（南京地铁S6宁句线）等区域性交通，打通城市间要素资源流动的物理空间通道，建立畅达高效的跨界综合交通体系。

其四，公共服务供给领域的跨界治理。提供满足人们生存和发展需要的公共服务是政府的基本职能。在社会经济日益发展的同时，公共服务需求的复杂化程度也在逐步提升。在传统多中心治理模式下，由于供给主体之间缺乏有效沟通和协同行动，公共服务供给碎片化特征明显。跨界治理成为解决公共服务碎片化问题、提高公共服务供给质量和效率的路径选择。实践经验证明，跨界治理模式确实在公共服务供给领域发挥了特殊功效，促进了跨界区域实现各要素优势互补。如2018年9月长三角三省一市在全国率先启动异地就医门诊费用直接结算的区域试点，截至2019年6月，不到一年时间里参保患者跨省异地就医直接结算已近23.6万人次、结算医疗费用约54亿元，解决了异地享受公共服务的现实需求，既符合区域经济社会发展客观规律，也是区域经济社会协同发展的组成部分和重要保障。

其五，公共危机管理领域的跨界治理。现代化给人类带来众多福祉的同时，也带来前所未有的风险，自然灾害、人为灾害或是社会突发事件等各种公共危机频频发生，由于自身存在的局限，无论是市场、个人还是政府和非政府组织在应对公共危机时都显得力不从心，因而一种新的公共危机治理形式显得极为必要。在实践层面，跨界治理的应用主要在自然灾害救助方面，如在汶川地震救灾中，非政府组织分别在救援和恢复阶段、灾后重建阶段展现了不同程度的协同行动，并取得了积极效果。

1.3.3 跨界治理机制的相关研究

机制即广义上的制度，是确定游戏规则的、被认可的实践模式。区域社会发展的不同阶段，以及不同类别的公共事务都有正式或非正式的制度安排与之相适应，相关的运行机制也与不同区域的地理、历史与文化相契合。跨界治理的机制是多样的，其中最重要的是组织保障、协调协商、考核监督机制（张云，2019）。

在组织保障机制方面，跨界治理机制的职能主要通过权威的组织机构得以实现，张云（2019）在研究国际关系中的区域治理理论建构分析时，将区域治理组织机构分为两大类：一是联席会议机制。政府间联席会议机制使不同地区的同类职能部门得以对接，有利于区域公共事务的协作，现行的区域组织内部基本上都建立了政府主要领导会议、技术和专门委员会等为主体的常规化联席会议机制。二是司法立法机制。区域治理的公共机构依据相关法律制度行使类似于行政、立法和司法的权力，不同的区域还会根据各自需要成立相应的机构负责金融货币、安全防务等专门事务，这些机构在法律上和实际上是区域治理的委托代理机关，行使区域性的行政、立法和监督等权力。陈亮（2019）认为跨界治理应在跨区域治理、跨组织治理和跨部门治理多个层面加强组织保障机制的联动效应。

在协调协商机制方面，以区域为单元的多边对话的跨界协调协商机制，主要通过以区域为建制形成双边或多边跨界协调协商机制，凝聚区域共识，保持区域联结，推进跨界治理。陈永贵等（2021）提出构建以资源整合、制度信任、权力共享和利益分享为框架的超大城市社会跨界治理机制解决跨界治理中行政权错配、行政资源浪费和治理效能低下等不良后果，通过相应的组织机构、协商平台或政策设计等方式为跨界组织协调运行提供有效支撑。韩莹莹等（2021）从规范化程度大小角度将区域协调机制从上到下分为法律法规、府际协议、利益共享与补偿机制、区域治理评价机制。华中源（2013）针对构建泛长三角区域政府协调机制，提出需要采取制度保障和组织保障两方面措施，即一方面在规划引导和政策制定落实方面为区域治理协调机制的形成提供必要的制度环境，另一方面在中央、地方和市场中介组织三方面形成制度性的组织机构，以此实现多层面的协调互动。

在考核监督机制方面，跨界治理公共责任的履行依靠意愿、合作、信任、监督等内外动力共同发挥作用，考核监督机制是公共责任得到实现、区域整体得到发展的最后保障。跨界治理的效果如何需要科学的监督考核评估制度来衡量，基于考核评估结果可有针对性地指导区域发展与治理，根据区域治理的目标，进一步全面统筹、分类指导、突出重点。张广威等（2017）针对跨界治理监督与约束机制的完善，提出应在社会监督、法律法规约束、组织协商约束和考评约束等方面健全有效的监督与约束机制。罗忠桓（2018）认为跨区域治理公共责任的监督主体主要为中央的监督、共同的上级组织的监督、相互监督和社会团体及公民的监督等，监督方式主要有信息互通、交流对话、召开会议、绩效考核、政治监督、法律监督、问责监督等。

总体而言，跨界治理机制是多样的，是不同区域变量在治理体系中的多样组合与不同运作，组织保障、协调协商和考核监督都是治理方式，其中协调协商机制是柔性的组织保障机制，组织保障机制是协调协商机制的制度化，组织保障和协调协商是治理机制的主要内容，考核监督机制使其更加科学。三种机制之间并没有清晰的界限，三种机制的相互联系构成了一个动态的跨界治理机制体系。

1.4 跨界治理模式的比较

所谓治理模式是指不同主体根据环境特征、自身及客体需求等因素，采用一定机制来对相关对象进行治理的特定形式。具体而言，就是政府、市场、社会等治理主体，根据具体的制度环境等因素，采用一定的治理工具与手段，对地方利益及引发利益冲突的相关因素进行治理的特定形式。因此，治理模式主要是解决治理主体、治理客体与治理机制等三个问题，并具有治理主体多元性、治理客体复杂性和治理工具与机制多样性等三大主要特征。

结合国内外关于跨界治理模式的研究与实践，根据不同的治理主体，可将跨界治理的模式划分为政府主导模式、市场主导模式和多边合作模式。

1.4.1 政府主导模式

政府主导模式是指政府通过行政的、经济的和法律的手段，实现资源要素的空间配置，组织和协调区域经济活动，推动区域一体化发展。政府是该模式的主要协调主体，既是一定辖区利益的代言人，又是区域协调、互动发展的基础与力量。具体而言，中央政府和地方政府在跨界治理中扮演着不同角色。中央政府的目标主要是确保中央制定的法律和区域法规在区域发展中得到贯彻，同时这些法律法规构成了区域发展的制度环境；地方政府承担着区域管理的具体责任，通过为社会提供公共服务来实现区域协调互动，推动区域发展进程。

协调方式主要是以行政权威为背景来进行协调。具体而言有以下五种方式：一是运用行政调解与裁决等手段协调。地方利益发生纠纷与争端时，往往寻求中央政府及其相关部门予以调解，或者诉求中央政府及其相关部门予以裁决。二是区域规划。基于国家政策导向、区域发展战略定位和目标，准确识别战略协同机会，预判跨区域协同治理效果，制定区域战略合作规划，充分利用区域资源，提高区域产业经济效益，增强区域经济实力（崔功豪 等，2018）。三是运用财政手段。政府间财政关系上的调控，主要通过税法制定权、委任立法权、税款分配权、租税课征权、税款享用权、税法解释权和立法提案权七种权力与权限的划分与协调运用，实现跨界治理。四是区域性组织机构协调。区域性组织机构的建立，其权力既可能来源于中央政府，也可能来自地方政府，且这一机构往往有与其职能相匹配的权力、资源和责任。五是府际间协议。其运用范围涵盖环境保护、交通管制、对服务领域的规范、传统边界纠纷的解决、河流及水资源的管制等，由于政府间缔结协议的程序较为简便与灵活,同时在解调利益纠纷方面更有灵活性,因此府际间协议成为各国地方政府协调利益冲突的重要选择。

中国京津冀地区、美国田纳西河流域以及日本东京都市圈等在区域治理的早期阶段主要采用政府主导模式。例如,日本政府成立了国土厅等专门机构,编制全国综合开发计划,强化财政金融支持,以及运用法律手段保障地方利益的维护与实现。

1.4.2 市场主导模式

市场主导模式主要依靠市场因素和产业聚集效应,通过城市自身的发展,自发地形成一定规模的区域经济圈,成为推动区域经济发展、调整地方利益冲突的重要手段。市场是该模式的主要协调主体,然而市场主体是种类最为繁多的一类主体,包括企业、劳动者和消费者三种。其中,企业是区域一体化的重要力量,通过区域内的生产要素组合,企业可得到较多的规模经济。但企业在区域经济一体化进程中的作用不同于政府,它有着较为单纯的目标,即获得利润最大化。

市场机制模式主要解决利益补偿、利益共享和利益激励的问题,其途径有:一是统一区域市场,消除各种地方性的法律法规,实现生产要素在区域内自由柔性流动。二是完善产权制度,用法律形式来规范产权所有者拥有的对财产的占有、支配、使用、收益和处置的权利,使产权主体的自由选择交易、自由交易契约、纠错择优的资源配置成为可能。三是产业层面的分工与合作。在资源的优化配置与合理分工的基础上,促进产业结构科学化、合理化、高级化。四是外部性的内在化。针对因外部性而引发的矛盾,如生态环境的跨界污染、人力资本与技术的外部性问题,可以通过征税与补贴、企业合并等市场机制的安排,让经济主体的经济活动所产生的社会收益或社会成本,转为私人收益或私人成本,实现外部性的内在化。五是基于交易信任的市场秩序构建。通过法律法规的建立,消除各种非法交易活动和政府寻租活动,同时通过商业道德体系的规范,增加非法收益的成本,缩小非法交易的盈利空间,使市场机制下的经济主体以正常的交易活动来保证合作利益分配的和谐。

以纽约、伦敦、巴黎、芝加哥为代表的都市圈,在区域发展进程中,无不是依靠市场对资源优化配置的基础性作用(汪伟全,2012)。即使是政府干预色彩浓厚的法国,也尽可能地减少对国有企业的干预,不断扩大企业的自主权,并将"管理自治"作为指导国有企业经营的基本原则。

1.4.3 多边合作模式

多边合作模式强调网络、互动及伙伴关系的重要性，重新定义了各参与主体的角色以及政策制定与执行的过程，采用政府、市场、社会等多元力量共同参与的方式，强调信任机制和协调机制的培育与构建，主张组织形式的网络化。该种治理模式在全球范围内逐渐成为一种趋势。该模式强调多元主体参与，在对地方利益冲突的治理过程中，中央政府、地方政府、区域协调机构、企业、居民等，都是参与者、管理者和服务者。网络治理体系结构意味着在区域公共生活中，存在着政府、市场和社会这三种力量，这些力量分别作为独立的决策主体围绕着特定的公共问题，遵循一定的程序和规则，参与共同关注的议题。

在多边合作治理模式中，协调途径有以下三种：一是组织形式的网络化。区域一体化中的相关组织由于长期的相互联系和相互作用，彼此之间形成的一种相对比较稳定的、相互信任的合作网络结构，这样的网络化结构形态可以通过集体决策、联合行动来生产产品或提供服务，以便更迅速地适应不断变化的技术和市场环境，提高自身竞争力。二是信任机制的培育。例如通过区域文化、集体制裁、声誉等机制，来塑造信任机制。三是互动、整合与激励机制的完善。通过协调参与者之间、参与者与整个合作网络之间的关系，实现网络资源的整合。

在美国，各州与地方政府间的联系方式呈"网络互动"状态，各经济主体突破传统行政等级和辖区的界限，建立了网络式的互动机制。在欧盟，形成了超国家、国家、地区政府、公民社会等多层级的、网络参与的治理机制，这种多层级治理的模式混合了"没有政府的治理"和"开放方法的协调机制"的模式。

1.4.4 不同治理模式的比较

政府主导、市场主导和多边合作三种不同的治理模式是在不同的治理主体下，通过采取多元化的治理手段，来实现治理绩效的（表1-3）。对于我国而言，各级政府是区域一体化和区域公共事务管理的重要推动者，政府主导的治理模式是当前中国跨界治理的根本特征。虽然改革开放四十多年来，中央政府的分权改革和财政体制转型等制度创新推动了市场化改革，但推动与实施区域合作的关键角色仍然是政府，公民、私人部门和非政府组织对区域发展的影响较弱，我国区域公共事务的管理方式还不是真正意义上的"跨界治理"。因此，如何破解跨界治理难题，实现由政府主导治理模式向多边合作治理模式转变，以更好地推动区域高质量发展，是学术界与实务界亟待解决的重要议题。

不同跨界治理模式对比分析表　　　　　　　　　表1-3

	政府主导模式	市场主导模式	多边合作模式
治理主体	政府是主要协调主体，中央政府负责构建区域发展的制度环境，地方政府承担推动公共服务协调发展的职责	市场是主要协调主体，通过市场组合区域内的生产要素发展规模经济	多元主体参与，政府、区域协调机构、企业、居民等都是治理体系的参与者、管理者和服务者
治理机制	以行政权威协调地方利益与冲突，具体手段包括区域空间规划、财政手段、建立区域组织机构、缔结府际间协议	通过统一区域市场、完善产权制度、产业分工合作、外部性内在化、构建市场秩序来解决利益补偿、利益共享和利益激励的问题	协调途径包括组织形式的网络化，培育信任机制，完善互动、整合与激励机制
治理绩效	统筹区域发展资源互补，便于矛盾冲突的解决，弥补市场失灵，但也存在政府失灵和本位主义阻碍区域合作	区域经济发展进程中起着资源配置的基础性作用，促进经济增长方式的转变，但也会由于市场机制存在外部性导致行业过度竞争失衡	多边合作可降低交易费用与协调成本，实现互惠的联合行动，但也会出现机会主义影响治理绩效

第2章

跨界治理
国际实践

2.1 国际案例

2.1.1 以"中心—边缘"为重点的日本东京都市圈

日本东京都市圈是根据日本地方自治法律建立的地区公共主体，其特别之处在于重视发挥政府规划的主导作用（张暄，2011），实现对23个特别区、城市和乡村的统一管理。东京都市圈对于大都市圈规划编制和都市圈治理法治化等跨界治理的探索，具有一定的借鉴意义。

1. 东京都市圈跨界治理背景历程

东京都市圈具体范围是以日本首都东京为核心的巨型都市圈，包括东京都、神奈川县、埼玉县、千叶县等，国土面积占日本的3.6%，人口数量占日本的三分之一，是世界上人口规模最大的都市圈之一。以东京都市圈为代表的治理模式被称为"中心—边缘"治理模式（肖金成 等，2019），该模式的主要特征是以首都为中心，带动边缘地区跨行政区域的协作。

综观东京都市圈的发展历程，其大致经历了"强核极化—近域扩散—优化整合"三个发展阶段。二战结束至20世纪六七十年代，东京都发展迅速，大量人口、产业、公共服务涌向核心城市，其人口总量及占都市圈比重快速上升，但由之带来的却是城市膨胀、交通拥挤、环境污染、房价上涨等"大城市病"频发。此后短短三四十年的时间，东京都内用地趋于饱和，大量人口开始搬离市中心，随后若干城市功能和制造业也跟随人口从市中心迁移至外围，此时东京都人口占比下降，产业结构呈现第二产业下降、第三产业上升的特征，都市圈呈现近域扩散态势。2000年以来，东京都人口占比和产业结构趋于稳定，且前期开展建设的新城，逐渐成长为都市圈内重要的功能区和增长点，都市圈进入优化整合阶段。这看似自然的发展过程，实则离不开日本政府始终如一的都市圈治理手段的运用（图2-1）。

2. 多层级的跨界治理机制

东京都市圈建立了多层级的协调管理主体，由自上而下的规划转为协调为主。其成立之初，即建立了一整套协调区域和地方利益的制度，创立了相应的政府机构解决区域问题，并构建了都市圈跨区域政府、都市圈整备局、都市圈整备委员会、规划部等多级分工明确、成员丰富（政府、企业、教育人员等）、权责分明的协调管理主体体系。

从都市圈整备委员会的事权结构演变可见，日本的都市圈发展思路已由自上而下的规划转变为以协调为主。1956年，日本成立都市圈整备委员会，设立国土审议

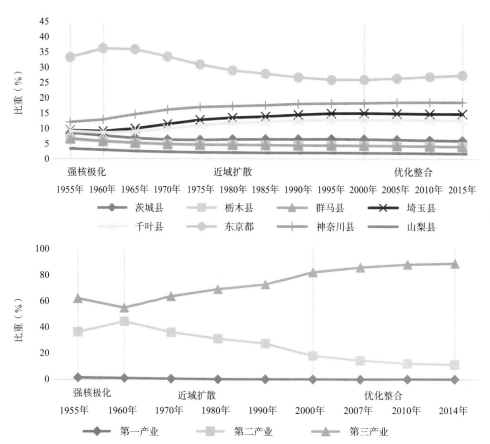

图2-1 东京都市圈各县（都）的人口比重变化（上图）及产业结构变化（下图）
（资料来源：日本总务省统计局统计调查部国势统计课. 国势调查报告［R］.）

会归属下的首都圈整备特别委员会负责都市圈规划工作，到2004年日本中央政府正式宣布今后不再编制全国性的国土开发规划，中央政府对区域开发的直接干预更多地转变为间接的政策引导和协调（包括预算经费支持等手段），而区域开发中首都圈内各地方政府则根据自身区域特点，依靠地方政府的沟通和交流进行具体规划与协调，中央政府对区域的管理，更多地通过预算经费支持等手段，从直接干预转为间接政策引导和协调，区域开发中的规划协调越来越多地需要依靠"央－地"政府间的沟通和交流。

赋予跨区域政府法律地位，保障规划的法律效力。日本政府根据地方自治法律建立了东京都市圈，对圈域内的城市与乡村等区域进行统筹管理。都市圈的规划法律体系完备，除国土开发规划法、城市规划法等基本法外，还包括专门为都市圈规划和地方规划分别制定的法律。每个层面的区域和城市规划都有具体的法律作为编制和实施的保障，规划涉及的各方面主体都要严格执行法律，杜绝了执行规划时部门间的不协调问题。都市圈规划为规划实施确定了总纲式的构想方案，对于具体事项要通过专门立法、国家协调和地方实施等方式落实。日本政府根据首都圈的不同发展阶段，通过立法将权力下放至都市圈内各个城市，让他们能够根据自己的历史特点、地理特征等，进行区域功能的定位、城市的分工，充分地发挥城市的比较优势，加快都市圈的发展。

政府财政政策和市场竞争机制双管齐下，推动都市圈更高层次发展。在财政政策方面，制定财政税收政策，引导都市圈产业协同发展。一是通过国家项目对地方基础设施进行直接投资，对一些边远、落后地区的城市发展提供贷款支持；二是政府通过政策性银行进行专项贷款和导向贷款；三是政府通过财政转移支付，补贴都市地域发展项目；四是政府采取财政补贴等优惠措施，促进新兴产业城市的开发。在市场机制方面，由于城市间的竞争无法通过行政干预得到妥善解决，但可以通过构建区域之间的市场协调机制，改善和优化竞争格局，使市场机制下的要素流动与资源配置，与都市圈发展规划的协调机制相互交织、共同作用。

在东京都市圈逐渐成熟以及都市圈内城市壮大的过程中，圈内城市之间的竞争愈加激烈，尤其是中心城市与非中心城市间的竞争，使得在政府主导并辅之以市场竞争机制的双轮驱动下，非中心城市不断进行城市功能升级和完善，形成独特的区域竞争优势，并在城市规模和层次上尽量与中心城市保持较小差距。因此，东京都市圈在发展过程中，中心城市与非中心城市的相互竞争推动了都市圈向更高层次发展。

3．建立科学完善、动态调整的区域规划编制机制

日本东京都市圈在其发展过程中一直相当注重区域规划，将不断扩张的都市圈作为一个整体纳入规划，从而促进都市圈内各地域的协调发展，保证都市圈可以充分发挥圈内各城市的比较优势，有效推进都市圈跨界地区的协同治理。

日本的三大都市圈规划起始于1950年代，是日本对最重要的城市化区域进行的战略性空间部署。东京都市圈先后编制了五轮基本规划，通过合理制定区域的发展方向、布局、规模，同时对环境进行较为科学的预测和评价，成为东京都市圈发展和建设的依据。规划还能协调各地各方面在发展中出现的矛盾，统筹都市圈中的各项建设，对整体建设发展起着较强的引导作用。

东京都市圈规划演变大致可分为三个阶段：第一阶段是1950－1960年代，随着城市化的快速推进，大城市开始过度极化，地区发展不平衡的问题凸显，规划的主要目的是抑制大城市的过度发展。第二阶段是1970－1980年代，为适应经济发展，从单纯的大都市抑制转变为培育多核心城市群，促进都市圈的均衡发展。第三阶段是20世纪末的最新一轮规划，基于经济发展减缓甚至出现负增长的背景，提出调整城市发展战略和产业结构，以适应全球化、提高区域竞争力、形成多轴型国土改造为目标，全面促进国土的均衡发展。在东京都市圈规划的具体实施过程中，规划内容也趋于更加翔实和具体，充分考虑不同区域的政治、经济、文化、管辖对象、人口规模等各种因素，并不断地根据实际情况作适时的修改。随着东京都市圈人口的急剧增长，规划体系也日益完善，形成了整备规划和项目规划两套规划体系。整备规划内容主要是以基本规划为依据，针对城市开发地区及其近郊整备地带的开发事项制定出详细的规划；项目规划主要是涵盖了年度建设项目的具体施工内容以及进度。

东京都市圈多年形成的独特发展模式和丰富治理经验，对于我国特大城市及其周边地区的发展具有参考价值，即为实现以大都市圈发展模式为主导的跨界协调发展，不仅需要建立科学完善、动态调整的区域性统一规划体系及相应的制度保障，还需要加快形成适应国情、灵活有效的跨区域行政协调机制，推动都市圈内城市之间形成区域性互补合作。

2.1.2 以跨界协调规划为引领的美国纽约大都市区

纽约作为大都市区的核心城市，对周边地区的辐射超出了纽约州政府的管辖范围，并以其为中心形成了高水平的城市集群。回顾纽约大都市区的形成、发展历史，可以发现，除了优越的自然地理位置之外，跨行政区域的跨界协调规划也起了重要作用。

1. 跨界治理缘起的背景

在美国大都市区居住的人口占全美人口的80%以上，其经济比重更是占全美的90%，因此其在整个国家经济发展中发挥着举足轻重的作用，被称为"美国的神经中枢"。在纽约等大都市区，这种现象更加突出，平均每个大都市区有100个地方政府。纽约大都市区（New York Metropolitan Region）包括美国纽约州、康涅狄格州与新泽西州的一部分，共31个县、782个城镇，面积约13000平方英里（约合33669.8km^2），2021年居住人口约2300万，约占美国人口的十四分之一。

在美国的区域发展过程中，大都市区问题的症结在于地方政府层级过多，各主体之间行使着独立职权，导致地方政府行政的"碎片化"现象，进而引起地方政府行政效率低下、公共产品缺失和公共政策难以落实。一战后，纽约港的发展繁荣带动了人口和就业的井喷式增长，而城市基础设施建设百废待兴，纽约区域规划协会

(RPA)为了重构区域秩序,支持纽约大都市区发展,通过编制区域规划来推动跨界治理行动。

2. 多元的跨界治理机制

以"多元合作"作为跨界治理的主要手段。纽约大都市区按照"治理"的理念,在公共事务管理中引入市场激励机制,发挥政府、企业、社会三方合作的力量,采取共同行动。如RPA组织高校、科研单位、政府机构以及社区市民,通过多种形式的公众参与宣传、论证、协商解决措施,与建设联盟组织和市民一起为区域领导人提出发展建议。

组建专门的跨区域行政机构。由于美国政府机构较为强调政府自治,试图设立权威高于地方政府的大都市区政府,现实中这一机构的设置面临诸多障碍。在此背景下,纽约大都市区尝试建立专门的跨区域行政机构,负责实施部分区域规划措施。如纽约和新泽西州港务局,专门负责建设和管理纽约都市区的桥梁、港口、公交站点和空港等大型公共交通设施。

以基础设施投资引导管理协调区域整体发展。纽约大都市区通过规划引导基础设施的合理布局促进协调区域发展,在RPA组织编制的纽约大都市区规划中,注重通过基础设施的投资建设促进区域整体发展,例如高速公路建设使区域形成一个整体,带动经济快速增长。

3. 开展跨越州市边界的区域规划编制

纽约区域规划协会(RPA)于1929年发布的第一份规划旨在通过组织土地使用与提供适当的交通选择,以一种更加合理的方式对该地区进行重新整合,总体规划面积约为14317km^2,区域内人口约898万人,涉及县的数目为22个。该规划描述了纽约—新泽西—康涅狄格大都市区的未来发展前景,并从人口增长、道路通达、土地利用与建筑规模四个大方向对纽约大都市区进行了较为细致的规划(图2-2)。规划认为,纽约大都市区必将经历快速的增长,而曼哈顿的增速将更为显著。第一次区域规划中的一些具体提议,最后都成为现实,其中包括修建高速公路和桥梁、建设公园和公园绿岛,以及对郊区的建设。这些建议的提出提高了纽约大都市区的发展效率与人们的生活质量。

RPA的第二次区域规划于1968年完成,这次规划的规划面积扩大为33022km^2,涉及31个县,规划范围内人口约1900万。RPA主要从社区总体布局、住房、贫困、自然环境与交通这五方面提出了建议,包括集中提高整个大都市区的公共服务水平,同时在主要的公共服务提供场所周围建立居民区;增加住房种类,修改新区域住房政策,以满足不同收入水平的家庭对住房的需求;增加老城区公共服务设施供

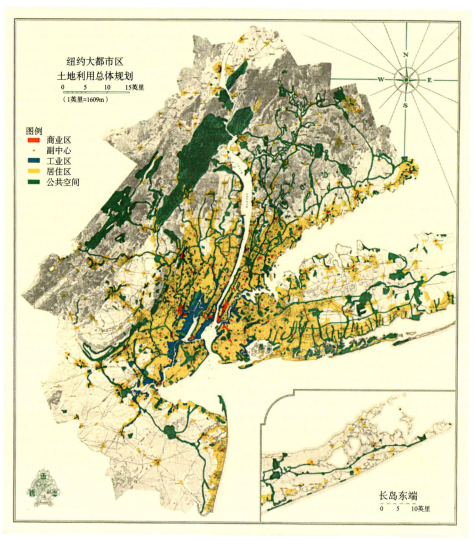

图2-2 纽约大都市区土地利用总体规划（1928年）示意图
（资料来源：Regional Plan Association，1929. The Regional Plan of New York and Its Environs [M]. Philadelphia：WM.F. FELL Co. Printers.）

给，提高设施供给水平，同时为穷人提供教育与技术培训，促进技术工人就业；控制未开发的自然空间供给，建设公共绿地，打造宜居、美丽与环境友好型区域。本次区域规划的最大特点是为纽约大都市区留下了大量的开放空间，并为该地区建设区域通勤铁路系统给出了较为系统与正确的指引。

RPA的第三次区域规划于1996年提出，此次规划范围与第二次规划相当，约33000km²，涉及31个县，规划人口约2000万（图2-3）。RPA在第三次规划中提出经济、环境与公平（规划中统称为"3E"体系）共同构成了区域繁荣、区域活力与区域内生活质量的基础；同时第三次规划最本质的目标，是充分整合利用区域优势，通过投资与政策的实施来重建"3E"体系，使"3E"体系内部可以充分互补、共同发展。第三次规划将对"3E"体系的具体重建方法划分为五项方略，其中包括绿地方略、中心发展方略、区域通达方略、劳动力方略与治理方略，这五大方略共同构成了第三次区域规划的基石。

RPA的第四次规划发布于2017年11月30日，规划面积约为33670km^2，涉及31个县，规划人口约为2280万（图2-4）。RPA在第四次规划中共提出61条相关建议，主要包括：在交通方面，建议港务局应改变其政治化决策过程，通过价值捕获策略进行投资以创造长期收入，并对其不同资产（机场、港口、桥梁与隧道、公共汽车总

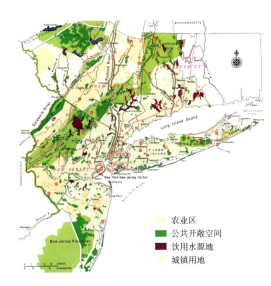

图2-3 纽约大都市区第三次规划示意图
（资料来源：Regional Plan Association，1996. The Fourth Regional Plan：Make the Region Work for all of US［EB/OL］.（2-10）［2018-05-17］. https://rpa.org/work/reports/a-region-at-risk-the-third-regional-plan.）

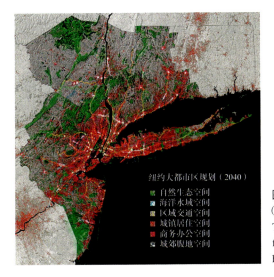

图2-4 纽约大都市区第四次规划示意图
（资料来源：Regional Plan Association，2017. The Fourth Regional Plan：Make the Region Work for all of US［EB/OL］.（12-12）［2018-05-17］. http://fourthplan.org/.）

站等)的日常运营采取独立化管理，实现地铁系统的扩张与现代化建设，并对区域铁路网进行扩张整合；在住房方面，在所有社区保留并建立经济适用房，建议各级政府增加对各级收入群体的住房供给；在生态保护方面，建议强化碳排放体系，运用科学方法对碳排放进行定价，将纽约大都市区与其他司法管辖区合并，形成一个更大、更强的碳排放总量控制与交易市场。

纽约大都市区作为典型的跨行政区域的功能型都市圈，区内核心城市纽约的发展愿景构成了大都市区规划愿景的重要引领。为应对动态变化的挑战，聚焦核心议题，纽约市总体规划和纽约大都市区规划都经历了不断调整的过程，其通过跨界协调规划引领跨界治理的应对措施，对于当前国内部分处于成长阶段的大都市区具有重要的启示。

2.1.3 以都市区空间政策为引领的英国伦敦都市区

英国作为现代城市规划的发源地和城市规划体系最为完善的国家之一，诞生了世界上第一部特大型城市区域规划《大伦敦规划》。区域规划作为综合性、层次性和地域性空间问题的政策工具，在平衡经济社会发展、协调土地开发和环境资源限制矛盾方面具有重要作用，对于处于同样背景下并致力于迈向世界城市的中国特大城市都市圈跨界治理有参考价值。

1. 跨界治理缘起的背景

伦敦都市区主要指大伦敦地区（Greater London），2016年人口约1443万，占地面积约1580km^2，共分为33个区，泰晤士河基本上从西向东横穿大伦敦。伦敦都市区以英国首都伦敦为核心，更大范围包括伯明翰、设菲尔德、曼彻斯特、利物浦等数个大城市和众多中小城镇，是全球重要的金融、贸易、航运、文化创意中心。

二战后伦敦重建时期，中心区人口非常密集，为了缓解人口过度集聚态势，政府曾通过"中心城－绿带－卫星城"模式将人口分流疏散出去，但也为后期发展留下了地理障碍，人口疏散过程中32个自治市和伦敦中心城发展出现治理断裂问题，其结果是整个大伦敦地区，除了主中心非常强之外，其他区域仅起到"卧城"作用，即下班后回家休息，然后回到主城区上班。为解决主中心与外围城市间网络化联系不足的问题，1944年由阿伯克隆比主持编制完成了伦敦都市区的总体发展规划。在治理方面，为克服行政单元碎片化问题、实现协同治理，伦敦都市区采取了"大伦敦市政府－自治市议会"双层治理结构，改善了管理主体多元化、城市之间关系纠缠不清的问题，推动了大伦敦地区空间治理能力的不断提升。

2．两级管理的跨界治理机制

伦敦都市区是英国工党在2000年3月创建的一级行政区，并成立新的大伦敦市政府，其行政管理模式是由伦敦市长、伦敦地方议会组成，形成了伦敦市与32个自治市的两级政府管理模式（表2-1）。大伦敦市政府治理具有两个特点：一是依法明确上下级政府的权限职能，即1999年制定的《大伦敦市政府法》规定，大伦敦市政府是一个战略性、跨区域性的政府，致力于提升大伦敦地区的综合竞争力，主要提供空气质量、文化和旅游、经济发展、交通、土地利用和规划、警察、消防等公共服务。根据《地方政府法》，自治市议会是地方自治实体，具体提供除警察和交通之外的面向市民的日常公共服务，比如教育、住房、社会服务等。二是以城市功能为导向实施大伦敦跨行政区治理。在具体的治理实践中，大伦敦市政府并不直接生产或提供公共服务，而是依靠一些实体性的功能机构来承担服务的提供。

大伦敦政府的组织架构 表2-1

组成部门		负责内容
伦敦市长		制定规划；制定年度预算；任命交通管理委员会成员和伦敦发展局理事会成员；通过城市空间发展战略——伦敦规划，制定伦敦新建筑和土地利用的方针
伦敦地方议会		监督市长的权利，并且就关乎伦敦市民的重大事件作出调查、评论和建议
下属机构	大伦敦警署	管辖伦敦32个自治市的警务
	伦敦交通局	贯彻市长的交通战略，管理大伦敦市大部分的交通系统
	伦敦发展局	促进伦敦经济重组和发展；增加伦敦地区的就业；保持可持续发展等
	消防和紧急救济局	直接向市长汇报工作
	市长内阁	给市长提出建议，讨论重要事务，并且帮助市长确认政策的连贯性

3．注重区域整体协调发展的区域规划编制

伦敦都市区规划编制主要分为四个阶段，第一阶段是从1945年至1975年，属于强化政府干预模式。伦敦都市区的人口在1939年达到最高峰，为860万人。1944年编制完成的《大伦敦规划》，其核心的规划思想是控制伦敦市区的蔓延，将空间的扩张约束在绿带之内，旨在缓解中心人口过于集中、城市空间无序扩张的问题。规划形成了同心圆封闭式系统，由内向外分为城市内环、郊区环带、绿化带和乡村外环（图2-5）。为疏解中心城区的人口与就业，从1945年起，英国政府开始开发新

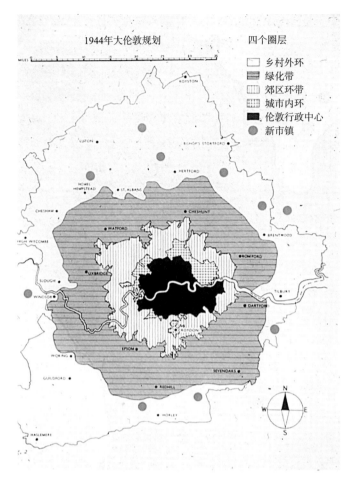

图2-5 1944年大伦敦规划
（资料来源：ABERCROMBIE P, 1944. Greater London Plan [M]. HM Stationery Office.）

城，到20世纪70年代中期，英国已经先后建立了33个新城，其中11个分散在伦敦外围129km范围内，同时新城建设引入了许多工业项目，注重职住平衡。

第二阶段是从1976年至1985年，属于打破封闭布局模式，力求在更大的范围内解决均衡发展问题。伦敦都市区规划掀起的新城建设潮，吸引了大量中产阶级迁入新城。市中心留下的是高收入人口和处于贫困状态的人口，造成了严重的两极分化。1978年英国政府通过《内城法》，调整了建设卫星城的有关政策，开始注重旧城的保护和更新。同时，20世纪60年代中期编制的《大伦敦发展规划》，试图改变《大伦敦规划》同心圆式的封闭式布局，通过建设三条交通走廊连接三座"反磁力中心"城市，旨在将大伦敦中心的人口、就业问题在更大的范围内予以平衡。

第三阶段是从1986年至1999年，属于各自发展模式，强调自发性的规划。1986年，积极奉行市场化和分散放权的撒切尔政府取消了大伦敦市政府，这造成了在这一阶段，伦敦没有制定过统一规划，取而代之的是大伦敦33个郡政府分别制定其各自的一体化发展规划。在这一全球经济快速发展、世界城市网络格局形成的关键时期，伦敦由于缺乏统一规划，导致资源分配不合理、基础设施建设与城市发展脱节等问题，具体表现为城市社会两极分化严重、房价飙升、交通不畅，严重影响了伦敦作为世界城市的竞争力。

第四阶段是从2000年至今，以编制《大伦敦空间发展战略》为标志，属于统筹规划模式，其核心思想是保持增长、平等共享和可持续发展。随着经济的全球化，伦敦作为世界城市，迫切地要求统筹规划以应对国际竞争和挑战。英国在1999年通过了《大伦敦市政府法》，并根据该法在2000年选举成立了大伦敦市政府。它要求市长组织编制大伦敦战略规划，明确了大伦敦地区和周边地区之间的关系，要求各城区的发展战略规划与该战略规划协调一致。进入21世纪，伦敦先后于2004、2008、2011及2016年制定出台了四版《大伦敦空间发展战略》。并于2021年3月发布了《大伦敦规划2021》，内容涵盖经济、环境、交通与社会，作为伦敦城市发展的综合框架，确定了城市中的增长潜力区、伦敦市中心的活力计划、公交基础设施的联通计划、可负担的新住房计划，明确了新建筑的"零碳"建造标准以及标准开发的"循环经济"原则，对解决住房危机、应对气候紧急状态、建设绿色健康城市、维护城市特色与文化遗产、疫情后的城市恢复都提出了详细的计划与落实措施。

在伦敦都市区70多年的跨界治理历程中，面对人口扩张带来的压力、产业结构调整对资源的新需求以及社会贫富分化日益严重等问题，以紧凑开发战略为指导，针对不同地区提出了不同的开发策略，并明确了空间发展的优先权，形成了关于新城建设、精明增长、城市更新及多中心发展等诸多经验，对于我国正面临人口、经济、交通、生态等严峻挑战的都市圈治理和规划创新提供了重要启示。

2.1.4 以生态治理为引领的荷兰兰斯塔德地区

荷兰兰斯塔德地区作为全球典型的多核心发展的城市密集区，其在"绿心"保护过程中提出的区域协调机制、空间规划的整体理念和发展保护策略，可为中国跨区域的协调机制与空间规划方法的理论创新提供可借鉴的经验。

1. 兰斯塔德绿心变迁历程

兰斯塔德是位于荷兰西部的一个多中心城市地区，是由阿姆斯特丹、海牙、鹿特丹和乌得勒支四大核心城市及众多小城市组成的多中心都市群。兰斯塔德"绿心"是被城市群环绕的绿色开放空间，位于兰斯塔德都市群中央，约400km²的农

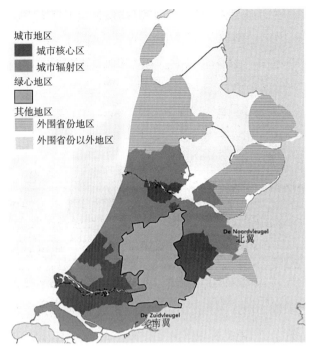

图2-6 兰斯塔德概况
（资料来源：Ernst Storm, 2004. Managing Ranstad Holland [C]. Geneva: ISOCARP.）

业用地构成"绿心"的主体空间（图2-6）。兰斯塔德因多中心环状城镇格局与大面积的绿心农业地区并存而被国际社会誉为开放空间保护的典范。兰斯塔德地区对"绿心"的共同保护，对跨区域山体、湖泊等山水空间的共保共用具有重要的借鉴意义。

综观兰斯塔德绿心的发展史，在1985年之前，兰斯塔德地区很少从区域规模上进行整体的协作与管理。随着第四次国家空间规划的颁布，该地区逐渐出现了一些区域联合体。1985年到1990年期间，该地区出现了非政府性质的联合机构，如兰斯塔德空间规划咨询机构、兰斯塔德北翼五城市咨询机构、兰斯塔德地区代表团、绿心筹划指导委员会等。1990年以后，兰斯塔德重点转向网络城市和城市网络的建设，组建了如区域城市网、兰斯塔德南翼管理平台、兰斯塔德管理委员会、三角洲大都市联合会、绿心平台、兰斯塔德南翼顾问委员会等政府机构，协调该地区的发展与管理，以更好地保证兰斯塔德在全国乃至国际经济中的地位。其中，绿心平台是首个由国家相关部委、省政府、环绕"绿心"的四个主要城市及其市政部门与相关团体共同组成的绿心管理职能部门，其目的是为了强化"绿心"的保护及国家政策的执行与监督工作。

2. 多层次主体下的效应叠加

区域协调主体建构方面，兰斯塔德在强调国家、省和市镇政府及所构成的区域协调组织的基础上，适时把企业等私营部门及公众纳入，共同参与区域政策制定和实施，形成了政府主导下以区域组织为平台的多元参与制度。同时，1990年后区域协调组织转向建立"城市网络"，即基于城市群空间形态组织功能网络，并形成与之一致的区域协调机制，由此成立了兰斯塔德区域（Randstad Region）、兰斯塔德管理委员会（Administrative Committee for the Randstad）、绿心平台（Greenheart Platform）、三角洲大都市联合会（Deltametropolis Association）等协调组织平台（表2-2）。

兰斯塔德的区域协调主体体系 表2-2

组织	成立时间	组成	主要职责	实施效果
兰斯塔德区域	1991年	南荷兰、北荷兰、乌得勒支和弗莱福兰	协商和政策协调对外宣传强化兰斯塔德职能	与兰斯塔德其他协调平台一起发挥了区域协商和协调作用，使区域政策得到贯彻
兰斯塔德管理委员会	1998年	中央政府、兰斯塔德四省、兰斯塔德四大城市（阿姆斯特丹、鹿特丹、海牙、乌得勒支）和各市当局	咨询机构，最初协调中央政府在兰斯塔德的空间投资，后来也讨论兰斯塔德空间规划第五次政策文件	通过协调区域战略空间议题和投资配额，提升政府间补贴协调效率，强化区域空间经济结构
绿心平台	1998年	国家相关部委、省政府、环绕绿心的四个主要城市及其市政部门与相关团体	做好对绿心的保护及国家政策的执行与监督工作	限制绿心内的开发项目，提升了绿心景观环境品质，保护了绿心生态
三角洲大都市联合会	2000年	兰斯塔德四大城市和越来越多的其他城市地方议会和利益集团	提升兰斯塔德向三角洲大都市转型，通过发起研究和设计活动、游说、充当智囊团，鼓励以兰斯塔德为基础的地方合作	成功争取了兰斯塔德四省组成兰斯塔德区（三角洲地区），并使其共同接受三角洲大都市远景展望

资料来源：张衔春，龙迪，边防，2015. 兰斯塔德"绿心"保护：区域协调建构与空间规划创新[J]. 国际城市规划，30（5）：57-65.

区域协调机制的构建表现为在空间联系基础上关注效应叠加与区域协同。空间联系生成拓扑状的城市空间形态，由此产生了区域内的空间、经济、社会和文化多层面的效应叠加，推动区域协同发展（表2-3）。

区域协调管理方面，推进政府公共部门等官方机构重组，减少了正规机构的数量，并且建立了一批区域管理机构。另外，针对特殊议题还设有其他一些管理模式，包括商业促进办公室以及半年一次在国家和区域之间召开的有关基础设施和空间开发的会议，讨论并形成一些正式的中短期投资协议。同时，在阿姆斯特丹大城

兰斯塔德的区域协调机制　　　　　　　　表2-3

机制	特征	策略	效果
空间联系	通过城市间点与点的连接所形成的拓扑关系图	基础设施共建共享协议；完全市场开放；提供政策优惠	形态方面，由单一城市为主的多中心结构转变为网络化城市空间形态；功能方面，区域内部要素自由流动，联系紧密程度极大加强
效应叠加	空间联系的拓扑关系图的效果叠加	区域整合性合作模式；强大组织能力；战略网络；信任制度	将挑战转化为区域发展机遇，推动区域竞争力的提升，实现区域发展突破
区域协同	区域各方面协调融合并同步成长，使整体效果大于各部分累加的效果	多学科交叉研究手段；开放式对话平台	推动区域在空间、经济、政治、社会和生态等多层面的协调与融合；共同制定区域发展目标、政策和规划，协同行动、计划和安排，实现区域高度一体化

资料来源：张衔春，龙迪，边防，2015．兰斯塔德"绿心"保护：区域协调建构与空间规划创新［J］．国际城市规划，30（5）：57-65．

市地区和鹿特丹与阿姆斯特丹港口之间也兴起了一些非官方的管治结构和新的城市联盟。

3．推动空间规划创新

兰斯塔德绿心保护在空间规划上以全新人居环境为建设目标。荷兰空间规划对兰斯塔德地区的定位屡次变动，起初是试图让兰斯塔德在国家空间中发挥核心作用，后来的空间规划则更重视国家均衡增长。

旧版规划中，荷兰规划机构在规划制定过程中提出对兰斯塔德地区的中心地带采取绝对保护的策略，以使兰斯塔德的四个中心城市（阿姆斯特丹、海牙、鹿特丹和乌得勒支）能够围绕中心开放空间形成多中心的城市群，从而直接避免陷入单中心结构城市问题的泥淖。但该规划没有与国外大城市和国内广大的偏远地区相结合。因此，新版规划一改既往的以"红-绿"区分城市和乡村的单维形态规划，因为从功能角度看这种区分会限制空间功能。新版规划第一次把"绿-蓝"结构和城市结构结合起来，政府职能可转向发展"绿-蓝"三角洲和加强地区联系。2010年荷兰政府内阁重组，在新的政策战略实施进程下，2012年出台的文件《基础设施与空间规划国家政策战略》呈现出全新的人居环境图景，它不仅重视利用人居环境的质量，还把相邻开敞空间的质量纳入考虑范围。该规划的绿心概念一方面创造了与之适应的区域景观塑造，使其能够包容大都市区的城市化；另一方面也催生出与之适应的由国家、省和市政府共同参与的区域协调机制。

4．完善生态空间保护政策

20世纪80年代以来，政府开始反思城乡二元对立问题，放弃了保持"绿心"永远天然无损的理想。从1990年开始，保护"绿心"不再是"绿心"土地利用规划政策的唯一目标，除了严格控制商业及居住发展外，政府还鼓励在"绿心"内积极发展旅游、休闲等服务业，甚至允许有条件地建设具有区域重要性或很高经济效益的政府项目。例如，从阿姆斯特丹到布鲁塞尔的高速轨道交通建设，为了尽量降低对"绿心"自然土地造成的损失和生态环境的影响，全线有7km在地下。2000年制定的第五次国家空间规划草案的重要主题是提高空间质量与土地利用效率，规划提出了三个战略：第一，紧凑利用建成区土地；第二，提倡复合利用空间，少占用乡村地区土地；第三，转变乡村地区土地利用和城区建筑的形式与功能，使其更好地满足现代生活的需要。这些主题与战略都遵循"哪里需要就集中，哪里可能就分散"的弹性原则。

兰斯塔德地区是由四个核心城市和其他中小城市环绕区域内的公共开敞空间所组成的多中心城市群，可以直接避免陷入国际大都市区单中心结构的城市问题，形成极具生态价值的围合绿心的大都市区规划。兰斯塔德地区的"绿心"保护经验对区域治理产生的影响在于它对大都市区域尺度空间环境管理技术的创新，把"绿－蓝"结构与都市区结构相结合，体现了从规划手段上把城市与乡村的对立形式转变为把自然、乡村和城市融合统一的新格局。

2.1.5 国际案例小结

综上，以大都市圈为空间单元参与全球竞争逐渐成为世界各国和地区的战略选择，大都市圈已经成为最重要并且最具效率的城市空间组织形态，是支撑经济增长、促进经济转型的主要空间载体，是形成优势互补高质量发展的区域经济布局的重要平台。而不断完善大都市圈治理体系、提升大都市圈治理能力，也日益成为国家或区域发展的重要举措，世界主要大都市圈的空间跨界治理探索经验可以归纳为以下几点：

（1）构建有序、统一、协调的治理机制是推动大都市圈空间治理的有效路径。大都市圈空间治理需要完善的空间治理机制支持，从世界主要大都市圈空间治理实践来看，一是建立完备的大都市圈发展和治理法律体系，纽约、伦敦、东京等大都市圈的发展和治理行为都被纳入法治化轨道，由基本法和专业法规进行规范，这有力地保障了大都市圈空间治理的严肃性和权威性。二是制定科学的都市圈划定标准。大都市圈内的行政区划往往会带来市场分割与资源错配等问题。世界上的主要大都市圈为更好地推进空间治理,通常基于就业中心和城市功能,利用通勤范围对其边界进行界定。例如,纽约大都市区的都市统计区,主要是根据人口至少达到一万的城市区域以及利用通勤量衡量的,在社会与经济上与城市区域有着高度整合关系的外围区域。三是需建立跨区域、跨部门的协调机制,世界主要大都市圈均合理设置统筹中央和地方、促成区域协调的相关机构,同时设计有效的大都市圈内部城市间成本共担和利益共享机制,形成各城市相互联动、共同推进的态势,促进当前利益与长远利益、局部利益与整体利益之间形成统一。

(2)合理的跨界空间协调规划是大都市圈空间治理的重要保障。都市区规划是一种战略性的空间规划,一种"区域性的战略思考"(崔功豪,2001),重视规划引领、强化规划实施是世界上的主要大都市圈实现空间治理目标的重要经验。从世界主要大都市圈空间治理发展的历程上看,尽管各大都市圈规划制定的背景、内容、方式等有所差异,但都体现出尊重城市和都市圈发展规律、坚持问题导向、突出"有为政府""有效市场"和"公众参与"的结合等共同特征。世界上的主要大都市圈根据本国具体情况,采取了不同的规划制定方式,东京是自上而下的政府主导方式,纽约是自下而上的市场化方式,伦敦是半市场化方式。虽然大都市圈规划制定模式不同,但都注重发挥政府、市场和社会的作用,充分尊重市场运行规律,政府则发挥引导作用,统筹基本教育、医疗等公共资源的合理配置,同时鼓励公众参与规划的制定、实施、评估等。

(3)加强空间联系、优化空间结构是推动大都市圈空间治理的基础条件。从世界主要都市圈空间治理的实践来看,一是通过基础设施、中心城市和城市体系建设,加强大都市圈空间联系,优化大都市圈空间组织结构,是形成和完善大都市圈"治理联盟"的重要基础,具体体现为推进交通基础设施互联互通。世界主要大都市圈都拥有由高速公路、高速铁路、航道、通信干线、运输管道等体系构成的区域性交通基础设施网络,其中先进、安全、便捷的铁路、公路设施构成了大都市圈空间结构的骨架和联结枢纽。二是打造辐射带动能力强的中心城市。在大都市圈城市体系中,高水平的中心城市往往保持着强劲的增长态势,经济活动生产总值规模大,产业结构合理完善,新兴产业蓬勃发展,总体位于大都市圈价值链的高附加值环节,是在大都市圈空间范围内具有支配性地位和推进性的区域单元,对大都市圈经济发展和城市网络体系升级具有强劲的带动作用。三是形成错位有序的城市等级体系。大都市圈是一个巨大的城市群体,富有竞争力的大都市圈都有不同规模、不同等级城市构成的布局合理、联系紧密、分工明确的城市体系。其中，中心城市在大都市圈的形成和发展中起着中心作用。

2.2 国内案例

2.2.1 以政府主导率先推动跨界治理的京津冀地区

京津冀地区集中了中央、省、市级政府等错综复杂的权力关系，围绕北京和其他地区自然地形成了中心－外围结构，不同行政权力层级之间产生了梯度化的要素配置，因此京津冀地区与国内其他都市区相比，最大的特点在于其行政干预因素力量较大，政府在区域协同发展和区域治理的过程中起到至关重要的作用。

1. 京津冀地区协同发展的缘起

京津冀地区是中国的"首都经济圈"，包括北京市、天津市和河北省的保定、廊坊、唐山、石家庄、邯郸、秦皇岛、张家口、承德、沧州、邢台、衡水11个地级市。1980年代京津冀协同发展理念第一次被提出，京津冀作为我国国土整治战略的"四大"试点之一，旨在通过国土整治工作，实现区域分工协作，发挥资源比较优势，治理生态环境，开展跨区域基础设施建设，优化产业和人口布局。第二次提及该概念是21世纪初为配合北京市新的功能定位和天津滨海新区大规模建设，在廊坊召开的京津冀区域合作论坛提出在公共基础设施、资源和生态环境保护、产业和公共服务等方面加速一体化进程的愿望，但相关规划未真正出台指导三地的合作。近年来，随着生态环境持续恶化、城镇体系发展失衡、区域与城乡发展差距扩大等问题不断加剧，国家层面提出了推进京津冀协同发展的要求，制定了《京津冀协同发展规划纲要》，明确了三省市定位、发展目标、空间格局、功能系统、重点合作领域等核心问题，重点破除要素壁垒，并在京津冀交通一体化、生态环境保护、产业升级转移等重点领域率先取得突破。2020年10月，北京市出台《关于建立更加有效的区域协调发展新机制的实施方案》，提出到2020年将初步形成京津冀协同发展的新局面，到2035年，京津冀世界级城市群构架基本形成，到21世纪中叶，区域协调发展新机制在完善区域治理体系、提升区域治理能力等方面更加有效，推动建成以首都为核心的世界级城市群。

2. 政府主导型的跨界治理经验

京津冀地区属于典型的跨省治理模式，目前涉及京津两直辖市和河北省11个地级市，是中央政府主导的三省市的治理模式。京津冀的行政管理特征具有明显的自上而下的单向性，相对于地方政府对于跨界治理的推动，中央政府的顶层设计对京津冀的区域发展助力更大（寇大伟，2015）。因此，仅靠京津冀三地政府各自的行政干预还不够，更加需要在区域层面建立的京津冀协同发展机制，政府在发展战略、重大规划、重要标准、基础设施、公共服务、环境保护和社会管理方面发挥更大的作用，在此基础上，促进市场与政府协同配合、共同发力。目前，在生态、公共服务和旅游等方面已开展了京津冀一体化合作。

生态共保方面，京津冀以水环境质量改善为生态环境协同保护的着力点。三省市共同编制了《京津冀协同发展生态环境保护规划》《京冀生态水源保护林建设合作项目规划》等诸多生态环境保护规划，在水资源协同调配、水污染联防联控、水生态协同建设、流域生态补偿机制等方面开展了探索，如京冀间、津冀间流域上下游横向生态补偿，实现了从过去以工程项目支持为主向如今制度化补偿的提升。同时，加强协同治理监督，北京市、河北省两地相关纪检监察机关通过召开联席会议，形成了《关于加强对密云水库、官厅水库水源保护工作协同监督的框架协议》，确立了联席会议制度，制定了问题线索直接移送、加强审查调查协作、积极推进信息共享等工作机制，对打击首都水源保护跨区域违纪违法行为和相互促进监督执纪工作有重要推进意义。

公共服务方面，重点推动医疗、养老、教育的共建共享。一是推动医疗合作共享：2019年北京市17家医院与河北省唐山市、张家口市、保定市等地的医院建立合作关系，在京医院帮扶河北建立13家区域医疗中心，三省市推进双向转诊和检查检验结果互认，启动京津冀门诊异地直接结算试点，推动组建跨区域医联体，联合培养高端医学人才。二是加强养老跨区域合作：京津冀三地民政部门签署《京津冀民政事业协同发展合作框架协议》，提出三地要协同规划布局养老机构，引导鼓励养老服务业积极向北京之外疏散转移，探索开展跨区域购买养老服务试点，共同推动养老服务业融合发展。三是促进教育事业共建：由天津市教育学会联合北京市教育学会、河北省教育学会共同合作成立京津冀一体化教育学会共同体，通过建立互联、互通网络平台，在教学科研、师资培训等方面展开全面合作。

旅游合作方面，京津冀协同发展领导小组办公室组织编制《京津冀旅游一体化协同发展规划》，制定《京津冀旅游协同发展示范区合作宣言》，定期召开京津冀旅游协同发展工作会议。构建了京津冀旅游合作"四个一体化"，即协调机制一体化、市场营销一体化、管理服务一体化、规划布局一体化,创新了"六大合作",即交界处道路旅游交通标识牌互指、共同开发京津冀旅游宣传品、举办京津冀旅游投融资对接会、共同举办旅游主题活动、共建旅游投诉处理协调机制和旅游执法合作机制以及设立旅游直通车专线。

产业合作方面,京津冀协同发展的合作重点是产业结构优化升级和实现创新驱动发展,通过推进产业对接协作,理顺三地产业发展链条,形成了区域间产业合理分布和上下游联动机制,避免同构性、同质化发展。在制造业方面,瞄准国际前沿技术和产业发展趋势,依托北京科技资源优势和津冀先进制造业基础,在河北、天津打造产业集群,建设高端装备制造产业基地,鼓励冀津钢铁企业绿色减量重组。在战略性新兴产业方面,大力发展电子信息、生物医药、航空航天、新能源、新材料和节能环保等产业,加强天津和河北与首都高校、科研机构合作,促进产业孵化、转化。在服务业方面,强化北京金融管理、天津金融创新运营和河北金融后台服务功能,发展生产性服务业。在农业方面,发展京津都市现代农业和河北高产、高效生态农业,建设环京津蔬菜基地、奶源生产和肉类供应基地,共建菜篮子产品生产基地、绿色食品生产加工物流基地,构建环京津一小时鲜活农产品物流圈。在产业园区共建方面,推动构建以曹妃甸新区、新机场临空经济区、张承生态功能区、滨海新区等四个战略合作功能区为主体的"4+N"产业合作格局,区域内产业转移与承接工作有序开展。

3. 高层次协调的跨界治理组织架构

一是高位协调的组织主体保障协同效力。2014年2月习近平总书记在北京主持召开的京津冀协同发展工作座谈会上,明确强调实现京津冀协同发展,并将之升级为一个重大的国家发展战略。6月由国务院牵头成立京津冀协同发展领导小组,国务院副总理韩正任组长,领导小组办公人员由北京市、天津市和河北省的发展改革委副主任,以及交通部、环保部、民航总局等相关部门人员组成。国务院设立京津冀协同发展办公室,负责制定《京津冀协同发展规划纲要》并监督规划实施,督促相关部门制定专项实施规划。定期召开京津冀政协主席联席会议、京津冀交通管理警务协同发展联席会议等,商议解决具体问题。同时,中央、三地均成立专家咨询委员会,由重要领导担任中央、三地咨询委的主任。

二是三省市共编区域规划。2015年由中央政治局会议审议通过的《京津冀协同发展规划纲要》,由三省市共同编制,作为顶层设计指导京津冀协同发展。规划的战略核心是疏解四类非首都功能,并明确三省市功能互补、错位发展、相辅相成的功能定位。规划重点调整优化城市布局和空间结构,促进城市分工协作,提高城市群一体化水平；加快推进产业对接协作，形成区域间产业合理分布和上下游联动机制，推动产业转移对接；加强生态环境保护合作；加快构建互联互通的综合交通网络；强化协同创新支撑，以创新驱动协同发展。

京津冀协同发展不仅是经济的协同，也是政治、生态、社会、文化等多方面的协同，随着区域治理的模式得到不断的深化和细化，京津冀协同发展也从早期需要中央政府的干预和调节，到逐步重视和强化市场在区域治理过程中的作用，加快消除三省市的流动性障碍，促进要素合理分配，推动京津冀多边合作的治理体系不断完善。

2.2.2 以市场主导率先推动跨界治理的长江三角洲地区

长三角地区作为中国经济发展最快、城镇密度最高的地区之一，区域差距和城乡差距都相对较小，区域合作治理的渊源由来已久，随着这些年来长三角地区间经济联系更加紧密和一体化发展的不断深入，长三角一体化实践的形式和内容也在不断创新和优化。

1. 长三角一体化发展的缘起

改革开放以后，长三角地区经历着上海作为中心城市的不断成长和长三角城市群范围的不断演化，由最早的上海经济区10个城市，增加到长三角经济协调会15个城市，后来长三角城市群不断扩大范围，发展为现在横跨沪苏浙皖一市三省的长三角城市群。

早在20世纪80年代初，长三角地区就曾出现过以上海为中心的一次合作探索，1982年由国务院决定成立上海经济区规划办公室，成立初期的上海经济区只包括上海、苏州、无锡、常州、南通、杭州、嘉兴、湖州、宁波、绍兴10个城市。1997年，长江三角洲城市经济协调会召开首次市长联席会，由区域内的上海、无锡、宁波、舟山、苏州、扬州、杭州、绍兴、南京、南通、泰州、常州、湖州、嘉兴、镇江15个城市的市长或分管市长参加，直至2019年，沪苏浙皖一市三省41座地级以上城市全部加入长三角城市经济协调会。进入21世纪，长三角一体化进入建章立制阶段，2008年，国务院印发了《关于进一步推进长江三角洲地区改革开放和经济社会发展的指导意见》，长三角政府层面确立实行决策层、协调层、执行层"三级运作"的区域合作机制。2010年，国务院批准实施《长江三角洲地区区域规划》，明确提出建设具有较强国际竞争力的世界级城市群，规划范围包括上海市、江苏省和浙江省，以上海市和江苏省的南京、苏州、无锡、常州、镇江、扬州、泰州、南通，浙江省的杭州、宁波、湖州、嘉兴、绍兴、舟山、台州16个城市为核心区。2016年，国务院发布《长江三角洲城市群发展规划》，城市数量扩充到涵盖沪苏浙皖四省市的26个。2018年，习近平总书记在首届中国国际进口博览会上提出"支持长江三角洲区域一体化发展并上升为国家战略"。2019年，国务院印发了《长江三角洲区域一体化发展规划纲要》，规划范围包括上海市、江苏省、浙江省、安徽省全域，提出以沪苏浙皖四省市的27个城市为中心区，以上海青浦、江苏吴江、浙江嘉善为长三角生态绿色一体化发展示范区，这标志着长三角一体化发展进入全面实施新阶段。

2．市场主导型的跨界治理经验

长三角地区市场化程度较高，随着城市经济的不断发展和城市规模的扩大，城市间由竞争向合作转变是必然趋势，其自发建立了以需求为导向的城市合作关系、以市场为主导的区域协同治理机制，近年来在区域层面的合作战略规划和制度保障的推动与引导下，形成了政府、企业及社会组织等多方参与、多层次的良性互动合作模式，并在产业、文化旅游、交通方面开展了合作。

在产业合作方面，积极开展多类型、多模式的产业园区合作共建。产业园区合作共建主要分为两大类型（表2-4）：一类是"政府主导、企业参与"，包括援建模式和产业招商模式；另一类是"政府推进、企业运作"，包括托管模式和股份合作模式。在多种合作模式下培育的产业园区为区域内发达地区赢得了新的发展空间，

产业园区合作共建模式　　　　表2-4

类型	模式	内容	代表案例
政府主导、企业参与	援建模式	由欠发达地区政府在其开发区中划出一块园区，与发达地区政府共建，发达地区政府或园区提供资金、人才、信息援助	苏州－宿迁共建园区
	产业招商模式	现有开发区内划出一块区内园，全权委托给第三方，对特定区域或特定产业开展招商	芜湖机械工业园与浙江玉环、乐清的合作共建
政府推进、企业运作	托管模式	委托方在开发区内划出一块园区，托管给具有管理、资金和产业基础等优势的受托方，全权委托其操作，包括园区发展定位、产业选择、招商引资、基础和公共设施建设等	铜陵市开发区与恒天集团合作共建园区
	股份合作模式	在现有开发区中设立共建园，交由合作双方成立的合资股份公司管理，公司负责园区规划、投资开发、招商引资和经营管理等工作，收益按照双方股本比例分成	上海外高桥与启东滨海工业园的合作模式

同时也带动了欠发达地区的快速发展,为欠发达地区植入了市场化的发展理念,形成了信息共享、技术共享、人才共享、标准共通等链式发展。另外,随着《国务院关于长三角生态绿色一体化发展示范区总体方案的批复》的发布,上海、江苏、浙江经信(工信)部门相继印发《长三角生态绿色一体化发展示范区先行启动区产业项目准入标准(试行)》和《长三角生态绿色一体化发展示范区产业发展指导目录(2020年版)》,做到了"一个目录明导向、一个标准定准入",创新了项目管理、投资管理一体化制度,实现了产业发展导向、项目准入标准的跨省域统一。

在文化旅游方面,沪苏浙皖三省一市构建了多元化文化旅游一体化发展机制。三省一市旅游协会共同发布了《苏州宣言》,提出设立长三角旅游事务协调共商发展机制、长三角地区旅游协会联席会议制度等;长三角地区三省一市文化和旅游部门签署了《长三角文化和旅游高质量发展战略合作框架协议》,共同打造联合开放、充满活力的文化和旅游市场。同时,各省市依托自身旅游资源,开展差异化的旅游合作,如上海以重大项目为载体,从深化长三角合作体制机制、建设长三角一体化旅游示范区、打造文化旅游精品、提升区域文化协同发展能级等方面,推进长三角地区文化旅游一体化发展;江苏以苏州市吴江区作为长三角生态绿色一体化发展示范区,形成了涵盖"吃住行游购娱"的全域旅游体系;浙江着力建设长三角生态文化旅游圈,推出"美丽乡村"等一揽子政策;安徽积极打造绿色发展样板区,深度开发红色、生态、文化等旅游资源,打造长三角高品质红色旅游示范基地和康养基地。

在交通一体化方面,建立健全交通运输全链条协同体制机制。一是构建交通基础设施网络:长三角地区依托自身通江达海、四面辐射的优越条件,形成了铁路网密集、公路网发达、水网纵横交错、港口众多的交通基础设施网络,畅通了客流、物流、资源流的快速通道,有力推动了区域融合发展。二是强化港口航运功能:长三角地区形成了以上海港为核心,苏浙沿海港口为两翼的"一体两翼"世界级港口群,上海国际航运中心功能突出。三是构建交通一体化协同体制机制:依托长三角区域合作办公室,研究设立交通协调推进机构,统筹推进交通一体化规划、建设、运营。四是不断探索交通一体化改革政策创新:开发PPP项目,创新社会资本投资铁路建设方式,如国内首条民营控股高铁杭绍台铁路PPP项目。

3."三级运作、统分结合"的协同机制

长三角地区目前形成了以"三级运作、统分结合"为主要特征的区域一体化组织架构,这个框架是以决策层为核心、以政府政策协调为导向、以法律制度为基石,由决策层、协调层和执行层共同组成的多层次、网格化的协同治理体系

(图2-7)。同时,长三角地区重视构建市场与资源配置机制,以市场为主体,充分尊重市场规律,从行政协调机制转向利益协调机制,打破行政区域的局限,破除地区保护主义,充分发挥市场在区域资源配置中的决定性作用,推动长三角形成统一开放、竞争有序的现代市场机制。

一是合作层级由项目合作、部门合作提升到国家战略层面,合作体系不断完善。长三角地区合作从部分政府部门间最初的相互沟通协作,上升为两省一市最高领导层的定期磋商,并通过强化制度建设、完善工作机制,形成了初步的合作体系和制度框架。

二是合作方式由自发活动转变为长期、稳定、自觉的制度化行为。各地区通过资源要素合作、体制建设与制度对接等,推动广泛的合作积极稳妥地整合到相应统一的平台上,重点突出、统筹兼顾、协调推进,进一步促进长三角地区科学发展、和谐发展、率先发展和一体化的发展目标。

三是合作主体由政府单个部门向多个部门以及社会协同推进转变。各级地方政府间或进行政策对接,或构筑区域性合作平台主动实施区域合作,合作的方式涵盖联席会议、项目合作、合作论坛、专题研究等,合作领域几乎覆盖了区域间政府的所有组成部门,形成了区域经济发展中的重点专题由一个主要部门牵头,多个政府部门协同配合的良好态势。另外,第三方组织也利用自身优势,突破区域界限和部

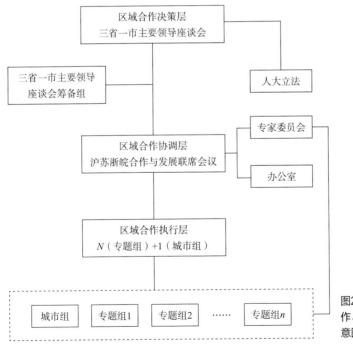

图2-7 长三角地区"三级运作、统分结合"组织架构示意图

门界限,以行业协会等多种形式提供管理服务。

随着长三角一体化迈向实质性发展的新阶段,长三角地区更加着力于通过推行规划协同、联合制度创新、市场化运作等治理方式,坚持市场主导、政府引导的治理模式,从生态、创新、人文、互联、协同等五大系统出发,实现不同地区之间的多样化协调协商机制,推动区域城市从竞争走向合作,优化空间资源配置,打造市场规则统一、行政壁垒破除、要素自由流动的跨区域多边合作环境。

2.2.3 以多边合作协同推动跨界治理的粤港澳大湾区

粤港澳大湾区包括了"一国、两制、三个关税区",是"一国两制"的践行者,科技创新与高端制造的引领者。大湾区的制度特殊性决定了在设立区域协调和治理机构时,需要培育多元化的跨区域协调和治理体系。

1. 粤港澳大湾区协调发展的缘起

改革开放40多年中,珠三角地区实现了三个转身:农业经济向城市经济的转身、内源经济向外源经济的转身和由单中心向多中心的转身,而更大的改变是地理认知由三角洲向湾区的转变,由于制度界面的作用和城市群向出海口地区的聚集使得作为自然地理的"珠江三角洲"概念逐渐转变为作为经济地理的"粤港澳大湾区"概念(马向明 等,2019)。随着城镇化的推进,珠三角加上香港、澳门所组成的"大珠三角"地区,逐步形成与全球经济联系密切的城市区域,并对区域管理提出新的挑战,为此广东省政府从1994年开始在珠三角开展编制综合性的区域发展规划《珠江三角洲经济区城镇群规划》,也成为国内第一个城市群规划。《珠江三角洲城镇群协调发展规划(2004—2020)》首次提出将珠三角建设成为"世界级城镇群"目标,其中首次提出了泛珠三角地区的概念,推动福建、广东、广西、贵州、海南、湖南、江西、四川、云南等九个省区和香港、澳门两个特别行政区("9+2"经济地区)的协同发展。

"湾区"的概念首次提出也是在《珠江三角洲城镇群协调发展规划(2004—2020)》的八大行动计划之一的"发展湾区计划"中,包括珠海主城区、横琴、唐家湾、广州南沙、东莞虎门、长安和深圳的沙井—松岗、前海—保安的"小湾区"概念。2006年粤港澳三地政府首次联合开展"大珠三角洲城镇群协调发展规划研究",致力于把过去由市场主导的"非制度性"合作推向政府和市场双轮推动的"制度性"合作,并首次由三地政府提出"湾区"的概念,范围涵盖环珠江口的深圳、广州、东莞、中山、珠海、香港、澳门七座城市。2010年由粤港澳三地政府开始编制的《环珠江口宜居湾区建设重点行动计划》针对"中湾区"的七座城市提出了三类十项行动计划，标志着粤港澳空间规划合作从"策略性规划协调研究"走向"面向实施的行动计划"。随着2019年《粤港澳大湾区发展规划纲要》的出台，"中湾区"七市再度发展到包括深圳、广州、佛山、东莞、惠州、珠海、江门、中山、肇庆、香港、澳门11个城市，在多元制度和多元核心体系的交织作用下，越来越多的协调内容会纳入跨界协调治理的范畴（王云峰，2020）。

2. 政府和市场双轮驱动下的跨界治理经验

粤港澳大湾区是我国开放程度最高、经济活力最强的区域之一，也是新时代推动形成全面开放新格局的国家战略地区，长期以来形成了以政府和市场双轮驱动下的治理来解决区域合作中的经济、社会、生态等问题的基础手段。随着粤港澳合作从"前店后厂"的垂直分工模式逐渐转向以《深化粤港澳合作 推进大湾区建设框架协议》为标志的"政府推动、市场导向"区域协同治理模式，兼顾发挥政府引导作用，实现各种生产和生活要素在区域内更加便捷流动和优化配置，粤港澳大湾区主要在产业、生态、交通方面开展了多主体参与的开放型协作。

在产业联动方面，粤港澳大湾区产业一体化建设主要经历了自发期的承接港澳劳动力密集型制造业、过渡期的产业和价值链升级到正式期的区域产业合作平等化和特色化三个不同阶段。第一阶段主要表现为"前店后厂"的跨境产业空间，受内外环境变化影响，香港资本大量流入珠三角地区，利用珠三角地区的廉价劳动力和土地降低生产的成本，港资加快珠三角地区各市的空间扩张、带动专业镇迅猛发展，为跨境联系奠定基础。第二阶段主要表现为产业转移的门类和价值链开始升级，受制于亚洲金融危机带来的经济压力，香港部分服务业转移营运基地至珠三角地区，制造业转移也由20世纪80年代的玩具、服装等产业，提升到电子零配件及附加值较高的电子电器、智慧玩具。第三阶段产业的合作范围扩展到物流、金融等第三产业，珠三角地区也不再是被动接受港澳转移产业的"后厂"，而是不断推进制造业外迁和产业转型，形成优势互补的发展格局。粤港澳区域的生产关系、空间格局向着扁平化发展，各市产业空间既有跨境合作的区域，也具有相当的自主性，由相对从属走向平等合作。

在生态共保方面，粤港两地生态环境协同治理交流始于20世纪80年代，于1986年签订《粤港联合监测深圳湾大气、水体环境技术工作纪要》。新世纪以来粤港澳大湾区更加积极开展生态环境领域的跨界协同治理，2008年，《珠江三角洲地区改革发展规划纲要》提出鼓励"建立污染联防联治机制，开展环境污染治理，共建跨境生态保护区，保护水库集水区"，以此推动建立粤港澳跨境的优质生活圈。2012

年发布的《环珠江口宜居湾区建设重点行动计划研究》，在珠三角绿道网总体布局的基础上，进一步提出建设环珠江口湾区的"绿网"和"蓝网"，将保护跨境生态空间与鼓励跨境休闲生活相结合。随着生态环境协同治理机制不断完善，粤港澳大湾区的生态系统保护和修复工作取得了显著成效，珠三角地区被确认为全国首个"国家级森林城市群建设示范区"，初步形成了国家级、省级、市级、县（区）级生态公益林建设体系。

在交通一体化方面，粤港澳大湾区主要经历了自发期由港商投资建设、过渡期政府主导跨境交通到正式期跨界交通多元化发展三个阶段。第一阶段跨境交通的空间联系较少，但产业需求推动港商投资珠三角基础设施建设，譬如霍英东投资修建虎门大桥，以消除资本流通的空间障碍，吸引更多投资，该阶段的跨境交通投资集中在珠三角东岸。第二阶段政府将跨境交通纳入规划，香港提出对接落马洲和罗湖的区域快线方案，直通九龙南环线、港岛线沿线，珠三角兴建广澳高速等道路，区域交通进一步完善。第三阶段交通跨界联系真正兴起，东、西岸联系加强，交通方式多元化，如2007年港深西部通道完工，2017年港珠澳大桥跨境公路开通，以及城际铁路、港口运输等不同交通方式的开通。

3．多重行政体系下的跨界治理组织架构

粤港澳地区是具有多重行政架构的跨境区域，港、澳是特别行政区，珠三角地区的行政架构中包含副省级城市、地级市、县（市）、市辖区等多个层级。自2015年提出粤港澳大湾区至今，府际关系的格局正逐渐由传统的"三地分治"向多中心治理形态迈进，构建以广佛、港深、澳珠三极为中心协调跨界公共事务，利用东莞、中山、肇庆、惠州、江门等几大重要节点城市构筑起区域合作示范平台，积极探索推进在"一国两制"和三个关税区条件下的体制机制创新，共同推进港、澳与珠三角地区建立起跨境的网络化的府际协作关系。

与此同时，随着府际关系的调整，珠三角地区区域规划的空间范围、规划内容也在发生变化。1994年广东省颁布了《珠江三角洲经济区城镇群规划》，空间范围包括珠三角九市（不包含肇庆外围数县）。后随着三地合作层次的扩大，区域规划的内容不断完善：2004年颁布了较为综合的《珠江三角洲城镇群协调发展规划》；2008年发布的《珠江三角洲地区改革发展规划纲要》首次加入了与港、澳协调的内容；2012年的《环珠江口宜居湾区建设重点行动计划研究》规划范围正式增加港、澳地区，且是由三地政府合作编制、公开征询民众意见的建设计划；2019年中共中央国务院颁布《粤港澳大湾区发展规划纲要》，标志着港、澳、珠三角地区合作真正跨境，正式成为多层次合作的区域。2021年10月6日，香港特区行政长官林郑月

娥在任内第五份《施政报告》中提出，在新界北构建占地300km²的"北部都会区"。同日，香港特区政府公布《北部都会区发展策略》，是"一国两制"框架下首份由香港特区编制，在空间观念及策略思维上跨越深港两地行政界限的发展策略和行动纲领，勾勒了北部都会区的远景规划，提出"构建香港第二个经济引擎"的长远目标。

在粤港澳地区城市群发展的早期，区域规划便借助政府的强力能够发挥积极的引导作用，同时市场经济具有很强的发展韧性与潜力，相对完善的产业链与内部的紧密分工，形成粤港澳大湾区不同城市之间多样化的产业协作网络，以及为适应内外环境变化而持续优化的自组织特征，推动粤港澳大湾区不断探索建立更高层次的多边合作跨界治理体系。

2.2.4 国内案例小结

随着我国经济的快速发展，经济发展的区域化趋势越来越明显，其中2020年5月国家发展改革委公布的京津冀、长三角和粤港澳大湾区GDP总量分别达到8.5万亿、23.7万亿和11.4万亿元，共占全国比重的44%，是中国最具活力的三个地区，尤其在发展先进制造业、现代服务业、知识密集型产业方面有不可替代的优势。通过分析京津冀、长三角、粤港澳地区在生态共保、交通互通、区域旅游、产业合作等多个方面的跨界治理实践来看，实施区域协调发展总体战略完全符合现阶段中国经济社会发展的实际，应该是当前和今后较长时期区域经济发展领域的基本国策，在当前和未来很长一段时间里，我国区域发展和区域治理的发展应关注"三个转变"：

一是从"点状规划"向"面状布局"转变。长期以来我国的区域规划大多围绕单个的城市点展开，比如设立深圳特区、上海浦东新区、天津滨海新区等，具有"点状拉动"的特征。近年来，中央打破早期以城市点为支撑的区域规划模式，主要以经济区为导向实施区域规划，具有"面状组合"的特点。

二是从行政主导的区域管理向多元参与的区域治理转变。多年来，我国以行政手段管理区域经济，具有很强的计划性和行政指令性，主要表现为各级政府对辖区社会经济事务实行单一向度管理，形成了所谓的"行政区经济"现象。结合目前我国区域发展中的参与主体日益增多的趋势，以及"推进国家治理体系和治理能力现代化"要求的提出，应重点关注治理体制、治理结构和治理方式的改革，通过新的多中心治理结构的形成和多元化主体参与的社会组织，为区域经济的发展提供重要支持。

三是从促进区域经济增长向实现区域公平正义转变。受"增长极"理论影响，我国的区域政策长期偏向于首位城市和核心区域，国家级新区、开发区等普遍设置在发展水平领先的直辖市、省会城市或计划单列市，导致了区域空间结构的极化现象。推动区域协同发展和跨界治理，可促进资源的公平配置和机会公平，缩小地区公共服务水平的差距，这些转变具有明显的公平性，符合区域经济发展中的正义原则。

第3章

跨界治理的中国模式演变

3.1 中国区域治理重心演变

区域治理的形成是一个深思熟虑的尺度建设过程,这是一种"国家重新区域化"的过程,城市区域的具体形式成为"国家空间选择"。这意味着由国家来选择或建设某个特定的尺度。

国家空间选择的具体形式取决于特定的历史和地理环境。根据布伦纳的研究,发达资本主义国家的国家空间选择依据其历史形成期可分为四个阶段(表3-1),每个阶段均有不同的国家空间选择形式、城市区域调控形式和面临的主要矛盾及冲突。布伦纳把不断变化的选择归纳为一系列危机与危机管理,从而描述了从空间凯恩斯主义、福特主义到新一轮的"全球化"的变革(吴缚龙 等,2018)。虽然,"凯恩斯主义"和"福特主义"这些词汇反映了地理位置的特殊性,并不适用于中国,但是时期划分意味着尺度重构是主要矛盾和冲突带来的结果。

发达资本主义国家空间选择的演变　　表3-1

历史形成期	国家空间选择形式	城市区域调控形式	主要矛盾和冲突
空间凯恩斯主义:20世纪60年代初至70年代初	民族国家,区域政策市政机构	管理主义集体消费	城市增长两极分化中央政府补贴
经济危机中的福特主义:20世纪70年代初至80年代初	平衡的国家增长解决衰退的工业区域	再分配压力地方政策	财政危机政治冲突
全球化第一阶段:20世纪80年代	地方经济重生战略城市区域	企业主义的城市削减福利废除市政机构	不平等零和竞争
全球化第二阶段:20世纪90年代至今	尺度重构选择更大区域而非城市区域化	竞争性区域主义城市区域危机管理	城市问题的尺度上移管治失效全国范围内无法解决

资料来源:吴缚龙,高雅,2018. 城市区域管治:通过尺度重构实现国家空间选择[J]. 北京规划建设(1):6-8.

综观中国的发展历程,经历了从中华人民共和国成立初期百废待兴,在探索中前进,到1978年改革开放开创新局面,到2000年加入WTO,再到党的十八大以来高质量发展奋进新时代。中国区域治理关注的重心也伴随着社会经济的发展,从国家尺度下移至城市尺度,再上移至城市区域尺度,再到关注跨界地区。这不断变化发展的过程体现出国家政府对区域协调发展和整体利益最大化的持续关注,以及对前一阶段出现问题的不断纠偏。因此,结合中国的发展实际和关于发达资本主义国家空间选择的研究文献,本书把中国区域治理关注重心的演变分为以下几个阶段:

国家社会主义阶段（1949—1978年）、早期市场改革阶段（1979—2000年）、加入WTO（世界贸易组织）后的市场经济阶段（2001—2012年）和全面深化改革阶段（2013年至今）（表3-2）。

中国区域治理重心演变　　　　　　　　表3-2

历史形成期	国家空间选择形式	城市区域调控形式	主要矛盾和冲突
国家社会主义阶段：1949—1978年	国家地位的国家尺度是支配一切的治理	在计划经济中进行分级计划协调的治理主义	东西区域发展不均衡城乡分割
早期市场改革阶段：1979—2000年	地方崛起：大城市占主导地位	城市企业主义：计划控制的权力下放	激烈的城市间的竞争：不协调的增加和重复建设
加入WTO后的市场经济阶段：2001—2012年	尺度上移趋向城市区域	行政兼并、空间规划、区域机构	区域认同的缺失：国家强加的尺度重构
全面深化改革阶段：2013年至今	关注跨界地区	城市联盟、跨界空间规划的编制	事权和利益的博弈

资料来源：引自"吴缚龙，高雅，2018. 城市区域管治：通过尺度重构实现国家空间选择[J]. 北京规划建设（1）：6-8"，作者有修改。

3.1.1　国家社会主义阶段（1949—1978年）关注国家尺度

国家社会主义阶段，以中央计划经济为特征，国家空间选择的具体表现形式是国家尺度。区域治理的形式是基于国家管理主义，通过分层计划协调来实现的。这一阶段的主要矛盾是区域发展不均衡和城乡分割，一是在大力实施内陆建设过程中，忽视地区发展差异，并未带来内陆地区的经济增长；二是城市因国家支持工业部门而得到发展，反之农村地区发展水平很低。

1. 内陆建设与重工业化

中华人民共和国成立后，为了尽快恢复和发展国民经济，在计划经济理论指导和苏联专家的帮助下，建立了中央高度集权的计划经济体制，中央政府作为唯一的决策者，统一协调全国的经济发展。其指导思想源于共产主义理论对社会进行有计划调控的构想，即以政府行政计划代替市场经济调节分配社会资源，集中国家所有力量发展工农产业。

在区域发展战略上中央政府基于全国区域经济非均衡发展的客观现实，决定以非均衡发展战略为指导，对中西部内陆地区进行大规模投资和建设，以期改变中西部经济落后面貌和全国区域分工不合理的状况，从而实现中西部与东部地区的均衡发展。这一阶段，不论是国家基本建设投资的投放重点，还是国家建设项目的布局重点，都偏重于内陆地区的工业建设与发展，内陆地区建设了许多新工业基地，尤其是将钢铁、石油、棉纺织工业的基地建设在原料产地附近，一定程度上促进了中西部地区的经济发展（杨德才，2009）。

这一阶段的区域治理出于配合大规模工业化建设的实际需要，以七届二中全会关于"从乡村向城市战略转变"和"变消费城市为生产城市"等的重大决策为依据，按区域经济平衡发展的目标在全国进行非均衡布局，并重点关注中西部地区各类工业项目的规划布局和"具体落地"。

2．计划经济下区域治理的弊端显现

总体看来，在中华人民共和国成立初期至改革开放前的30年里，中国区域治理的空间选择是基于国家层面的"中央集权"式的统筹安排，而促使这种选择的最重要的原因是基于对国际形势的判断确立的经济建设以备战为中心的思路。通过有意识地向内陆地区倾斜配置资源使中国的区域发展格局经历了一次明显的西移过程，这次大跨度的转移对中国区域发展格局产生了重要影响。一是推动了中国经济布局由沿海向内陆地区初步拓展，使内陆地区在国民经济中的比重有较大提高，在一定程度上缓解了沿海与内地经济发展水平的巨大反差，尤其是在三线建设时期，国家投资2000多亿元，形成固定资产1400多亿元，占当时全国固定资产总额的1/3，促进了内陆地区经济发展，初步改善了中国区域经济布局（李浩，2019）。二是促进了内地的资源开发和经济建设，建成的一批能源、原材料基地，为支援沿海经济发展发挥了重要作用。三是保持了各大区域均衡发展，区域间经济摩擦较少。

但是，这种以国家集中投资和直接调控为主要途径的区域治理方式，依靠传统的计划经济体制组织区域发展，带来许多不可克服的弊病。一方面，没有着力于培育地区经济增长机制和发展功能，经济效率低下，市场发育缓慢，地区经济效益并没有随着经济布局大跨度西移而提高；虽然经过几个五年计划建设，在内陆地区建成了一大批工业项目，但因其与当地的经济脱节，并没从根本上改变内陆地区发展落后的局面。另一方面，由于沿海地区投入减少，原有的经济技术优势未能得到充分发挥，制约了全国经济发展和运行效率的提高。可以说，基于区域经济发展不平衡的事实，而选择非均衡的区域发展战略，这本身是符合经济发展规律的；但在中国实施区域非均衡战略的过程中，由于没有充分根据各经济区的特点和基本条件规划布局，忽略了地域间的差异性，难以发挥区域治理的最佳效益，而且也难以促进区域间分工协作和统筹发展。同时，在区域发展格局西移的过程中，实际出现的是重工业快速、过度发展，而农业、轻工业发展却相对滞后或萎缩，进一步加剧了城乡分割。

3.1.2　早期市场改革阶段（1979—2000年）关注城市尺度

在早期市场改革阶段，通过经济去中心化，国家区域治理关注更多的是城市尺度。这一时期的特点是城市企业主义的兴起，以及由于计划控制的权力下放给个别城市，甚至下放给城市的城区，从而导致的激烈的城市间竞争与不协调发展。

1. 城市企业主义的兴起

20世纪90年代，一系列的市场改革条件产生了城市企业主义推力，从而推动了城市之间的竞争。1992年确立建设市场经济新体制的目标，1992年中华人民共和国国务院令第103号《全民所有制工业企业转换经营机制条例》明确要求有步骤地把企业推向市场，中央颁布的"政企分开"政策进一步掀起了政府机关大办企业的狂潮。1994年，为了缓解中央政府财政困境，将1984年确立的中央与各级地方财政分级承包制进一步演变为分税制，这一改革极大地改变了中央和地方政府的财政比重，从以往地方财政占比超过70%，调整为中央与地方各占约一半，这又促使地方政府为了弥补财政收入不足的状况而几近疯狂地"以地生财"，推动了城市企业主义兴起（温铁军，2013）。21世纪初的土地改革进一步激励了地方政府，他们将土地开发作为预算外收入来源，这带来了以土地为主导的地方发展。

上述一系列的改革措施使中国社会经济发展步入全新的轨道，也带来区域治理理念的全新变化，关注点开始下移至城市层面，城市成为区域治理关注的重点。1978年3月国务院召开第三次全国城市工作会议作出的《中共中央关于加强城市建设工作的意见》（中发〔78〕13号）明确指出："全国的大、中、小城市，是发展现代工业的基地，是一个地区政治、经济和文化的中心，是巩固和发展工农联盟、实现无产阶级专政的重要阵地"，"城市工作必须适应高速度发展国民经济的需要，为实现新时期的总任务作出贡献。多年积累下来的问题必须积极而有步骤地加以解决，否则，必然会拖四个现代化的后腿"，并呼吁"为逐步把全国城市建设成为适应四个现代化需要的社会主义的现代化城市而奋斗"。1984年10月的十二届三中全会所作的《中共中央关于经济体制改革的决定》进一步提出"城市是中国经济、政治、科学技术、文化教育的中心，是现代工业和工人阶级集中的地方，在社会主义现代化建设中起着主导作用。"

可以说，这一阶段外部日益加深的全球化进程和无疆界的资本快速流动，从各个层面都营造了一个高度竞争的环境，催生了国家"去中心化"与"城市企业主义"的兴起。尤其是在1980—1990年代的双轨制、市场体制转轨过程中，国家出于对增长效率的追求，将区域治理的关注点下移至城市层面，使得城市在中国国民经济发展中的重要地位与作用得到重新强调,但放松了宏观层面尺度的主动建构与强力管制,由此也带来了全国范围内广泛的区域不平衡发展问题。

2. 区域治理尺度下移的影响

自从计划经济体制终结以后,20世纪90年代的市场化改革将权力下放至城市层面,给地方政府分配了GDP增长目标,对目标绩效进行相应的评估,并根据目标完成情况来任免政府官员和奖惩地方政府,这阻碍了城市间的合作,因为每一个地方都不惜恶性竞争,来发展自己的增长基础。区域治理尺度的下移很大程度上影响了"区域"的地位和作用。

其一,区域治理的尺度下移对城市区域的影响超越了城市边界。城市企业主义的兴起推动了先前无关的或只有松散连接的各城市之间的竞争,而它们的发展战略必然要扩大规模,导致快速的城市扩展,扩展到了整个行政地域范围,这意味着中心城市变得与周边地区和郊区县紧密相连,形成了大都市区。

其二,激烈的城市竞争带动了在大城市区域之内和之外的基础设施的广泛发展。各城市开始竞争发展大型的基础设施项目,如深水港、机场和公路,以在通达性方面加强自身的现状基础和地位。城市间的基础设施的发展,导致这些城市成为连绵的城市区域。

其三,经济的区域化并没有导致城市间的合作,反而加剧了在区域尺度上治理的碎片化。区域内的各地方政府都追求发展他们认为有利可图的类似的产业,结果导致城市的产业结构变得同质化,在同一区域的多个行政管辖区追求同一方向的工业化,带来了城市经济的区域化,进一步加剧了城市区域治理的碎片化。

总体而言,区域治理的尺度下移至城市层面,促进了城市企业主义的兴起,产生了把城市发展得更大更强从而超出其边界的动力,基础设施和经济的区域化进一步给城市区域的实现带来了可能性。

3.1.3 加入WTO后的市场经济阶段(2001—2012年)关注城市区域尺度

从2001年中国加入WTO开始,一个新的国家空间形式出现了,即尺度上移趋向城市区域。实现尺度上移的机制一是通过行政兼并,加强大都市区域而不是加强中心城市;二是由中央发起计划,以保持其监管控制;三是通过城市间的协商来建立"软"区域机构。

1. 区域治理关注尺度的上移

2001年12月11日,中国正式成为世界贸易组织成员,标志着中国改革开放进入一个崭新的阶段,新一轮对外开放呈现出新的格局:加入世界贸易组织不仅使中国改革开放的领域扩大和加深,而且使中国从原来的自主单边开放变成中国和世界贸易组织各成员之间的相互开放,从中国原来按政府政策实行改革开放到按照世界贸易组织的规则实行开放。这进一步促进了中国经济在全球化的条件下向区域经济的发展。

与此同时,前一阶段带来的环境恶化、产能过剩、碎片化的土地利用和扩张等问题,迫使区域协调成为政府议程的一大优先事项。城市间竞争会带来严重的问题,不仅相互竞争的地方政府认识到了这一点,中央政府也认识到了这一点,区域治理逐渐成为各级政府关注的重点。这便引发了一个区域治理尺度重构的过程,城市区域的发展显示出国家强力介入了全球化下的以市场为导向增长的危机管理。

在治理目标上,面对环境挑战,规划者们开始重新考虑城市和区域规划的目标,可持续发展的问题开始出现在区域政策制定者和规划者的议程中。越来越多的呼吁要求改变规划的目标,把单纯的以促进经济为导向的目标,改变为促进可持续发展的目标。

除了目标的不断演变,区域治理尺度重构也出现了向城市区域尺度上移的趋势。然而,受限于政治和行政体制,这个超区域(superregion)尺度是不可行的。从政治上看,超区域会太庞大,太强大;从行政上看,它缺失了政府这一层级。城市区域作为一个折中方案而成为关注重点,因为它是基于城市的,且基于一个结算系统以及基于促进该区域竞争力发展的。由此,从2005年左右开始,城市区域尺度就成为国家区域治理选择的一种新形式。

2. 城市区域治理的矛盾

2005年以后,中央政府在宏观调控的基调下显著增强了对区域、地方发展的干预与控制,上收了一系列的地方权力(例如将更多城市的土地审批权、总体规划审批权等上收),还通过主体功能区规划等方式划定各种国土开发的管制空间,为地方的发展划定种种规制,以应对国土的不平衡开发以及增长的资源环境压力。同时,中央政府又通过积极出台各种主题的"国家战略区域规划"来重构国家的经济空间格局,给予这些"国家战略区域"以相应的经济投入、要素投入或者制度创新的权利,从而激发国家经济的普遍增长和繁荣(张京祥,2013)。从这个角度看,区域治理的关注点上移至城市区域层面,出现了一定的国家再中心化趋势,也就是说,形式上重建了区域尺度,并试图以此实现中央对地方发展调控力加强、促进区域协调均衡发展的双重目标。

但在实际发展过程中，这种国家空间选择存在的一个主要矛盾是，它是作为一种空间修复（spatial fix）来采用的，很大程度上是国家精心策划的，缺失了一个区域的认同感，而且围绕这个城市区域尺度的民间社会很不发达。国家部门以外的"再分配政治"并没有得到充分的发展来推动这个城市区域治理的形成，城市区域治理仍然是国家强加的一个行政过程。国家试图建设城市区域，但与此同时，国家的深层参与却也不利于区域一体化的进一步推动。

3.1.4 全面深化改革阶段（2013年至今）关注流域性地区和跨界地区

党的十八大以来，国家进入了全面深化改革阶段，区域发展和区域治理理念有了新的变化，推动形成优势互补、高质量发展的区域经济布局成为新形势下促进区域协调发展的思路。党中央相继提出了京津冀协同发展、长江经济带发展、粤港澳大湾区建设、长三角一体化发展、共建"一带一路"等新的区域发展战略与倡议，从区域治理和关注跨界地区的角度不断推进国家治理体系和治理能力现代化。

1. 宏观层面的跨界治理开始关注流域性地区

国家跨界治理的关注领域从宏观层面和微观层面都发生了变化，宏观层面来看，经历了从城镇密集地区和城市群地区为主，逐步向流域性地区的转变。早期国家的区域协调规划更多地关注长三角城市群、珠三角城市群等相对成熟的地区，以及成渝经济区、武汉都市圈、中原城市群等发育型城市群地区，但近年来，国家对于区域战略的关注也逐步转向长江经济带、黄河流域、淮河流域等流域性地区。

如国家于2013年编制的《长江经济带发展规划纲要》，围绕生态优先、绿色发展的理念，依托长江黄金水道的独特作用，发挥上中下游地区的比较优势，统筹江河湖泊丰富多样的生态要素，为我国经济转型发展提供重要支撑。再到如今《长江经济带国土空间规划》的编制，以及《"十四五"长江经济带发展实施方案》《"十四五"长江经济带综合交通运输体系规划》《"十四五"长江经济带塑料污染治理实施方案》《"十四五"嘉陵江流域生态环境保护与修复实施方案》和《"十四五"乌江流域生态环境保护与修复实施方案》等"1+N"规划政策体系的实施。区域战略关注的重点也包括生态保护和底线管控等方面的内容，如近期河南、内蒙古、陕西、青海等黄河流域的省份和典型城市分别编制了"黄河流域国土空间规划"，统筹布局流域生产、生活、生态空间，共同抓好大保护，协同推进大治理。2020年，山东省、山西省、陕西省自然资源部门，河南省直有关部门共同参与"河南省黄河流域国土空间规划与生态廊道建设规划编制座谈会",围绕规划编制的总体框架、重点任务、目标定位、可操作性、规划衔接等内容进行深入讨论交流。

2. 跨界地区成为区域治理的关注重心

当前,城市群已成为中国城镇化的主体形态,随着人口、资本的快速流动,城市群地区跨界协调已经成为区域治理的现实话题。由行政分割带来的交通设施、生态环境、邻避设施等跨界矛盾日益凸显,阻碍着区域整体发展,与此同时,上一阶段以城市区域为治理空间尺度的弊端也逐步凸显(陈小卉 等,2017)。细究可以发现,这些矛盾的发生地多集中在跨界地区,因而跨界地区上升为这一阶段的关注重点,寻求行之有效的跨界地区协调发展的路径势在必行。

长三角一体化示范区作为区域治理的典型代表,在这一阶段受到了高度重视。2018年长江三角洲区域一体化发展并上升为国家战略;《中华人民共和国国民经济和社会发展第十四个五年规划和2035年远景目标纲要》提出,"深入实施区域重大战略、区域协调发展战略、主体功能区战略,构建高质量发展的区域经济布局和国土空间支撑体系,提升长三角一体化发展水平。"这些要求不仅从空间布局方面关注区域协调,更是从更深层次体制机制的建立来推进以长三角一体化示范区为代表的跨界地区协同治理。

为应对上述发展形势,以江苏为代表的先发地区作出了诸多有益的实践。2020年南京都市圈党政联席会议上,南京都市圈城市联盟由原来的两省八市,吸纳溧阳市和金坛区,扩大到两省十市(区),并审议通过新一轮的《南京都市圈城市发展联盟章程》。南京都市圈为破除行政壁垒,重点就跨界地区的交通、产业、环保、医疗、教育、养老等方面签署了多项合作协议,作出了诸多努力。如宁镇扬港口"穿梭巴士"航线航班开通并加密,南京都市圈统一挂号平台可向市民提供147个医院9844个专科的预约挂号服务,南京开通分别通往句容、溧阳、仪征、滁州、马鞍山、宣城等6个毗邻地区的18条公交线路。

又如,苏锡常都市圈在2020年召开首届苏锡常一体化合作峰会,从都市圈上升到一体化发展,共同谋划苏锡常"三个好兄弟"抱团打天下。会上签署《苏锡常一体化发展合作备忘录》,重点解决跨区域的合作事项,具体体现为联合推动区域科技创新资源协同共享,联合推动区域产业发展机会协同互补,联合推动区域重大政策制定协同互动,联合推动区域基础设施建设协同对接。

3. 治理工具转为强调落实和可操作性的跨界协调规划

十八大以来,治理工具从原来较为单一的区域战略规划等方式转变为更强调政府行动性、注重多方沟通协调的跨界协调规划。尤其是2020年6月公布的《长三角生态绿色一体化发展示范区国土空间总体规划（2019—2035年）草案公示稿》，是针对跨界地区做出规划的典型代表。

江苏在全国率先提出了以跨界协调规划作为政府主导型的区域治理新路径，并在跨界协调规划编制的方面积累了一定的经验，在全国具有一定的先进性和借鉴性。江苏自上而下构建了"战略规划—空间规划—行动规划"的规划体系，每一个层级均关注跨界地区的协调发展。战略规划方面，关注整体协调格局、发展协调格局和保护协调格局的构建，编制了《江苏省城镇体系规划（2015—2030年）》《苏锡常都市圈规划（2002—2020）》《苏南丘陵地区城镇体系规划（2014—2030年）》，并对跨界地区作了重点部署；空间规划方面，重点关注同城化地区和跨界毗邻地区的空间协调内容，编制了《宁镇扬一体化空间协调规划》《江苏临沪地区跨界协调规划研究》等；行动规划方面，重点落实协调实施举措，编制了《环太湖地区绿色生态空间规划》《苏锡常都市圈绿化系统规划》《苏锡常地区区域供水规划》等。这一系列规划的编制，体现出江苏自上而下、从宏观至微观、成体系成系统的架构，进一步推动了规划政策的落地和规划项目的实施。

3.2
中国跨界治理的实践表现

3.2.1 行政干预下的行政区划调整

1. 行政区划调整的表现形式

受制于行政区经济功能的存在，为了实现有效的区域协调，一个现实而有效的途径就是进行行政区划的调整。在行政区划调整中，常常采用的途径有兼并（如撤县/市设区以扩大中心城市范围）、合并（如两个县市的合并重组）、提高行政级别（如珠三角地区有一些县级行政单元直接升格为地级市）（张京祥 等，2002）。由于城市化进程的加速、中心城市的快速成长及区域问题的恶化，调整行政区划已经成为全国性的现象。

以江苏为例，梳理江苏2009—2020年县级行政区划调整情况（表3-3），可以看出，2012、2013和2015年江苏省县级行政区划变化较大，特别是2015年，涉及3个地级市、7个县级区划的调整。这十年间，江苏省县级行政区划调整涉及南通、徐州、扬州、苏州、淮安、南京、泰州、连云港、常州、盐城、无锡这11个城市，基本覆盖全省。其中，南京、苏州、无锡、扬州区划变化较大，南京2013年进行了四项大的区划调整。

2009—2020年江苏县级行政区划调整情况　　　　表3-3

年份	行政区划调整情况
2009年	撤销通州市，设立南通市通州区
2010年	撤销徐州市九里区 撤销铜山县，设立徐州市铜山区
2011年	撤销县级江都市，设立扬州市江都区 撤销扬州市维扬区，将原维扬区的行政区域与划出5个镇的邗江区合并 淮安市楚州区更名为淮安区
2012年	撤销县级姜堰市，设立泰州市姜堰区 撤销苏州市沧浪区、平江区、金阊区，设立苏州市姑苏区 撤销县级吴江市，设立苏州市吴江区
2013年	白下区并入秦淮区 下关区并入鼓楼区 撤销溧水县，设立溧水区 撤销高淳县，设立高淳区
2014年	撤销赣榆县，设立赣榆区 撤销新浦区，并入海州区
2015年	撤销县级大丰市，设立盐城市大丰区 撤销崇安区、南长区、北塘区，设立无锡市梁溪区 设立无锡市新吴区 撤销金坛市，设立金坛区 戚墅堰区并入武进区
2016年	撤销淮安市清河区、清浦区，设立淮安市清江浦区 撤销洪泽县，设立淮安市洪泽区
2018年	撤销海安县，设立县级海安市
2020年	撤销崇川区、港闸区，设立新的南通市崇川区 撤销县级海门市，设立南通市海门区

资料来源：https://baijiahao.baidu.com/s?id=1649615357591161113&wfr=spider&for=pc.

2. 行政区划调整的原因

不同于计划经济时期的中央政府通过自上而下的计划安排和直接参与来强力控制地方发展，改革开放后，中央政府部分权力下放至地方政府，其主要通过政策工具激励地方发展。发展热情高涨的各地便积极开展各类经济建设，壮大属地经济份额，并以行政区划为壑，争夺区域内有限的发展资源和发展空间，尤其是跨界地区更成为矛盾的焦点。为破解"行政区经济"，实现有效的区域治理，行政区划调整作为一种快速解决地区之间矛盾的手段应运而生，并在当时得到广泛应用。

由此可见，开展行政区划调整的原因尚不是表层的行政区划制约，而是隐藏在其后的"属地经济"驱动。中国在向市场经济逐步转轨的过程中，随着政府从直接经济运行的职能中逐步退出，行政区经济不但没有减弱，反而还在不断地被强化。究其原因，一是政府虽然正从"国有经济"领域逐步退出，但是却可以通过"灵活的地方政策"变相地强化对地方经济发展的控制，对于其"期盼"的项目，有些地方政府可以违背国家的有关政策、规章或技术规范约束，甚至以国家、地区整体利益的损失（如土地出让）作为交换，以谋得地方经济在短期内的快速发展；另一个重要原因是，许多企业为了谋求地方保护和获得非规范竞争的市场利润，也成为行政区经济的重要"合作者"，与地方政府共同承担着行政区经济运行主体的职能。

从深层次来看，则可以归结为经济体制转型与行政体制变革的不匹配。传统行政体制的强大惯性和对区域经济、社会要素自由流动的约束作用，使得中国的经济体制表现为一种非规范型的市场体制，政府力量和来自社会的企业、组织、个人可通过非市场力量获得利益。从另一个侧面看行政区经济产生的经济基础，也是因为城市经济尚以本地域的公司为主体，而跨城市的区域性或全国性公司还不发达，空间经济一体化还处于比较落后的状态。

3．行政区划调整的影响

不可否认的是，行政区划调整一定程度上促进了地区的发展。以南通市通州为例，其于2009年7月正式撤市设区。十年来通州区经济快速发展，地区生产总值从2009年的432.32亿元，上升为2019年的1385.50亿元，是2009年地区生产总值的3.2倍，位列南通各县（市）区地区生产总值第一名。同时，通州区的综合实力也有所提升，2019年10月，通州区成为中国综合实力百强区排行榜的第22名，其在投资潜力、科技创新、新型城镇化质量、绿色发展等方面，均进入中国百强区。

又如，吴江于2012年9月正式撤市设区。2012年吴江区实现地区生产总值1341亿元，实现进出口总额227.12亿美元，2019年全区实现地区生产总值1958.16亿元，其经济结构也在持续优化，2019年全区三大产业结构比为1.9∶51.5∶46.6，其中，服务业所占的比重持续增加❶。区域调整后，吴江的综合实力获得进一步的发展，2019年，吴江位列全国综合实力百强区第七名、全国绿色发展百强区第七名、全国投资潜力百强区第七名、全国科技创新百强区第九名、全国新型城镇化质量百强区第十名。

通过对江苏南通市通州区、苏州市吴江区的案例分析，我们发现，对于中国这

---

❶ 数据来源于《江苏统计年鉴2020》。

样的发展中国家，大都市区的形成还处于初级阶段，在城市快速发展和空间外延的客观趋势下，适当的行政区划调整，可以减少不必要的资源浪费和无谓的区域内消耗，扩大市场运作空间，整合政府间的关系以促进公共效率的提高，在城市快速发展和空间外延的趋势下具有一定的客观可行性。

但是另一方面，合理、稳定的行政区划也对社会经济的发展起着积极作用，有利于生产力水平的提高，激烈变动的行政区划给地方经济带来了不安定感和波动，负面效应也是明显的，而且又以新的形式在新的地域形成了行政区经济。为行政区划调整所付出的巨大政治、经济和社会成本及其调整的正面效应，正在被缓慢而艰难的磨合过程所抵消。行政区划调整虽然解决了一时的问题，但实质上是一种治标不治本的手段，未从根源上解决各地的利益冲突，使得地方易陷入"区划调整－竞争膨胀－区划再调整"的囹圄。因此，行政区划调整虽然很重要，但并不是实现中国区域治理的根本途径。

3.2.2 市场导向下的区域合作组织自发建立

1. 区域合作组织的前身：城市经济协作区

改革开放后，以财政体制改革为标志，各地区的独立经济利益主体身份得到了制度的承认，由于改革之初区域经济合作所带来的利益十分明显，区域经济合作在推动体制改革和地区利益增进方面的作用十分突出。因此，自1980年代初第一个区域经济合作组织，即华北经济技术协作区成立后，政府主导型区域经济合作便迅速蓬勃发展（殷存毅，2004）。其大致可分为以下三类：

一是省（区）际间的经济协作区。如上海经济区，东北经济区，西南五省（区）六方经济协调会，西北、华北、中南经济协作区，以及晋陕豫蒙宁能源基地，长江三峡经济开发区。

二是省（区）毗邻地区的经济协作区。如淮海（苏鲁豫皖）、中原（晋鲁豫）、南京（苏皖赣）、武汉（湘鄂赣）经济协作区等。

三是省（区）内的经济协作区。如辽宁中部城市联合体、苏锡常通（江苏省）、江汉平原（湖北省）、长株潭（湖南省）、珠江三角洲（广东省）和四川川西经济协作区等。

这些城市经济协作区的成立是政府行为的产物，其运作形式一般是通过相关行政区划的政府领导人及相关职能部门如规划办、计划委员会等组成的首长或部门联席会议的形式来组织区域的合作或协作。其主要任务是，对相关区域内的一些重大问题如能源和资源的短缺问题进行协调，对一些行业的跨省（区）联合进行协调，对资金的相互融通或拆借进行协调，对一些跨省（区）的基础设施建设或河流湖泊整治工程进行协调，以及进行一些行业或全局性的共同发展规划。其运行机制基本上仍是计划经济体制，是由政府主导的跨区际的资源配置。

城市经济协作区这种横向联合至少在形式上弱化了纵向的控制力，在一定程度上是经济计划的权力下放，因此它对地方经济的发展具有一定的积极意义，在一些地方也起到了一定的促进作用。例如，上海经济区的成立就促成了联合上海和江苏自行车行业的"凤凰"和"永久"自行车集团的成立。然而，从全国范围来看，1990年代后政府主导型区域经济合作组织出现了一些问题，许多地区政府负责区域经济合作的职能部门——经济技术协作办公室在机构改革过程中被撤销或降级后并入其他部门，许多城市经济合作组织也随之消失或名存实亡。

2．区域合作组织的今世：城市联盟

虽然大多数的城市经济协作区已经不复存在，但是在市场经济下，受经济协作带来利益的驱使，在一些跨地方合作开展比较成熟的地区，城市之间自发成立了城市联盟、城市峰会等，作为一种新的城市间协调机制，正在受到日益广泛的关注，如福建的厦泉漳城市联盟、南京都市圈城市发展联盟、淮海经济区核心区城市市长联席会议等。

城市联盟一般通过各市政府领导和职能部门以联席会议的形式组织区域合作，开展都市圈规划、城市群规划、经济区规划等众多区域规划编制，以及签订产业合作、旅游合作、公共服务设施共享等多项专项合作协议（洪世键 等，2009）。这一方面是应对过去的将行政区划调整作为一种"粗鲁"的区域治理手段，未触动矛盾根本的弊端；另一方面是借助区域合作组织对空间资源的使用和收益进行分配和协调，并以此给予这些合作区域相应的经济投入、要素投入或制度创新的权利，以激发区域经济的增长和繁荣。

以南京都市圈城市发展联盟为例，其空间范围最初包括江苏省的南京、镇江、扬州、淮安和安徽省的芜湖、马鞍山、滁州、宣城八市，后2020年常州市金坛区、溧阳市加入南京都市圈。2013年8月，南京都市圈城市发展联盟正式成立，审议通过了《南京都市圈城市发展联盟章程》《南京都市圈党政领导联席会议议事规则》《南京都市圈合作机制组织架构建议》。都市圈合作实行"决策－协调－执行"三级运作机制。同年10月，南京都市圈八市城乡规划主管部门立足"共建、共享、同城化"发展目标，本着"平等互利、统筹规划、加强协作、深化交流、责任共担"的原则，共同成立了"南京都市圈城市发展联盟城乡规划专业协调委员会"。其职能主要是制定年度工作要点，进行年度工作总结；开展跨区域性规划的编制与组织、协同和审查工作；根据需要，组织城市间就相邻地区的功能布局、生态保护、道路交通对接、公共设施配套、基础设施共建共享等重大事项进行协商；促进规划业务合作与交流，提升城乡规划工作水平和美誉度。

通过城市联盟作用的发挥，都市圈合作交流平台不断完善，各成员市达成了多项单边或多边合作框架协议，共同编制了《南京都市圈城乡空间协同规划》（2015年），推动了都市圈区域间的合作。

又如淮海经济区核心区，其空间范围包括徐州、商丘、济宁、连云港、枣庄、宿迁、淮北、宿州八个设区市，其中徐州、商丘、济宁、连云港为核心区的中心城市。

自2010年以来，淮海经济区核心区城市建立了年度制的城市市长联席会议，至今已召开八次（表3-4），历次会议明确了淮海经济区核心区历年一体化建设重点，

淮海经济区核心区市长联席会议的协调历程 表3-4

时间	会议	签订的主要合作文件
2010年	第一届淮海经济区核心区城市市长会议	《2010年淮海经济区核心区一体化建设重点工作方案》 《关于加快淮海经济区核心区一体化建设的意见》 《淮海经济区核心区一体化建设合作与发展协调机制（试行）》
2011年	第二届淮海经济区核心区城市市长会议	《2011年淮海经济区核心区一体化建设重点工作方案》 《旅游合作协议》《关于共用连云港港的合作协议》 淮北、宿州、徐州《关于建设城际快速通道的合作协议》
2012年	第三届淮海经济区核心区城市市长会议	《2012年淮海经济区核心区一体化建设重点工作方案》 《关于新闻宣传合作协议》《关于承接产业转移合作协议》 《关于环境保护合作协议》
2013年	第四届淮海经济区核心区城市市长会议	《2013年淮海经济区核心区一体化建设重点工作方案》 《人才资源交流与合作协议》 《淮海经济区核心区一体化建设合作与发展协调机制》
2014年	第五届淮海经济区核心区城市市长会议	《2014年淮海经济区核心区一体化建设重点工作方案》 《淮海经济区核心区城市旅游合作协议》
2015年	第六届淮海经济区核心区城市市长会议	《2015年淮海经济区核心区一体化建设重点工作方案》
2017年	第七届淮海经济区核心区城市市长会议	《2017年淮海经济区核心区一体化建设重点工作方案》 《"加快区域融合发展"的城市合作协议》
2018年	第八届淮海经济区核心区城市市长会议	《2018年淮海经济区核心区一体化建设重点工作方案》

资料来源：根据江苏省人民政府网站相关报道整理。

并就产业合作、旅游合作、物流合作等方面签署了多项合作协议,共促合作落实,如会议签订了《淮海经济区核心区一体化建设合作与发展协调机制》《"加快区域融合发展"的城市合作协议》等一系列旨在推动区域深度合作、区域一体化建设的文件,推动了区域协调和一体化发展的进程。

3. 区域合作组织的效果

从实施效果看,区域合作组织一定程度上发挥了对话合作平台的作用,其所提出的诸多区域协调事项促进了城市间的协调发展,尤其是产业发展、旅游协同等偏重市场行为的合作事项成效显著;但涉及跨界地区交通衔接、生态共保等具体空间协调的事项,成效并不显著。

究其原因,由于缺乏相应的利益协调机制和实质性的推动措施,以及缺少相应的经济体制环境的变迁作支持,这种加强各省(区)经济合作的良好愿望就缺乏动力机制,难以真正调动各地推动合作的积极性,也没有赋予各地区进行真实合作的必要条件。各地区在很大程度上把这种合作当作对政治约束的一种服从,大多协调事项仍停留在"战略宣言"层面,地方政府对区域合作组织所作决定的执行多半是一种"友情演出",而非职责所致,这导致区域合作组织难以承担起统筹规划、协调利益、部署行动的管理职能,也就使得这种合作失去了其真实性、可行性和可持续性。

3.2.3 政府主导下的区域规划编制

1. 区域规划演变历程回溯

1949年以来,中国区域规划在不同的经济社会发展阶段下,总体发生了三次重要的阶段性变迁。包括:①从1949年到1990年代初,在计划经济集权体制环境下,以多部门共同参与的综合型规划,明确中央政府自上而下的投资计划和具体项目布局;②1990年代中期至2005年前,在社会主义市场经济体制下,地方政府之间营造了激烈的竞争,导致规划与"投资计划"相分离,城镇体系规划一定程度上扮演了"区域规划"的角色,其内容得以不断完善,但是由于缺乏体制机制的保障,实施力很弱;③2005年以来,应对国际、国内环境的转变,从宏观调控的需要、区域协调发展的需要、激发国内发展动力的需要等原因出发,编制了以主体功能区规划、国土规划等,以及众多的"国家战略区域规划"为主要形式的区域规划。中央政府通过战略区域规划重构了国家、区域的发展格局,实现了对地方发展干预力、调控力的加强,但密集的国家战略区域规划事实上也引发了新一轮的区域竞争、城市竞争。

2. 区域规划的属性解读

由上述演变历程可以看出，区域规划并不仅仅是对国家、区域、地方空间发展、资源配置进行的一种技术性安排，它本质上是属于国家、地方发展政策的重要组成部分，是以空间资源配置及其相关配套制度为核心的"公共政策"，是一种"区域性的战略思考"（张京祥，2013）。它更多体现出的是国家对区域协调发展的要求和区域整体性效益的强调。区域规划对于区域、城市的发展既可以表现出制度性激励的作用，也可以表现为制度性约束的作用（张京祥 等，2014）。例如，国家通过主体功能区规划将全国不同区域划分为四种政策地区：优化开发区、重点开发区、禁止开发区、限制开发区，对于不同的政策地区采取了不一样的支持发展或限制发展策略。又如，国家推出了诸多综合改革实验区及各种主题的"国家战略区域"规划，则可以被看作是对这些区域发展的一种制度性激励。

纵向来看，区域规划不同于计划经济体制环境中中央政府通过自上而下的制度性安排来强力地控制地方发展，也不同于改革开放以后直至2000年代初频繁使用的行政区划调整手段，而是更多地体现了中央政府开始关注对柔性尺度调整手段的运用，也表现出其治理方式的新变化。中央政府期望通过批准规划和授予"国家战略区域"的名号，一定程度上实现更加积极地主导和干预区域的发展，从而按照中央政府的意志形成国家新的空间发展格局。对于进入国家战略区域的地区，国家不再是像计划经济时期那样主要是给予直接的投资，而是通过放松空间与项目审批的管制（比如更多的地区被划入重点发展、优先发展区，给予地方更多的建设用地指标等）、给予相关的制度创新权利（例如允许地方进行一些制度的先尝先试等），来激励区域的发展。区域内的地方政府在获得更多、更现实的要素资源、发展权力的同时，实现了地方治理层级的跃迁——减少来自于中央及相关部委、省政府的干预，从而获得更大的自主发展空间。

3. 区域规划的实施效果

区域规划是顺应经济社会发展需要开展的，也是一个国家、地区和城市在发展过程中不可缺少的手段和行为。相比于那些行政干预下的刚性尺度调整，以区域规划为代表的柔性治理手段更能获得自上而下、自下而上的认同支持，也具备了更多的灵活性与应变弹性，从而使中国在当今全球化流动、高度易变的环境中更具有吸引力和竞争力，在一定程度上支持了中国增长奇迹的出现。

但不可否认的是，区域规划也存在一些现实的困局。一是省级政府权力在区域尺度层面被显著地弱化。自元代以来，（行）省就成为中国地方政府的最高行政单元，也是衔接中央政府－城市政府之间的重要环节，兼具"准中央政府"和地方政府双重属性，是国家与地方利益的平衡点所在。然而，在区域规划过程中，省级政府的地位相对"被边缘化"，由此导致了省级政府对省内区域、城市发展调控能力的减弱，甚至为此而采取一定的"反制"措施。

二是密集批准的国家战略区域规划并没有实现中央政府统筹区域发展的目标，而是加剧了区域之间的竞争。这些众多"国家级区域规划"的实际执行是落实到省一级的行政主体的，在争取到了国家级规划之后，各省在投资方面的"竞争"将愈加激烈。

三是近年来许多国家战略区域大多都是在一省之内的区域，并不是中央政府应该关注、支持、协调的"跨省界地区"，如此使得真正短缺的治理资源并没被用到最需要它的跨界区域，反而造成了中央－省－地方城市之间事权与治权的混乱。

3.3 中国跨界治理矛盾的根源透视

跨界治理涉及政府、市场、社会等多元治理，内容也包括产业、交通、基础设施、公共服务等方面。虽然江苏等先发地区在跨界治理方面已经取得了一定的经验和成效，但综观全国发展来看，仍存在着交通基础设施、生态环境保护、邻避设施等跨界矛盾空间协调问题。剖析跨界治理的矛盾及其根源才能更好地构建新时代跨界治理的理论体系。

3.3.1 跨界治理矛盾的空间表现

1. 城镇空间开发

城镇开发空间作为跨界治理关注的重点，往往也是矛盾频发的所在。各个城市隶属于不同的行政管辖区，省与省、省与直辖市之间以及各城市之间出于维护本地区利益和发展的需要，都有可能产生明显的空间冲突，导致城镇开发空间缺乏整体规划与协调。一方面表现为城镇功能布局的不协调，尤其是位于跨界地区的城镇组团，其功能定位往往出现错位、重复或缺失，从而导致资源的浪费。另一方面，跨界地区作为交界的"灰色地带"，往往是城镇建设无序扩张、发展方式相对粗放、突破建设用地规模和用地边界的地区，这是由于跨界地区较少受到政府关注，部分建设用地侵占生态用地，有些项目（尤其是大项目）甚至侵占基本农田。

以宁镇地区为例，南京、镇江两市之间城镇空间已呈现明显衔接态势，但在功能布局上仍存在不协调。首先，两市的市区空间布局均以自身老城区为中心，呈现圈层式和放射状布局，中心城区布局居住和综合服务功能，外围地区布局产业用地，边缘地区则为粗放型混合功能用地。从宁镇一体化的城镇空间结构来看，两市中心城区之间需要有承担综合服务职能的增长极或区域副中心，而龙潭－下蜀、仙林－宝华等跨界组团，其既有功能定位与宁镇一体化总体空间格局的要求不协调（图3-1）。

其次，由于宁镇跨界组团协调规划的目标年限与两市城市总体规划的规划期限不一致，协调规划的城镇建设用地也突破了总体规划确定的建设用地规模和用地边界，如龙潭港港口用地、双港河－便民河间产业用地、仙林白象片区东南侧产业用地、郭庄工业区、湖熟新镇区的生产和生活用地等均超出总规用地范围。跨界组团占用远期的用地指标提前规划布局满足自身的发展需求，导致跨界地区因建设时序不同而产生功能矛盾。

再次，南京、镇江两市边缘地区较少受到政府关注，发展方式相对粗放，其产业空间与生态空间存在一定冲突。宝华山和栖霞山附近分布有低端制造业和零散物流企业，长江沿线分布有重化工、建材企业，这种布局违背了绿色发展和协调发展

图3-1 南京、镇江两市交界地区城镇支撑功能缺失
（资料来源：江苏省城镇化和城乡规划研究中心，2016. 宁镇一体化规划研究［Z］.）

理念，阻碍了宁镇生态品质的提升。

2. 生态空间保护

党的十七大以来，中央对生态环境治理和生态文明建设的关注提升到了国家战略层面：党的十七大首次把生态文明列为全面建成小康社会的新内容、新要求和重要指标，并强调要通过加强生态文明建设，基本形成绿色经济发展模式；党的十八大提出大力加强生态文明建设；党的十八届五中全会提出"绿色发展"新理念，生态文明建设被首次写进国民经济和社会发展五年规划；党的十九大首次提出加快生态文明体制改革，建设"美丽中国"，并明确指出要以"共抓大保护、不搞大开发"为指导思想推动长江经济带发展。从党中央这一系列行动来看，生态文明建设与加强生态治理已是中国不可逆转的重要战略抉择。

跨界治理过程中，受制于生态治理对象的特殊性，以及自然生态空间和行政区之间的内在非耦合性（陶希东，2005），跨界生态资源分割现象较为突出，很多跨界生态合作治理机制仅停留于表面形式。一方面，由于缺乏一个统一的流域性标准，加之各地标准规范、管理机制、政策法规等差异，往往造成"一边保护、一边开发"的尴尬局面；另一方面，跨界地区各自为政的治理措施进一步加剧了生态环境共保的难度，各市县级政府分属不同的行政管辖区，基层政府在从事区域经济活动时，因追求经济利益最大化，不可避免地会产生治理成本最小化的冲动，甚至让其他主体多承担费用的想法，从而导致跨界生态保护和治理的碎片化（殷荣林，2019）。例如，跨界水功能区水质目标不统一、上下游水体治理的不联动导致整个区域水环境质量的下降；或跨界山体保护利用方向不一致，导致山体共保或协同利用目标难以统一。

以徐州都市圈为例，其范围内山体较多，但苏皖两省尚未明确跨界山体协同共保责任。江苏省徐州市已划定26个开山采石禁采区，但安徽省灵璧县、萧县仍存在大量开山采石行为，其中跨界山体义安山横跨徐州市和萧县两个市县，徐州市对义安山没有进行开山采石行为，且尚未进行旅游开发，但萧县对义安山进行了开采，导致山体受到一定的破坏。

又如苏鲁交界处，山东境内的水功能区水质目标为Ⅳ类，江苏境内的为Ⅲ类，导致虽然山东境内水功能区水质达标，但江苏境内仍受上游来水污染，水环境保护压力较大，跨界水环境保护仍需进一步协同。

3. 交通基础设施

基础设施是一个需要相互衔接、相互配合的运作整体（陶希东，2005），但在跨区域的基础设施建设中，由于利益诉求不一致，且相互之间又缺乏一个畅通的议事机制，导致各地对交通基础设施的功能定位有所差别，缺乏统一规划与协调配合，存在明显的重复建设和不适当竞争，互联互通的程度较低。主要表现在区域交通设施布局冲突和城市跨界道路衔接不畅两个层面。

区域交通设施层面，常表现为由定位差异而引发铁路、高速公路选线的冲突，或定位雷同引发的港口、机场之间的无序竞争。《宁镇一体化规划研究》提出宁镇地区现状区域铁路网络布局尚不完善，高速铁路及城际铁路通道布局尚未形成区域间互联互通格局，由此导致高铁经济效益发挥受限，区域经济、产业、人才要素流动不畅。南京、镇江两市市域内镇宣铁路、南沿江铁路（南京－金坛段）和扬马城际三条规划待建铁路，因功能定位不明确，与周边城镇空间、产业关系脉络未理清，导致宁镇地区网络化快速铁路互通通道尚未突破瓶颈。

城市跨界道路衔接层面，则突出表现在跨界地区路网空间不衔接、相连道路等级不匹配、建设时序不一致等"断头路"现象。江苏临沪地区与上海市域道路对接的"断头路"现象比较明显，涵盖了不连不通、连而不通以及通而不畅等多种情形（表3-5），突出表现在昆山市与上海市交界地区。如上海复兴路（双向四车道）止于距离沪昆边界约2km处，与昆山曙光路（双向六车道）之间仅由一条不足2m宽的水泥路曲折相连，导致昆山淀山湖镇与毗邻的上海朱家角镇只能隔界相望，交通

江苏临沪地区断头路一览表　　　　　　　　表3-5

序号	所属区域	江苏道路名称	上海道路名称	对接状态
1	昆山	锦淀公路	崧泽大道	未对接
2		外青松公路	外青松公路	未对接
3		沿沪大道	胜利路	未对接
4		曙光路	复兴路	未对接
5		金阳路	宝安公路	未对接
6		滨江大道	博园路	未对接
7		集善路	青赵公路	未对接
8		玉溪路	新太路	未对接
9		北苑路	天晨路	未对接
10		盈湖路	盈港路	未对接
11	太仓	太仓岳鹿公路	嘉定城北路	未对接
12	吴江	康力大道	上海G318	未对接

资料来源：江苏省城镇化和城乡规划研究中心，2015. 江苏临沪地区跨界协调规划研究［Z］.

往来需绕道近20km车程;同一区域内昆山锦淀公路(双向四车道)已经修至沪昆边界,但青浦区的崧泽大道(双向四车道)却止于青赵公路,之间约800m的距离仅由宽约5m的道路相连,作为承担跨界连接的关键节点,但其跨河桥梁仅容一人通过。"断头路"现象的存在严重影响了跨界交通的应急保障能力,增加了绕行的运输成本和能源消耗,也阻碍了地区间的协调发展。

4．邻避设施布局

环境市政设施(污水处理厂、垃圾焚烧场、垃圾中转站、垃圾填埋场等)为城市社会经济运转和居民日常生活提供了重要的保障,然而,由于其对周围居民往往具有较强的负面影响而遭到邻近居民的反对和抵制,这种现象被称为"邻避效应"(not-in-my-backyard,简称NIMBY),相关的设施也被称为"邻避设施"(陈佛保 等,2013)。综观国内外的研究及报道,垃圾处理设施一直是邻避程度最高的公共设施之一。近年来,随着人们对健康居住环境要求的提高,国内关于垃圾处理设施邻避性冲突事件的发生日趋频繁,如2007年北京六里屯垃圾焚烧发电厂项目的缓建和2009年广州番禺垃圾焚烧发电厂的选址争议等。邻避设施的选址、建设和运行中引发的冲突已经成为跨界治理矛盾的主要来源之一。

邻避现象的本质是邻避设施设置所产生的边际收益、边际成本在设施附近的居民和全社会之间存在巨大偏差。也就是说,邻避设施在提高社会整体利益的同时也给附近居民带来了负外部性,而社会(通常是政府或相关单位)却没有对此进行应有的补偿。邻避设施给附近居民造成的经济负外部性可能包含多个方面,如房地产价值的贬值、搬迁造成的损失甚至潜在的健康损害支出。目前,邻避设施在无法完全消除其负面环境影响的条件下,各地出于自身利益考虑,通常将邻避设施建设在行政管辖区边缘,从而引发跨界地区的邻避冲突。矛盾突出表现在垃圾填埋场、垃圾焚烧厂等邻避设施的建设导致邻近地区的空气污染及潜在的健康威胁。

比如江苏省临沪地区的邻避设施离苏沪交界地区较远,而上海市的部分垃圾处理设施布置于苏沪交界地区,对临界地区的空气环境质量造成了一定的影响。如上海市嘉定区残渣填埋场,在1km范围内影响到昆山市经济开发区新区陆渡向东岛小区,在2km范围内影响到陆渡街道、横沥安置小区、景河安置小区、陆渡老镇区等,需要进一步协调相关优化举措。

3.3.2 跨界治理矛盾的根源剖析

在区域治理层面,政府的事权主要包括政府对经济社会事务的管理权责和对区域资源的调配权责等。作者认为，从"公共事权、部门事权"这一角度来划分事权，有利于更好地理解和解决事权交叠问题。公共事权属于区域公共产品范畴，是没有明确界定归属的权益，也是各部门或争抢、或推诿的"交叠部分"；部门权力及资源则是依托现有机构设置、有明确分工、部门间暂不存在争议的部分。大部分跨界治理过程中的矛盾，都是由公共事权引起的。

目前，中国政府公共部门在三个维度上对公共事权进行着博弈，即纵向政府间博弈、横向政府间博弈和政府部门间博弈。1994年的分税制改革是各级政府事权关系变化的分水岭，地方事权的增加与财权的紧缩、部门事权产生的利益价值凸显，使得各个地方、各个部门对事权的关注日益高涨。传统的服从于国家行政分工的事权安排体系逐渐瓦解，再加上中国传统的事权划分本身就存在边界模糊的问题，所以产生了大量的公共事权。多年来，公共事权作为区域的重要公共物品，一直没有得到一个有效的供给途径，各级政府和不同部门在没有"游戏规则"的情况下争夺或推诿公共事权（胡荣 等，2016）。

实际上，区域发展过程中各种不尽一致的跨界矛盾和冲突，并非是各城市之间专门制定恶意政策的结果，根本原因则是过多的政区单元之间缺乏一个区域层面的协调机制来处理跨越行政界线的区域问题（陶希东，2016），每个协作者的目标都是减少自己付出的成本、增加自己所获的收益，由此导致各主体相互保持独立，难以组成一个相对统一的利益共同体。

也就是说，跨界协调发展矛盾的根源在于行政区划背后各责任主体的利益冲突和事权博弈。传统的行政区划调整、区域合作组织等区域治理手段，大多局限于以行政区划为单元进行一般层面上的整合，较少涉及行政区划背后各责任主体的利益和事权协调机制。行政区划作为一种利益的划分和事权的制度安排，它仅仅赋予利益排他性和事权博弈一个空间维度。各责任主体为了各自的利益和事权相互竞争，反映到空间上则体现为城镇开发、生态环境保护、交通基础设施、邻避设施等跨界协调发展矛盾。欲实现跨界协调发展则意味着有关各方就跨界地区利益和事权重新分配，甚至补偿部分利益和让渡部分事权，但在既有的"条块状"体制机制下是难以实现的。因此，破解跨界协调发展矛盾的根本在于搭建一个横向平等对话平台，推动过程性的谈判协商和规划交易，并建构跨界地区各责任主体之间行动性的利益和事权协调机制，以实现区域协调发展和综合效益的帕累托最优。

第4章

新时代跨界治理的理论体系构建

4.1 新时代背景下的跨界治理内涵

4.1.1 当前时代背景

1. 城市群已成为跨界治理的关注重点

2020年，中国常住人口城镇化率达63.89%，进入这一阶段，经济社会发展使得一个城市不断跨越界限而融为更大区域的一部分时，融合的经济社会联系与分割的行政、制度体系就可能产生诸多冲突与矛盾，这就需要改变过去城市间各自为政的竞争状态，转变为区域间的协同发展，实现"共建基础、共商策略、共享利益"。城市群作为由多个成员单位组成的在功能上相互联系、跨行政边界的整体性城市区域，逐渐成为区域新型空间组织和主要竞争单元，这同时也对空间治理赋予了新的内涵。十九大报告中提出，"建立更加有效的区域协调发展新机制"，"以城市群为主体构建大中小城市和小城镇协调发展的城镇格局"，在国家积极推进治理体系和治理能力现代化的渐进式改革进程中，城市群跨界治理已经成为空间治理的重中之重。

当前，中国经济由高速增长阶段转向高质量发展阶段，大到国家、小到地方，都要谋求高质量发展，保持经济社会健康发展，是整个国家发展的必然要求。在高质量发展的背景下，国家提出了以城市群为主的区域协调发展策略，京津冀协同发展、长三角区域一体化和粤港澳大湾区等区域战略不断出台，城市群的协调发展是顺应高质量发展的必然趋势，是实现转变发展方式、优化经济结构、转换增长动力的关键。同时，国家正加紧推动形成以国内大循环为主体、国内国际双循环相互促进的新发展格局，城市群已成为构成创新链、产业链、供给链和价值链的有机匹配的基本单元，是实现政府和市场相互促进、内外循环的重要一环。由此可见，城市群的跨界治理在高质量发展背景下和双循环新格局下，起着举足轻重的作用。

2. 以长三角为代表的城市群跨界治理在全国乃至全球具有示范引领作用

2018年11月5日，习近平总书记在首届中国国际进口博览会上提出，"支持长江三角洲区域一体化发展并上升为国家战略，着力落实新发展理念，构建现代化经济体系，推进更高起点的深化改革和更高层次的对外开放，同'一带一路'建设、京津冀协同发展、长江经济带发展、粤港澳大湾区建设相互配合，完善中国改革开放空间布局。"如今，长三角地区已跻身世界级城市群行列，城市间的协同分工与网络关联日益加强，长三角地区作为全国经济发展强劲活跃的增长极、全国经济高质量发展的样板区、率先基本实现现代化的引领区，其在城市群跨界治理方面的举措在全国乃至全球具有示范引领作用。

自古以来，长三角地区所在的太湖流域便是物产丰饶的鱼米之乡，温润的气候和丰富的水网孕育了密集的水乡镇村群落，形成了"一衣带水"的江南名镇"近邻圈"，人文底蕴深厚。在"山水相依、人文相亲"的历史文化背景下，长三角地区作为两省一市的跨界毗邻地区，早在十多年前就开始了交通、教育、医疗、旅游、生态治理等多方面的协同探索，民间往来和交流密切，近年来园区共建、公交互通、异地医疗结算、教学机构分支办学等跨界合作事项也不断深入推进。同时，长三角地区区域治理基础扎实，构建了包含多个层级的区域协调机制：最高层级为沪苏浙三省市主要领导每年定期召开会议，研究确定区域协作的总体目标和重点事项；第二层级为由三省市常务副省（市）长参加的"沪苏浙经济合作与发展座谈会"联席会议机制；第三层级则是以长三角16城市市长为主体的"长江三角洲城市经济协调会"；此外，还成立了专业性质的区域协调与执行机构，如，太湖流域管理局、长三角文化和旅游联盟联席会议制度、上海大都市圈规划研究联盟等（张建伟，2010）。

上述跨界治理的举措极大地促进了长三角区域经济一体化进程，整个区域的经济发展也保持了高速增长的态势，区域竞争力不断增强，区域整合取得了长足进展，对整个区域的社会发展也产生了积极影响。当前，"一带一路"建设、长江经济带发展、长三角区域一体化发展多重机遇叠加交汇，长三角地区高质量发展动力不断增强，尤其是2020年6月出台的《长三角生态绿色一体化发展示范区国土空间总体规划（2019－2035年）草案公示稿》，更是针对涉及多级行政主体的跨界地区，调动多方多元主体参与，对生态共保、设施与服务共享、产业共建等重点协同项目予以安排，两省一市也针对性地公布了跨区域事务通办清单（如涉税事项、政府核准的投资项目），共同谋划有利于要素流动和分工协作的新型治理模式，为全国乃至全球的跨界治理破题提供具备落地性的示范。

4.1.2　新时代背景下的跨界治理内涵

结合当前时代的发展背景，跨界治理空间选择的关键是跨界地区的协调发展。在行政区经济影响下，要从根本上打破地方排他性的非理性发展模式，需要在制度层面搭建一个横向平等对话平台，建立规划交易的空间平台和建构一种利益协调机制，以此推动跨界地区的空间协调发展。

由此，跨界治理可定义为这样一种行为：它是指两个或两个以上的治理主体，包括政府（中央政府和地方政府）、企业、非政府组织和公民社会，基于对公共利益和公共价值的追求，共同参与和联合治理公共事务的过程，对应到跨界空间上，即为两个及以上具有完整独立行政管理权的城市（镇）地域单元（镇级政府及以上）。这种治理关系的实现可能是基于法律授权、地理毗邻、业务相似或者治理客体的特殊性，通过政府（中央政府与地方政府）、企业、非政府组织与公民社会等多元主体之间的互动、谈判、协商与合作，实现公共事务治理的良好绩效。具体而言，跨界治理作为一种多元主体的协作治理，包含三种基本类型：一是纵向层面即垂直型协作治理，包括中央政府和地方政府、上下级地方政府间的合作治理，这不再是以指挥命令为基本特征的等级关系，而是不同层级政府在平等基础上的联合共治；二是横向层面即水平型协作治理，即不同地方政府之间的合作，应当摒弃地方本位主义下的恶性竞争关系，实现平行政府间的伙伴协作治理；三是跨部门协作治理，即地方政府与企业、非政府组织和公民社会的合作，这是一种战略性伙伴关系的构建，已经超越过去简单的民营化和效率追求，成为公民参与、加快民主化进程的体现。

总之，跨界治理的本质在于通过多元主体之间的平等、沟通、协商与协力，实现对于优良治理绩效的追求，它弱化了中央政府和地方政府的垂直等级管理关系，打破了行政区划的地理分割与刚性限制，超越了政府和市场的简单划分，弥合了国家与社会的分离，是政府、企业、非政府组织、公民社会等多主体参与的伙伴关系的建立和协作治理的实现（张成福 等，2012）。作为治理模式的创新，跨界治理显著区别于传统的政府模式和市场模式，具有自身独特的性质和特征。

1. 跨界治理主体的多元性

跨界治理的主体包括政府、市场、非政府组织和公民社会在内的多元主体，这是跨界治理区别于传统治理模式的基本特征：传统的以政府为唯一权力主体，以行政区划为界的管理，本质体现的是集中控制和统治的思维，政府是绝对的权力中心；跨界治理主体的多元化体现了分权化思维，实现了公共权力在多元主体之间的共享，强调平行的交互和制约。跨界治理的这种特征使得政府、企业和非政府组织之间的协作治理尊重主体利益，具有牢固、稳定、高效等治理优势。其中，政府主体作为参与者之一，基于治理客体的公共性，在跨界治理中依然扮演着重要的"元治理"角色，政府的关注点也从"管理控制技巧"逐渐转移到"赋能"建设，其治理能力着重表现在合理规制、激发与诱导、规范与协调等方面，而市场、非政府组织和公民社会作为重要的参与主体，其参与意识和治理能力也直接决定着跨界治理的水平及绩效。

2. 跨界治理对象的公共性

跨界治理的对象是跨界的公共事务和公共议题,由于跨界概念更多地用于标示超越了单一行政区划的两个或多个行政区划范围总体,这里的跨界包括了管理权限、地理范围以及组织边界的横跨。在过去,社会相对封闭,地区之间联系少,相互依赖程度低,因此公共事务和公共议题局限于单一行政区划之内,基于区划的地域管理成本低、效率高。但是随着工业化、信息化不断推进,基础设施、交通工具、通信技术不断完善,地域之间的联系和交往更加密切,诸如流域保护、资源开发、公共服务等公共事务和公共议题不断扩展蔓延,逐渐突破了行政层级的管理权限、行政区划的地域分割以及单一组织部门的运行边界,因此跨界治理的对象和边界也聚焦于这些具有跨界性的公共事务和公共议题,具体可包括城镇空间开发、基础设施建设、产业协同开发、生态环境保护、公共服务配套、社会公共治理等。而区域内部事务依然秉承权限交由相应主体独立处理,政府边界之外的事务也理应交由市场处理而不能过多干预。

3. 跨界治理机制的互动性

传统管理模式依靠权威和层级,是一种僵硬的单向指挥命令模式。跨界治理则是一种基于信任的互动,是平等基础上的双向博弈,正是通过互动实现了跨界治理主体的沟通、谈判与协商,进而促进了合作治理的实现。具体而言,跨界治理主体的互动包括沟通、谈判、协商以及协作四个基本阶段:沟通是一种以信息互通为基础的关系建立,是一种较早期的、非正式的初级互动;谈判则体现为治理主体基于自身的利益诉求进行意见的表达和陈述,寻求相互理解和说服的过程;协商往往是双方基于合作的诚意,对于分歧寻求解决和平衡并且进行相对正式的关于合作关系建立的探讨,协商阶段的互动结果可能是合作也可能是不合作;协作作为最后的互动关系是治理的实现,也是互动关系的根本目标。跨界治理的主体通过互动,搭建跨主体、跨事权的利益协调和事权交易体制机制,协同解决集体行动困境的组织、协调、管理与服务过程。

4. 跨界治理的前瞻性和战略性

跨界治理具有前瞻性和战略性。相比较而言,传统政府管理以稳定、秩序以及效率为基本的价值追求;市场模式下的经济人假设和对于竞争的推崇,体现的也是实用主义的思维模式。作为治理模式的根本变革,跨界治理基于区域问题的有效解决,以及区域可持续发展的愿景和目标,体现了整体眼光和长远思维。一方面,跨界治理主体的多元化,以及相关利害关系人的参与,有利于各方意见的充分表达、行为的相互制约、主体利益的均衡和目标全面且长远的考量,从而有效地抑制地方本位主义，实现区域的协调和可持续发展；另一方面，跨界治理模式的构建，更是提升和改善地方政府治理能力，确保公民参与的重要途径，体现了对于高效、开放、民主和负责的政府建设之追求。总之，作为一种回应现实问题与需求的治理模式创新，跨界治理的前瞻性和战略性也进一步增强了其治理的有效性和正当性。

4.2 跨界治理的目标

究其本源，跨界治理就是要处理好政府与市场、政府与社会、政府与政府之间的关系，妥善解决各类空间矛盾，对多个行政单元政府拥有的权力、资源、利益进行重新配置和重组，旨在搭建跨界公共问题得以解决的空间治理新体系。跨界治理是一个循序渐进的过程，将地方政府、企业团体、非政府组织与公民社会的多方力量与资源加以整合，通过跨界协调规划作为公共平台作用的发挥，促进跨界公共问题与公共议题的有效治理，最终实现区域协调一体化发展和国家治理能力的有效提升（陶希东，2020）。

跨界治理的初期，在不突破自身核心利益的基础上，地方政府具有更多主动合作的意愿，即治理主体具有更强的自愿性，是平等的治理主体基于互信互利而主动寻求协同治理，治理主体在遵守合作规章的基础上允许自由地加入和退出。跨界治理的关注重点更聚焦于区域面临的具体而迫切的关键议题，上级政府不再直接干预主导，而是赋予地方政府更多的自主权和选择权，具体形式也更加灵活。基于利益驱使和治理绩效的改善，地方政府将更加主动鼓励、吸引第三部门的参与，协作关系更加多元、稳定和长久，同时在不断的交流中合作的理念和文化也不断培育。

随着跨界治理的参与主体政府、企业、非政府组织和公民社会治理能力的不断提升，特别是非政府组织和公民社会的力量不断壮大，全社会对于合作的认同和需求不断提高，多元主体在自愿合作的基础上，进一步向寻求自由发挥的空间延伸。跨界治理关注的领域不局限于具体的合作议题，而是来自于更广泛的议题驱动，治理模式更加灵活多样，由于第三部门更加广泛、深入地参与，治理主体的主动性和独立性更强，共享利益、共担风险的合作理念广泛形成，由此构建起一种多元自发的合作治理网络。在这种合作治理网络模式下，多元主体在经济、社会、文化等多个领域全面达成合作意愿，高效提供区域公共服务，应对区域突发事件，最终实现区域协调发展和综合效益的帕累托最优。

4.3 跨界治理的空间范畴

跨界治理是一种打破行政壁垒和行政区经济的治理手段，其中"界"的含义则更多包含对于传统行政边界的跨越，各组织及其成员通过跨越行政边界所产生的一系列活动，重新建立新的组织关系，组织间的边界日益模糊化。因此，对于跨界治理的空间界定本质上是体现跨界治理过程中组织边界的地理表征，将治理事务空间化至固定的地理场景里。参考前文对于不同行政层级上行政区经济的划分，考虑到行政级别、条块分割、中央—地方的关系、是否隶属于同一个上级政府等行政体制相关的因素，都将影响着空间治理的手段和效果，并在不同维度的空间界定下形成不同空间单元之间的资源要素配置机制。本书对跨界治理的空间类型界定，是依托省（自治区）、市、县（市）、乡镇为骨架的行政管理体系形成的协同治理体系，自上而下地划分为跨省（自治区）界、跨市界、跨县（市）界、跨乡镇界以及跨直辖市—地级市等五类所形成的空间单元（表4-1）。

跨界治理空间类型界定　　　　表4-1

跨界类型		空间代表
跨省（自治区、直辖市）		东部沿海地区优先发展、西部大开发、东北振兴、中部崛起
跨市	隶属于同一省份	苏锡常都市圈、广佛都市圈
	隶属于不同省份	徐州都市圈
跨县（市）	隶属于同一市级	佛山三龙湾高端创新集聚区
	隶属于不同市级及以上	长三角生态绿色一体化发展示范区
跨镇界	隶属于同一县级	昆山南部三镇（锦淀周一体化）
	隶属于不同县级及以上	长三角一体化示范区先行启动区
跨直辖市—地级市		临沪地区（上海、南通、苏州）、成渝经济圈

跨省（自治区）界形成的空间单元是中国跨界治理最高行政级别的组织形式，这一层级的管辖权隶属于中央政府，所形成的跨界治理更多是具有重大战略意义的区域规划。自中华人民共和国成立以来，中国逐步探索出多层次、宽领域、全方位的区域经济发展新路径，形成了东部率先、中部崛起、西部开发、东北振兴的四大板块协调发展，先后规划和推进了东部沿海地区优先发展（1984年）、西部大开发（1999年）、东北振兴（2002年）、中部崛起（2004年）等发展战略。围绕落实区域发展总体战略、加快重点地区发展、促进特色区域板块崛起、培育区域经济增长极，初步形成了以协调发展为主题、以发展战略为主纲、以发展规划为主线、以

经济政策为主导、以地方政府为主角的中国特色区域经济发展的新机制。这一层面的跨界治理规划作为区域发展规划，成为中国解决区域重大问题、促进区域协调发展、利用可调控资源宏观调控区域经济发展的重要手段。

跨市界形成的空间单元则是中国跨界治理最普遍的组织形式，相比较具有战略性的跨省界区域规划，跨市界空间单元更偏向于市场引导型的经济合作联盟。按是否属于同一上级政府进行分类，可以分为管辖权隶属于同一省级政府的跨界地区，如苏锡常都市圈、广佛都市圈，以及分别隶属于不同省份的跨界地区，如徐州都市圈等。基于市级行政单元形成的组织单元呈大都市区型空间形态，即以某个特大都市为中心，辐射到四周，利用大都市的集聚效应来拉动周边地区的成长和繁荣。通过集中的基础设施和资金、技术等条件可以有效地促进治理的文明度和有限度的提升。

跨县（市）界形成的空间单元体现中国跨界治理体系不断向下延伸，由侧重于战略层面的区域发展规划逐渐向精细化、具体化、特色化的方向发展，更加聚焦于跨界治理实施层面的具体任务、行动计划。具体类型可以分为：隶属于同一市级管辖范围内，其中较为典型的空间形态是以某一城市为核心并基于其周边区县的城市圈型。城市圈是围绕着特定的中心城市或者地理中心将其周边的大小县（市）都纳入一个共同协作的城市圈共同体，在经济、文化、政治等方面进行协调布局、统一筹划、互相弥补、共同发展。另一类则隶属于不同市级及以上行政单元，基于跨界空间范围内县级单元主体之间的共有特征或地形地貌等自然禀赋条件而形成的组织体系，如长三角生态绿色一体化发展示范区（上海市青浦区、江苏省苏州市吴江区、浙江省嘉兴市嘉善县）、江苏宁锡常接合片区城乡融合发展试验区（南京市溧水区和高淳区、宜兴市、溧阳市、常州市金坛区）等。

跨镇界形成的空间单元则是中国最小一级跨界治理组织形式，大多是以城镇为节点的网络化结构型。与传统城市规划"核心－边缘"式的圈层结构不同，网络化空间格局中将并列存在众多具有金融、制造、科教、文创等专业功能的城市（镇）节点。这些节点将打破行政等级和边界开展空间布局，促进人口、产业、资本、技术、设施等要素的流动。例如，长三角一体化示范区选择青浦区金泽镇、朱家角镇、吴江区黎里镇，嘉善县西塘镇、姚庄镇等五个镇作为先行启动区，构建具有全球影响力的新经济和绿色、高效、多样的综合交通系统，按照小城市标准进行设施和服务配置，在发达的交通网络、信息网络等的支撑下，将小城镇打造为城市网络中的重要节点之一。这些城镇节点无论大小，都将共同培育并作用于一张城镇网络，并与都市圈内的城市群一起形成命运共同体。

上述四种类型均是基于平级主体之间跨界治理空间的划分，在实践过程中，还存在一种非平级行政主体间产生的跨界治理组织形式，典型代表为临沪地区的跨界治理，涉及主体为直辖市上海和地级市南通市、苏州市之间的协调。由于受上下级行政关系的影响，这种类型的组织单元往往呈现出以高等级行政主体为核心，向低等级行政主体辐射的空间形态，通过彼此间不同要素的流动，带动周边地区的发展繁荣，进而促进整个区域的经济社会发展。

综上，跨界治理空间界定的主要目的是基于组织和行为主体的治理边界和地域属性所产生的治理内容和协同主体的差异化，有的放矢，实现进一步促进组织间交流与合作的活动，即跨界治理的空间界定旨在空间化跨界治理的行为和活动，各行为主体应结合组织及自身的具体权利范围边界，根据所属的空间界定类型特征，来衡量其跨界治理体系的定位和分工，并以此进一步促进整个组织体系内部的协作共赢和责任共担（余亚梅 等，2020）。

4.4 跨界治理的内容重点

根据前文论述，传统的行政区划调整、区域合作组织等区域治理手段在跨界地区空间的统筹性、事项的行动性以及规划的交易性上未实质性搭建，治理成效有待进一步提升。结合当前优化区域经济布局、促进区域协调发展的时代所需，探索以跨界协调规划作为跨界治理的新路径势在必行，旨在充分发挥跨界协调规划作为平等对话平台的作用，实现沟通协调各类空间矛盾、统筹协商不同主体的利益诉求。因此，分析跨界治理的内容重点可参考前期开展的各类跨界协调规划的实践，首先统筹协调国土空间保护和国土空间开发两大基底，再叠加以基础设施、文化旅游、产业合作、邻避设施、公共服务等要素为主的各类行动工程，并通过多种机制构建和政策设计加以保障，最终实现跨界地区高质量一体化发展和体制机制的创新。

4.4.1 国土空间保护的协调

一是保护各类生态本底，坚持尊重自然、顺应自然、保护自然的理念，严格保护"山水林田湖草沙"自然本底，重点保护水空间、农业空间、林田空间，坚持水系空间修复和水环境提升，稳定耕地和永久基本农田面积，适度提高林地空间和森林覆盖率，形成水更清、地更绿、林更茂的生态本底。二是建立区域生态安全格局，明确生态廊道、生态保护片区等各重点功能地区的空间管控要求，开展全域环境治理和生态修复，提高生物多样性，提升生态服务价值，推动生态空间协同保育。三是共同制定生态补偿机制等一体化协调机制，共建专项资金，统一标准，统一规划，统一管理，促进环境共同治理。

4.4.2 国土空间开发的协调

城镇空间组织方面，依托区域自身特色底蕴，采取规模适度、疏密有致的空间组织模式，合理布局大、中、小城市（镇）和乡村，形成集约紧凑的布局模式，建立等级有序、功能复合、城乡融合的扁平化空间网络；延续和传承传统空间肌理，促进自然与城镇、风景与功能、城镇与乡村的融合协调发展。土地利用方面，实行总量控制，综合考虑确定区域规划建设用地总规模，管控城镇开发边界内建设用地规模，避免城镇无序蔓延；开展全域国土空间整治，推进建设用地减量和存量优化，优化全域生活、生产、生态空间格局，重点推进低效工业用地、污染用地、生态敏感地区建设用地以及零散宅基地减量，优化用地结构和提升用地绩效，提升发展质量。

4.4.3 具体行动事项的协调

跨界治理以协调项目、事项为重点，以解决有争议的空间问题为有限目标，通过明确基础设施、文化旅游、产业合作、邻避设施、公共服务等具体行动事项，实现跨界治理的落地有效。

1. 基础设施

区域层面，建立以区域级交通枢纽为节点、城际高速铁路为主干、高速公路及城市轨道交通为支干的区域综合交通体系，依据区域一体化发展的态势，明晰需重点协调的跨界地区高速铁路、城际铁路、高速公路等交通项目，协调港口、机场等交通设施的空间布局，促进区域交通一体化，实现以高效的区域交通连接，促进各类要素和人群的快速流动，保障区域运行系统得以快速运转。城市层面，提出需协商的市域轨道、城市道路等城市交通线位、标准和建设时序，厘清规划交易的事项，推动跨界地区交通衔接，以通畅的跨界地区交通连接，打破城市间的行政壁垒，实现城市之间各板块与城市功能间的深度融合。

2．文化旅游

一是共同谋划一批有影响力的旅游标志性项目，依托区域文化同源的基础，进一步整合旅游资源，避免类似文化主题的重复建设和邻近景观资源的掠夺式开发，通过合作联动举办节庆和推广活动，共建全域旅游示范区，把文化旅游产业打造成区域经济发展的重要内容。二是推动区域历史文化资源的共同保护和合理利用，合理保护和传承各类物质文化遗产，差异化建设戏曲、舞蹈、手工艺等非物质文化的公共设施载体（如有鲜明地域特色的戏剧院、博物馆和互动体验馆），共同保护传承文化遗产，提升区域发展品质和形象。三是恢复自然河道的风景游赏、文化休闲、生态调节等功能，重点挖掘和再现文化传承的地域空间，重塑城乡关系和城乡空间肌理，赋予新的文化内涵。

3．产业合作

通过合理的规划布局与资源再分配，有效整合产业体系，构建以中心城市为核心，多城市协同发展的区域产业体系，推动中心城市产业高端化发展，夯实中小城市制造业基础以及特色产业培养，共同提升区域发展竞争力。其中，区域中心城市产业升级以创新化、高端化、融合化为特征，集聚知识密集型产业，成为区域产业经济新引擎（戴德梁行，2020）；周边城市产业格局摆脱各自为政、同质化竞争的无序化发展现状，基于城市特性进行产业细分化分工，形成特色产业功能节点。合作方式上可通过优化产业转移、共建产业体系、共建产业园区等，实现区域内产业资源要素的整合优化，减少产业经济发展中的内耗和外流。

4．邻避设施

一是探索污水处理厂、垃圾填埋场和焚烧厂等邻避设施的区域共建共享，在区域内应进行统筹规划建设，并在建造时注意尽量在技术和外观上将其负面影响降低到最小。在实际设置设施时应参考设施本身的科学防护距离和民众对设施的心理可接受距离，尽可能设置严格的防护距离，以降低民众对设施的风险判断，从而减轻邻避程度。二是建立邻避设施的区域补偿和协商机制，考虑对一定范围内受影响的居民进行相关补偿，一方面可通过直接补偿，减征居民的房地产税和减收垃圾处理费，另一方面可采取"规划补偿"，例如在设施附近设立草地、公园、图书馆和运动中心等具有正外部性的设施，以增加居民对相关设施的接受程度，补偿的范围可以参考邻避设施影响的距离而定。

5．公共服务

进一步消除区域内不同城市间公共服务相关政策管理的体制机制壁垒，通过重点关注医疗、教育、体育休闲、养老等公共服务的共建共享，促进区域内资源高效分配利用，避免资源过度向中心城市集中。医疗一体化可通过创建区域医疗服务中心，开展医联体建设或设立分院，强化与区域内一流机构的合作，促进医疗资源的流动共享；通过省市间医保异地结算政策、新农合跨省结报政策的制定，有序推动医疗服务共享。教育一体化可通过高校、职业学校共建教学、培训等分支机构和实践基地的方式，提升区域教育水平；部分接壤地区可尝试进行考试招生制度改革，探索建立相邻区域内学生学籍互认制度。体育休闲可通过建立区域体育休闲中心，实现文化体育设施共享；共同申报和承办区域性重大赛事，或区域服务的特色文体交流项目。养老一体化可通过异地养老金互认、共建养老机构等，推动区域内老年人养老服务的共享。

4.4.4 跨界治理机制的构建

跨界治理作为多元主体协作治理实现的制度架构，其有效、高效的运转，不仅需要组织、利益、协商等一系列机制的构建，也需要立法、资金、技术平台等相关政策加以保障。

1. 组织架构机制

跨界治理是多元主体的协作治理，因此构建一个能让治理主体之间通畅和有效沟通的平台是合作的前提和基础。具体来说，一个有效的组织架构应关注以下内容：一是为确保沟通的有效性和常态性，成立一个官方或者非官方的委员会往往是必要和有效的，委员会通过定期召开联席会议，关注区域的具体议题并进行探讨和交流；二是不同层级的主体在组织架构中发挥的作用有所不同，省级层面（上级政府）更应从高位给予统筹协调，而市级政府受制于对自身利益和事权的关注，更应加强与其他主体的沟通与交流，并可通过会议的制度化和规范化使沟通更加具有常态性和实际意义；三是地方政府之间，政府与企业、非政府组织之间，还应该建立便利的、广泛的、多样化的沟通渠道，如政府企业联谊活动、地方政府之间考察交流学习活动等，该过程中，政府应该充分发挥其"元治理"的作用，创建多元主体相互交流互动的良好平台和制度环境。

2. 利益协调机制

利益协调机制作为跨界治理的核心机制，成为跨界治理能否实现以及是否有效的关键。利益协调机制能够基于资源互赖和逐利本性的诱导，有效地促进合作治理的实现，在内容上包括利益的责任共担机制、利益的共享机制和利益的补偿机制。

一是利益的责任共担机制，是指面对即将出现或已经出现的矛盾时，受协作治理的成本优势、规模效应以及优良的治理效果影响，共同承担责任解决矛盾，实现区域的优化布局和协调发展。二是利益的共享机制，强调利益在治理主体间的分享，通过经济合作、产业转移、资源互补、人才技术交流等方式，实现区域整合发展下的利益共享，这既是跨界治理的动力又是跨界治理的目标。三是利益的补偿机制，是指基于利益共同体，当协作治理出现利益不均衡时，对于利益受损方应当进行合理的补偿以保证治理的公平和后续合作的开展。

3．沟通协商机制

跨界治理的过程是充分表达、谈判协商的互动过程。沟通协商机制的关键是政府创造公平、平等、开放的协商环境和氛围，以确保治理主体对于协商结果的认同和执行。因此，协商机制的建立，应关注以下三个基本内容：一是跨界治理的参与主体在协商过程中应当具有平等的地位和代表性，特别是政府主体之间，对于在哪些区域进行合作，合作如何进行，合作需要发展哪些具体的政策和计划等内容，在协商过程中都应该享有同等的发言权和表决权；二是协商和谈判的过程应当在平等、自由、自愿的环境下进行，确保透明公开，协商的任何一方都应当享有自愿退出的权利；三是对于关系区域发展的重大议题，除鼓励市场、非政府组织和公民社会积极参与外，还应特别重视利益相关者的参与和意见表达，确保协商的广泛性、公正性和持续性。

4．考核监督机制

确保跨界治理的有效实施要通过加强考核监督给予落实和保障，考核监督机制应主要关注以下四个内容：一是考核监督主体，设置规划实施与监督评估小组，对规划实施进行阶段性评估，适时形成评估报告提交省级协调小组审议，并以适当方式向社会公布；建立区域规划督察员制度，监督区域规划实施以及区域合作项目进展状况；建立有效的社会公众监督机制，鼓励专业机构、行业协会、民间组织等各种社会团体和民众对规划实施过程提出监督意见。二是考核监督内容，考核小组针对产业合作、生态环保、旅游合作、公共服务、交通基础设施、协调组织架构等内容，制定规划实施可度量的评价指标体系，做好规划实施的阶段性评估，依此分析判断实施进展情况、存在问题，提出进一步实施与调整建议；并针对省级事务和城市事务，形成差异化的考核机制。三是加强规划实施考核，将规划落实及区域发展效果纳入政府部门的政绩考核指标，并探索建立相应的奖惩机制，实现区域公平发展。四是加强规划实施动态监测，运用卫星遥感等新技术手段，加强和改进规划实施动态监测管理，及时地更新数据资料，了解规划实施动态。

5. 政策保障机制

跨界治理的实施亦需要一系列的政策支撑加以保障。一是立法政策保障：制定有利于区域合作的法律法规，赋予区域政府机构独立的人事权、执法权等，保障区域规划实施；加快推进政务公开，提高执法效能，强化执法监督，探索建立科学、严谨的法治评价体系；探索改进立法方式，建立法规规章多元起草机制，探索从制度上完善立法起草、咨询论证程序的有效途径。二是资金政策保障：设立区域协同发展结构基金，改善区域内部经济社会发展不平衡态势，结构基金的资金由区域各成员城市按照地区生产总值的一定比例缴纳，纳入区域财政预算，并共同委托专业机构管理，严格按照预算计划使用，制定完善的资金申请－使用－监督－反馈机制，保障结构基金的使用效果；创新区域金融，支持符合条件的各类资本在区域内设立各类金融机构，深化业务创新，服务区域发展。三是技术政策保障：在技术层面建立统一的基础空间数据库，给予工作基础保障，以实现跨界治理协调范围内不同市县间基础资料数据库的建设与共享、城市地理信息数据的转换衔接、动态规划信息库共享和规划管理的"同城化"；建立区域一体化政务服务平台、公共安全与应急管理平台等，为推动跨界治理提供重要动力和必备的政策工具。

规 —— 划 —— 篇

跨界协调规划是推进跨界治理的具体手段和工具，也是跨界治理最为主要的方法之一。跨界协调规划作为政府主导型的跨界治理新路径，具有行动性、过程性、政策性以及有限目标等特征，重点通过规划项目化运作来搭建横向对话平台，促进跨界项目的协调对接，实现区域的一体化发展（陈小卉 等，2017）。在国内外的跨界治理实践案例中可以看出，跨界协调规划对于跨界治理起到了重要的作用，如纽约规划协会编制了四版规划，一直着重区域之间的协调，取得了良好的效果。又如粤港澳大湾区的空间治理过程，其历次编制的跨界协调规划对于空间发展跨界治理起到了重要的作用，包括1994年的《珠江三角洲经济区城镇群规划》、2004年的《珠江三角洲城镇群协调发展规划》、2008年的《珠江三角洲地区改革发展规划纲要》、2012年的《环珠江口宜居湾区建设重点行动计划研究》、2019年中共中央、国务院颁布的《粤港澳大湾区发展规划纲要》等，在不同时期引领着粤港澳大湾区、珠江三角洲等不同空间范围的跨界协调发展。

在当前推进生态文明建设的体制改革和推动国家治理体系和治理能力现代化的进程中，国家大力推进国土空间规划体系改革，跨界协调规划的实施，应与国土空间规划体系进行充分衔接，并建立不同层级政府以及不同部门间的规划协商机制。尤其是在高密度地区一体化发展成为趋势的背景下，相应的跨界协调规划将是跨界治理的重要手段。本书在已有研究的基础上（陈小卉 等，2017），进一步强调跨界协调规划的概念，并非要创造一种新的规划类型，实则我们认为跨界协调规划其实不是某一种特定的规划类型，而是特指某些对跨界治理内容较为关注的规划，为了方便表述，本书将这些规划统称为"跨界协调规划"，亦可以理解为"有关跨界协调的规划"，此类规划既可以是国土空间规划体系中的专项规划，也可以是国土空间总体规划中的部分篇章等。跨界协调规划的类型多元，可以是专项协调规划、共识性规划和空间统筹性规划。实际上，跨界协调规划主要承担了跨界主体之间的平等对话平台的功能，能够有效促进横向政府间的空间协同，同时也依托多方沟通的过程性，协调各方利益，同时还注重政府行动性，有效提升规划实施性。

　　本篇在上篇的理论基础上，重点聚焦于跨界协调的规划实践，试图在一系列跨界协调规划实践的基础上，提出跨界协调规划的概念、类型和技术框架，理顺不同层级跨界协调规划重点关注的内容。本书在国土空间规划背景下，根据跨界协调规划的层级，以及相应层级的内容差异，探讨将跨界协调规划分为三个层面，包括战略协调层面、实施协调层面以及专项协调层面。当然，在新时代的背景下，跨界协调规划还有很多方面值得我们研究，如跨界治理的任务将更加多元，如何寻求地区整体最优会是重要挑战，既要考虑发展也要考虑资源环境的保护，既要考虑不同利益主体也要考虑平衡各方，需要我们研究更加符合新时代跨界治理要求的内容体系；如何针对处于不同发展阶段、本底条件不同的地区的自身特征，探索出具有可行性、可操作性的跨界协调规划编制方式，发挥其作为跨界治理重要工具的手段，也同样值得我们深入研究。

第5章

跨界协调
规划概述

5.1 跨界协调规划的概念内涵

5.1.1 跨界协调规划的概念

本书所指的跨界协调规划是一种广义的概念，是指规划对象涉及不同行政区，以推动空间协调发展为主要内容的一种规划类型，如跨省界的《长三角生态绿色一体化发展示范区国土空间总体规划（2019－2035年）草案公示稿》、跨市界的《宁镇扬一体化空间协调规划研究》、跨县界的《江苏临沪地区跨界协调规划研究》等。这里需要说明的是，如果规划对象涵盖了本级行政单元所管辖的所有单元，那么这类规划的规划主体相对明确，根据"一级政府一级事权"，则不将此类规划定义为跨界协调规划，如"五级"国土空间规划、全国城镇体系规划、省域城镇体系规划、地级市城市总体规划等。

跨界协调规划作为一种规划的形式，类型是多元的，可以是聚焦交通和水系等共建共享共保类型的专项协调规划，也可以是上海大都市圈类型的共识性规划，还可以是示范区总体规划类型的空间统筹性规划等。因此，对于跨界协调规划的概念外延界定，我们认为只要是以跨界治理目标为主导，涵盖不同行政单元的规划对象的规划，都可以将其作为跨界协调规划进行研究。

5.1.2 跨界协调规划的内涵特征

从本质上来说，跨界协调规划更强调作为一个基于实现协调思路下的行动平台，需要跨界各方主体就需要协调的问题和分歧进行沟通协商并达成共识，同时应在不同层面上形成行动任务或清单来具体进行落实，其承载的功能已经远远超过了传统意义上蓝图式规划的范畴。具体来说，跨界协调规划有以下三个方面的内涵特征。

1. 跨界协调规划承担了平等对话平台功能，促进横向政府间的空间协同

不同于传统规划涉及主体的单一性，跨界协调规划需协调的主体往往呈现多元化的态势，不仅横向协调主体多样化，纵向亦涉及省、市县、街镇的不同层级。因此，跨界协调规划实质上是通过搭建一个多方平等对话平台，推动多方主体主动联合共促协调发展，目的在于缓解原有行政区域的约束，进一步协调城市间业已形成的利益格局。

2. 跨界协调规划依托多方沟通的过程性，协调各方利益

跨界协调规划的编制过程实质上是一个多方主体不断沟通协调的过程。其作为一个"第三方"协调的平台,目标不是规划的成果,而是过程中多方主体的沟通协商。协调内容不仅涉及跨界地区交通设施、生态环境、邻避设施等空间层面的协调布局,更从事权交易、利益交易等角度来解决跨界地区的矛盾冲突,统筹协商不同主体的利益诉求。

3. 跨界协调规划注重政府行动性,有效提升规划实施性

跨界协调规划作为区域治理的一种新方式,从以传统区域规划的系统性和研究性为特征走向了以协调空间项目、事项为重点,以解决有争议的空间问题为有限目标,通过明确具体行动工程,促使跨界协调规划行之有效。一定程度上,跨界协调规划是一种行动规划,需要通过制定明确的协调事项和实施计划来达到区域协调的目标。

5.2 跨界协调规划的中国实践回顾

1956年,为了推动新工业城市的建设,国家建委就作出了《关于开展区域规划工作的决定》,学习引进苏联的区域规划经验,配合联合选厂工作开展编制了区域规划。1958年,国家建委公布了《区域规划编制和审批暂行办法(草案)》。也就是说,中国最早的区域规划是"一五"期间从苏联引进,并在联合选厂的基础上发展起来的。规划的主要任务是为适应新工业区和新工业城市建设,使一定区域内国民经济的各个组成部分之间和各个工业企业之间有良好的协作配合,居民点的布置更加合理。这一时期的区域规划开始关注不同区域在工业发展要素方面的配置与协调,可以称之为中国最早的有关跨界协调的规划。改革开放以来,根据经济社会发展阶段的不同以及国家治理体制和政策机制的变革,中国与跨界协调有关的规划实践大体可分为三个阶段。

5.2.1 第一阶段:改革开放以来以国家战略地区协调为主的跨界协调规划探索(1978-1999年)

这一阶段,跨界协调规划主要表现在宏观尺度、区域层面的战略性协调方面,重点关注的空间对象也是以国家战略地区为主,以区域性规划作为处理跨界治理的手段,如早期推行的国土规划、区域规划等,以及城镇体系规划,但这一时期的规

划大多处于起步阶段，同时受制于中国的城市区域发展刚刚起步，跨界治理的需求相对较少，这一时期的跨界协调规划发挥的作用更多为战略引导。

1. 国家计委开展全国国土规划编制工作

经过考察学习联邦德国的空间规划、日本的国土规划等，1981年，中共中央书记处作出了关于"搞好我国的国土整治"的决定。1982－1984年间，京津唐、湖北宜昌等10多个地区开展了地区性国土规划的试点等。随后，1985－1987年国家计委组织力量着手编制了《全国国土总体规划纲要》，对全国东、中、西三大经济带进行划分，将沿海和沿长江作为一级"T字形"开发轴线，把沿海的长三角、珠三角、京津唐、辽中南、山东半岛、闽东南地区，以及长江中游的武汉周围、上游的重庆－宜昌一带均列为综合开发的重点地区，不仅影响了整个1980年代的国家总体空间开发格局，而且至今仍然具有重要的现实意义。1987年，国家计委出台了《国土规划编制办法》。

但是，由于机构调整，导致这一时期的国土规划未能有效实施，至1996年国土规划工作已完全停顿。这一时期的国土总体规划实质上对于区域的发展进行了一定的安排，是改革开放以来第一次在跨界治理方面的规划尝试。

2. 建设部门编制的全国和区域城镇体系规划

改革开放前，区域规划就发挥着为城市总体规划提供宏观背景与支撑依据的作用，但是当时的城市（尤其是大城市地区）在缺乏相应区域和统筹协调的情况下，都会在其总体规划中加入前期的城镇布局分析研究以作为后续要素布局的支撑依据。20世纪80年代，"上海经济区城镇发展和布局规划要点"和"长江沿江地区城镇发展和布局规划要点"编制完成。1985年，为了适应国家计委编制《全国国土总体规划纲要》的需要，从国家层面推进经济的发展与生产力宏观布局的优化，建设部城市规划局开始组织编制《全国城镇布局规划纲要》。自1985年起，山东济宁（1985年）、湖北宜昌（1986年）等部分城市着手编制市域城镇体系规划，广东省的珠三角地区则于1989年开始编制中国第一个跨市域的城镇体系规划——《珠江三角洲城镇体系规划》。1989年，《中华人民共和国城市规划法》正式将城镇体系规划纳入编制城市规划不可缺少的重要环节。

源于西方的"城镇体系"学术概念正式成为中国特有的一种规划实践类型，并开始独立于传统的国土规划与城市总体规划，成为城市总体规划与区域规划之间的重要衔接环节，用以指导区域资源的要素调配与城市（镇）间的统筹发展。就空间尺度而言，这一时期的城镇体系规划（城镇布局）工作既有国家级和大经济区级的，又有省域、跨省域、地市、跨地市和县域的，规划试图通过对人口、产业、交通等方面的引导，发挥城镇布局（城镇体系）规划在发展统筹中的指引作用。

5.2.2 第二阶段：新世纪以来以城市区域协调为主的跨界协调规划探索（2000—2012年）

进入21世纪以来，全球化浪潮席卷全世界，中国也于2001年12月11日正式成为世界贸易组织（WTO）成员，新一轮对外开放呈现出新的格局。在相关学术研究上，自区域治理和尺度重组等理论引入中国以来，中国的区域治理实践主要经历了从以行政区划调整（张京祥 等，2002）等为主导的刚性治理阶段，到以都市圈规划（陈小卉，2003）、都市圈发展论坛（罗小龙 等，2009）、区域战略及区域规划（张京祥，2013）、跨界都市圈空间协同规划（官卫华 等，2015）、跨界协调规划（陈小卉 等，2017）、同城化规划（李郇 等，2016）等手段为主导的柔性治理阶段。在此期间，中国非常青睐于频繁地使用再尺度化的策略，以短期内激发和快速释放蕴藏在尺度调整过程中的活力（张京祥 等，2014），这种管治效力的渗透和重组，也是中国区域发展中的特点（方伟 等，2013）。这一阶段，跨界协调规划主要以城市区域、都市圈空间尺度的规划为主导，重点关注如何实现跨界空间协调，促进区域城镇空间结构的完善，对推动解决不同发展主体（以市县为主）之间的矛盾起到了积极的作用。

1. 发改部门编制的区域规划和主体功能区规划

为了适应市场经济发展的需要，国家发展和改革委员会成立以来，开始重视其职能范围内的区域规划工作，加强了区域规划研究，并着手开展区域规划试点，明确提出要在"十一五"规划中，将区域规划放在突出重要的位置。从行政职能角度来说，国家发展改革委推动区域规划是其职能，但由于早期其空间规划技术力量与管理基础相对比较薄弱，因此早期的区域规划更多地延续了发展规划的思路。

2005年，延续了50多年的国民经济和社会发展"计划"首次变成"规划"。中央在"十一五"规划纲要建议中提出功能区的概念，并最终列入"十一五"规划纲要。2007年，《国务院关于编制全国主体功能区规划的意见》（国发〔2007〕21号）要求国家主体功能区规划于2007年年底报国务院审议，各地于2008年年底编制完成省级主体功能区规划。2010年，《国务院关于印发全国主体功能区规划的通知》（国发〔2010〕46号）的发布，标志着主体功能区规划从跨区域协调政策等方面推动了跨界治理政策的落地。

2．建设部门编制的城镇体系规划和都市圈规划

1999年9月国务院批准第一个省域城镇体系规划《浙江省城镇体系规划》之后，2000年开始又批准了安徽、山东、福建等一大批省域城镇体系规划，截至2003年年底，全国27个省区中有25个编制完成省域城镇体系规划，近半数的省域城镇体系规划得到批复。同时，其他如珠三角、长株潭、武汉城市圈或都市圈等非法定区域规划类型也大量开展起来，省级层面的城镇体系规划从省级政府的视角，对于省域跨界市域的治理进行了探索。

2000年，开发扩张导向的规划导致都市区、都市圈、城镇群、都市带等都市区化的新空间概念逐渐进入城市规划领域。如江苏在2000年版省域城镇体系规划的指导下，开展了《南京都市圈规划》《徐州都市圈规划》《苏锡常都市圈规划》《沿江地区城镇体系规划》等，形成了省域－区域的跨界协调规划的传导体系。

这一时期，为贯彻落实国家空间战略，解决区域间的发展不平衡以及城乡间的发展不平衡，在国家层面，于2006年编制了第二版的全国城镇体系规划，以促进空间布局的进一步优化。

3．以战略规划、概念规划促进部分地区行政区划调整

城市发展战略规划更多的是在都市区发展受限，但又未能与周边进行跨界治理探索的时候，通过战略空间的谋划，为都市区空间谋划提供支撑。鉴于法定规划的一些弊病，地方政府试图突破城市总体规划、绕开法定规划，为应对2000年以来行政区划调整后城市拉大框架以及新城新区建设的需要，出现了城市发展战略规划的高潮，包括广州、杭州、南京、厦门等。实际上这一时期的战略规划已经开始关注到原有的城市中心区与外围县市区的关系，开始关注如何在更大的范围内实现跨界协调发展，但由于这一时期大多采用的是行政区划调整的手段，导致在后期这些不同的行政主体重新成为一个新的行政主体，而将跨界协调的内容"内部化"。

5.2.3 第三阶段：十八大以来国土空间规划改革背景下的跨界协调规划探索（2013年至今）

为推动国家空间规划体制改革，习近平总书记在2013年12月召开的中央城镇化工作会议上，提出要"建立空间规划体系，推进规划体制改革，加快规划立法工作，形成统一衔接、功能互补、相互协调的规划体系"；"可以在县（市）探索经济社会发展、城乡、土地利用规划的'三规合一'或'多规合一',形成一个县(市)一本规划一张蓝图,持之以恒加以落实"。《国家新型城镇化规划(2014—2020年)》提出要推动有条件地区的经济社会发展总体规划、城市规划、土地利用规划等"多规合一"。2014年8月,国家发展改革委、国土部、环保部和住房城乡建设部联合下发了《关于开展市县"多规合一"试点工作的通知》,全面推进空间规划改革。2015年,中共中央、国务院发布了《关于加快推进生态文明建设的意见》,要求强化主体功能定位,优化国土空间开发格局。随后,在2018年,国家机构改革成立自然资源部。2019年出台的《中共中央 国务院关于建立国土空间规划体系并监督实施的若干意见》(中发〔2019〕18号)正式明确,建立国土空间规划体系并监督实施,将主体功能区规划、土地利用规划、城乡规划等空间规划融合为统一的国土空间规划,实现"多规合一",强化国土空间规划对各专项规划的指导约束作用,这是党中央、国务院作出的重大部署。

在此背景下,跨界协调规划出现了一些新的变化,如出现了长江经济带国土空间规划、长三角一体化生态绿色发展示范区国土空间总体规划等。可以说,原有各种类型的跨界协调规划开始逐步与法定的规划体系进一步衔接。而在具体的跨界协调内容方面,这一阶段,跨界协调规划层面开始从以战略协调为主导,逐步向中微观层面下沉,更加关注多方之间的跨界需求,出现了包括都市圈层面的跨界地区协调规划,如南京都市圈城乡协调规划、上海大都市圈空间协同规划等,以及边界地区的跨界协调规划,如临沪地区跨界协调规划,逐渐形成了纵向到底、横向到边、全尺度、多层次的跨界协调规划层次。

1. 发展改革部门和住房城乡建设部门编制的区域规划以及相关协调规划

2015年,中央政治局会议审议通过《京津冀协同发展规划纲要》。随后,《长江三角洲城市群发展规划》《长江三角洲区域一体化发展规划纲要》《粤港澳大湾区发展规划纲要》等一系列国家层面的战略协调层面的跨界协调规划陆续颁布实施。这些国家战略地区的跨界协调规划,进一步对全国区域发展进行了谋划,也进一步厘清了战略协调层面的跨界协调规划需要关注的内容。以江苏为例,在这一阶段,以《江苏省城镇体系规划(2015—2030年)》为引领,江苏不断推动都市圈规划、生态绿心地区的城镇体系规划,并在全国范围内率先启动了江苏临沪地区跨界协调规划研究、宁镇扬一体化空间协调规划研究、徐州都市圈的跨界协调规划等次区域的跨界协调规划。

2. 自然资源部门推动国土空间规划体系改革而开展的跨界协调规划

2019年,自然资源部提出将加快《全国国土空间规划纲要》和《长江经济带国土空间规划》的编制工作,保障各类空间开发保护活动有规可依。可以看出,在全国国土空间规划纲要编制的同时,需要推动不同战略地区的国土空间规划的同步编制,以更好地构建国家国土空间开发保护格局。

同时,跨边界板块也开始成为区域治理关注的重点空间板块。2020年6月《长三角生态绿色一体化发展示范区国土空间总体规划(2019—2035年)草案公示稿》成为国内首个省级行政主体共同编制的跨省域国土空间规划,将产业、生态、土地、交通等实质性内容纳入法定规划体系。此次示范区国土空间规划由两省一市自然资源主管部门、苏州市、嘉兴市、青浦区、吴江区、嘉善县共同承担编制工作。示范区规划是指导示范区长远发展和总体空间安排的法定规划,重点明确空间战略、区域协同和底线管控原则。在该规划和省级国土空间规划的指导下,编制青浦区、吴江区、嘉善县国土空间总体规划,以及先行启动区国土空间总体规划。另外,在南京都市圈、江浙皖一岭六县等地区也逐步开展了跨界示范区的建设。

3. 专项协调层面的跨界协调事项逐步多元

在基层事务治理方面,在《长三角地区一体化发展三年行动计划(2018—2020年)》的框架下,以跨界断头路为重点,涵盖地方取水口和排污口的协调、太浦河和吴淞江的环境治理等以前"上不了台面"的地方事务得到重视。2018年6月,沪苏浙皖共同签署《长三角地区打通省际断头路合作框架协议》,第一批重点推进17个省际断头路项目陆续建设开通。例如,一直以来,昆山市锦淀路与上海市青浦区崧泽大道(两条路均为双向四车道)均已修至沪昆边界,但相距800m却不能连通。后盈淀路作为首条长三角省界"断头路"项目,于2018年10月建成通车,通车后,盈淀路道路等级为一级公路,设计时速为60km,双向四快二慢,新建桥梁两座,相应的跨省界公交出行也陆续开通。除此之外,在跨界政策协同方面,长三角生态绿色一体化发展示范区率先探索,在《关于支持长三角生态绿色一体化发展示范区高质量发展的若干政策措施》中围绕改革赋权、财政金融支持、用地保障、新基建建设、公共服务共建共享、要素流动、管理和服务创新、组织保障8个方面,提出了22条具体政策措施。同时,还在立法等方面协同着力探索,近年来,长三角三省一市持续召开协同会议,在生态环境保护、道路交通、产业发展、基本公共服务、营商环境等领域立法中积极推进区域协同,如提出推进数据协同立法,通过立法推动长三角地区三省一市在数据领域的合作,共同加强数据技术中心建设、公共数据之间的共享和治理,推进区域"一网通办"和社会数据合作开发等。

5.3 跨界协调规划的类型

中国传统的空间规划以及当前开展的国土空间规划均涉及跨界协调方面事项，并因中国各级政府行政事权和关注层次不同，跨界协调的重点和形式亦有不同，跨界协调所涉及的行政主体也产生了更多种层次。总体上看，在国家、省层面编制的区域规划和国土空间规划，关注的是国家战略地区统筹、特定城镇密集和生态开敞地区的协调事项，强调资源配置和底线管控的战略性和协调性；省、市、县（市、区）、乡镇层面编制的同城化规划、跨界协调规划（研究）以及国土空间规划，关注的是空间相邻的整体、沿线地区以及重点城镇组团的协调事项，并随着行政等级的下沉，协调事项逐渐细化，带有一定的战略性，但更强调空间规划建设的实施性。同时，在不同行政等级协调主体之间，为了保障某一专项的实施，会编制或指定专项规划、详细规划设计或行动清单，明确任务、工程时序和实施主体，保证跨界协调事项的落地性。

在当前国土空间规划背景下，跨界协调在不同行政体系所关注的层面与当前国土空间规划"五级三类"的体系具有相似性，因此本书将跨界协调规划的不同规划形式整合归类，形成"战略、实施、专项"三种类型，也即战略协调层面（城市群规划、都市圈规划）、实施协调层面（毗邻地区规划、联合编制的跨界国土空间规划）以及专项协调层面（特定事项规划协调、特定地段设计协调、特定事项计划协调）（图5-1）。

5.3.1 战略协调层面的跨界协调规划

战略协调层面的跨界协调规划是指国家、省等上级政府为城市群、都市圈等区域发展进行的战略谋划，为跨界治理搭建区域协商平台，主要协调形式包括规划纲要、城市群规划、跨省级国土空间规划（长江经济带）、城镇密集地区城镇体系规划、生态开敞地区的战略规划等，从战略层面重点关注跨界治理的战略方向，以及区域的跨界协调事务等。例如，在国土空间规划体系构建以前已经开展的《京津冀协同发展规划纲要》《长江三角洲城市群发展规划（2016—2030年）》《珠江三角洲地区改革发展规划纲要（2008—2020年）》等所包含的部分篇章，以及在当前国土空间规划体系背景下开展编制的《长江经济带国土空间规划（2018—2035年）》《上海大都市圈空间协同规划》《江苏沿海地区国土空间规划（2016—2030年）》《成渝地区双城经济圈国土空间规划（2021—2035年）》《黄河青海流域国土空间规划（2020—2035年）》《河南省黄河流域国土空间规划》等相对独立的规划类型。

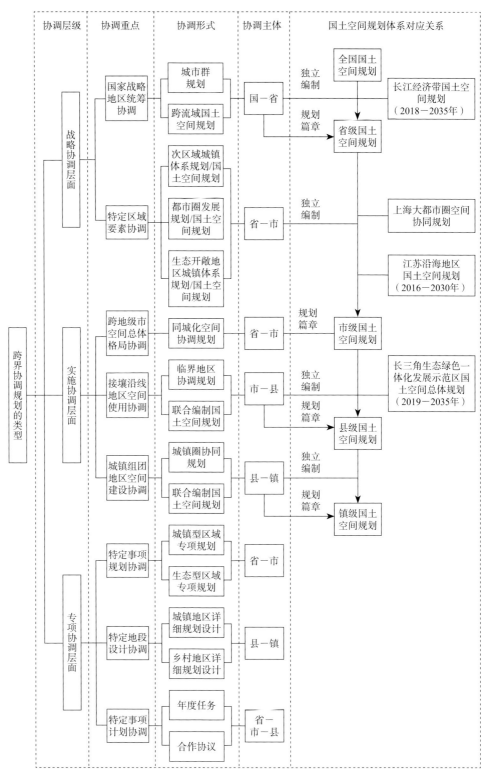

图5-1 跨界协调规划的类型

5.3.2 实施协调层面的跨界协调规划

实施协调层面的跨界协调规划更加强调的是省级及以下的不同层级政府之间，多层级多政府之间的协调（如长三角生态绿色示范区中的"三级八方"），其重点内容也更加关注的是具体跨界地区的空间发展与规划方面的实施性内容，包括跨界治理的空间协同、生态、功能、乡村、交通、设施等。如以《宁镇扬一体化空间协调规划》为代表的，关注地级市之间全域同城化发展与保护格局的协调；以《江苏临沪地区跨界协调规划研究》《广佛高质量发展融合试验区建设总体规划》为代表的，关注接壤沿线地区空间使用方面的协调；以《东平－海永－启隆跨行政区城镇圈协同规划》《枫泾－新浜－嘉善－新埭城镇圈区域协同规划》为代表的，关注接壤地区重点城镇组团建设方面的协调。在当前国土空间规划体系背景下，也出现了包括《长三角生态绿色一体化发展示范区国土空间总体规划》等法定的规划类型以解决跨界协调发展与保护问题。

5.3.3 专项协调层面的跨界协调规划

专项协调层面的跨界协调规划注重的是实施层面的行动与计划，主要包括：一是专项规划，针对特定事务制定专项的规划，如宁镇312走廊、大运河、环太湖、广东绿道、驿道、碧道等规划；二是详细设计，关注边界接壤地区的详细规划设计，如空间开发的统筹协调、风貌特色的协调、全域土地综合整治等内容，如长三角一体化生态绿色示范区启动区"水乡客厅"详细规划、特色田园乡村精品示范区联动塑造详细规划等；三是行动计划，针对近期需要推进实施的重点跨界项目和工程，如长三角一体化三年行动计划、长三角断头路打通计划等。

第6章

战略协调层面的跨界协调规划

从中国区域层面的规划发展历程可以看出，战略协调层面的跨界协调规划是传统区域规划在新时代发展理念下的一种新的形式。在中国的区域规划中，区域规划、主体功能区规划、城镇体系规划、国土规划等规划长期并行，多规之间既有交叉又各有侧重，一直以来未能真正形成集大成的区域层面规划。党的十八大报告进一步明确了实施区域发展总体战略，充分发挥各地区比较优势，优化国土空间开发格局的方向。党的十九大报告提出，要贯彻新发展理念，建设现代化经济体系，提出实施区域协调发展战略，建立更加有效的区域协调发展新机制。

为贯彻落实国家对于区域协调发展战略的部署，同时，在"多规合一"的改革进程中，区域层面的规划开始了新的探索。如2016年国家发展改革委和住房城乡建设部联合三省一市主导编制的长江三角洲城市群发展规划，在规划的内容和编制方式上出现了一些转变：一是区域层面的规划更加地关注战略与空间的协同，二是开始更加注重考虑各个行政主体之间的协调和发展诉求，可以说区域层面的规划已经逐步从传统的区域规划转向了新时期的战略层面的跨界协调规划。随着国土空间规划体系的构建，作为国土空间规划专项规划的区域国土空间规划、都市圈国土空间规划将成为战略协调层面跨界协调规划的典型代表。

6.1 战略协调层面的跨界协调规划内容

战略协调层面的跨界协调规划一方面是上级政府为区域发展进行的谋划，强化底线性内容和前瞻性引导方面的共识，另一方面也是各协调主体之间强化在功能格局、生态保护、产业协同、区域廊道等方面的统筹。主要的内容包括以下几个方面。

6.1.1 区域发展的战略定位与国土空间开发保护总体格局

一是贯彻落实上级发展战略要求，梳理研究区域发展在更大区域范围内的地位和作用，立足本区域的自然资源禀赋和经济社会发展特征，提出本区域的战略定位，明确本区域在更大区域中所承担的主体功能、职能、角色等。如《长江三角洲城市群发展规划》提出"顺应时代潮流，服务国家现代化建设大局，从战略高度优化提升长三角城市群，打造改革新高地、争当开放新尖兵、带头发展新经济、构筑生态环境新支撑、创造联动发展新模式，建设面向全球、辐射亚太、引领全国的世界级城市群。"

二是确定国土空间开发保护总体格局。根据战略定位要求，研判区域国土空间发展的客观规律，提出区域内的主体功能分区、城镇空间发展结构、生态网络结构、城乡体系、农业空间格局，构建出区域国土空间开发保护总体空间结构，有序引导区域城镇、重大基础设施等布局。

6.1.2 区域协调要素布局

一是区域生产力布局。对区域生产力和生产空间布局的谋划，包括对各类创新资源的分布和创新载体的布局、区域创新平台和创新集群的打造与构建、区域产业链条的分工与合作，以及区域创新环境的培育营造等方面，提出规划建设的方向和要求。

二是区域生态安全网络格局。对区域生态空间发展进行规划，包括划定区域重要生态廊道、生态空间等，以及区域生态红线和永久基本农田等限制性要素的空间格局，对生态建设与修复、大气、水等环境联防联治提出规划要求，对影响区域生态系统、环境、人民群众健康等的设施开展环境影响评价等。

三是区域大型基础设施和公共服务设施布局。对区域交通、能源设施、市政基础设施、信息网络设施、重大公共服务设施建设等进行规划，明确点状和线形设施的布局，构建布局合理、功能完善、安全高效的现代基础设施和公共服务设施网络，推动基础设施和公共服务设施共建共享。

6.1.3 区域协调机制构建

对区域各发展主体之间的关系进行谋划，提出区域协调机构建立的要求，对区域土地、资本、技术等各类要素一体化发展体制提出规划要求，对社会保障、教育医疗等公共服务、文化服务等公共事务的治理提出要求。

6.2 以区域战略协同为主导的跨界协调规划

城市群是区域协调发展的重要地理单元，为城市群跨界协调发展所编制的一系列战略层面的跨界协调规划也最为常见，如区域规划、城镇体系规划、城市群规划等。这些规划通常也是国家和省级层面重点关注的战略规划，以战略规划作为引领，推动国家不同区域的跨界治理，着力形成与区域资源环境承载力相适应的城镇空间格局和良好生态格局、支撑体系。这一层面的规划主要是解决一定战略地区的协同发展战略问题，明确发展的总体定位和方向，以更有效地提升区域不同主体的能级，同时也明确该区域在更大范围内所发挥的战略作用，其战略协同的重点内容大体包括战略目标、产业分工、空间结构、要素配置和协调机制五个大的方面。

本节重点关注以区域战略协同为主导的跨界协调规划，其大多以城市群规划的形式出现。这一类型的规划早期更多的是自上而下地编制，包括长江三角洲地区区域规划等类型，以及住建部门编制的一系列城镇体系规划等。近年来，逐渐转变为以城市群跨界协调为对象，编制一系列的城市群发展规划，如《京津冀协同发展规划纲要》《长江三角洲城市群发展规划》《粤港澳大湾区发展规划纲要》等，强调从城市群协同发展的角度，构建完善区域各主体的跨界协调机制体制。

长三角、京津冀、珠三角三大城市群地区长期受到国家层面的关注，尤其是长三角地区，作为中国经济发展最快、城镇密度最高的地区之一，区域合作治理的渊源由来已久，在国家现代化建设大局和全方位开放格局中具有举足轻重的战略地位。长三角地区自1982年国家提出成立上海经济区，以上海为中心的长三角经济圈雏形初现以来（吴志强 等，2008），区域治理模式不断演化，逐渐形成了包括"主要领导座谈会"的决策层、常务副省（市）长参加的地区合作与发展联席会议的协调层、各专项和各地区的执行层等三层级协调架构。本节将以长三角地区为例，通过回顾和分析长三角地区一系列跨界协调规划的实践，总结归纳城市群地区的跨界协调规划重点关注的内容。

长三角地区作为中国跨省级区域治理最为典型的代表，为推动其跨界治理，国家也出台了长三角若干区域规划，以及对跨界协调规划进行了探索（陈小卉 等，2017），如2010年的《长江三角洲地区区域规划》、2016年的《长江三角洲城市群发展规划》、2019年的《长江三角洲区域一体化发展规划纲要》等（表6-1）。在规划体系方面，以《长江三角洲区域一体化发展规划纲要》（后简称《纲要》）为引领、三省一市出台实施方案为配套的区域发展规划纲要，国家各部门陆续编制的专项事务规划，以及跨边界地区共同编制的国土空间规划（以长三角生态绿色一体化发展示范区国土空间总体规划为代表），形成了长三角区域治理一整套、多层级、多元参与的区域规划体系，对解决涉及跨界协调的事项难以落实在国土空间规划体系中的问题（郭磊贤 等，2019）作出了很好的回应。

长三角区域治理实践过程　　　　　　　　　　　　　　　表6-1

年份	事件	范围
1982年	中央提出"以上海为中心建立长三角经济圈"，成立上海经济区	苏浙沪的10个城市
1988年	撤销"上海经济区"	四省一市
1992年	长江三角洲城市协作办主任联席会议制度	长三角15个城市
1996年	长江三角洲城市经济协调会	长三角15个城市
2001年	沪苏浙经济合作与发展座谈会	两省一市
2004年	苏浙沪主要领导座谈会	两省一市
2008年	三级运作区域合作机制	两省一市
2009年	安徽纳入长三角主要领导座谈会、合作与发展联席会议	三省一市
2010年	《长江三角洲地区区域规划》	两省一市
2016年	《长江三角洲城市群发展规划》	三省一市
2018年	长三角区域合作办公室挂牌成立，《长三角地区一体化发展三年行动计划（2018－2020年）》出台	三省一市
2018年	支持长江三角洲区域一体化发展并上升为国家战略	三省一市
2019年	中共中央、国务院印发了《长江三角洲区域一体化发展规划纲要》	三省一市
2020年	《长三角生态绿色一体化发展示范区国土空间总体规划（2019－2035年）草案公示稿》出台	上海市青浦区、江苏省苏州市吴江区、浙江省嘉兴市嘉善县全域

虽然长三角各个版本的跨界协调规划的内容有所区别（表6-2），但均是不断延伸和拓展的，其在规划的内涵上实则也是不断创新和发展的。从已公布的长三角地区规划来看，城市群地区的跨界协调规划的重点内容主要包含以下六个方面。

历版长三角地区规划的重点内容梳理　　　　　　　　　　表6-2

内容	《长江三角洲地区区域规划》（2010年版）	《长江三角洲城市群发展规划》（2016年版）	《长江三角洲区域一体化发展规划纲要》（2019年版）
空间格局	区域布局与协调发展、城镇发展与城乡统筹	构建适应资源环境承载能力的空间格局	区域协调发展新格局
产业创新	产业发展与布局、自主创新与创新型区域建设	创新驱动经济转型升级	协同创新产业体系建设

续表

内容		《长江三角洲地区区域规划》（2010年版）	《长江三角洲城市群发展规划》（2016年版）	《长江三角洲区域一体化发展规划纲要》（2019年版）
要素配置	基础设施	基础设施建设与布局	健全互联互通的基础设施网络	提升基础设施互联互通水平
	生态环境	资源利用与生态环境保护	推动生态共建、环境共治	生态环境共保联治
	公共服务	社会事业与公共服务	建立基本公共服务一体化发展机制	公共服务便利共享
对外开放		对外开放与合作	深度融入全球经济体系	更高水平协同开放
体制机制		体制改革与制度创新	创新一体化发展体制机制	创新一体化发展体制机制
重点板块		—	—	高水平建设长三角生态绿色一体化发展示范区，高标准建设上海自由贸易试验区新片区

6.2.1 谋定区域城乡空间发展格局

一是从区域层面划定主体功能分区，强化基底作用。依据主体功能区规划，按照国土开发强度、发展方向以及人口集聚和城乡建设的适宜程度，将国土空间划分为优化开发区域、重点开发区域、限制开发区域三种类型。

二是明确区域人口在不同城镇之间的布局。包括特大城市、大城市、中小城市的人口发展策略等，确定不同城镇的人口规模引导要求，引导人口加快向重点开发区域集聚。

三是提出区域协调的城镇空间总体格局，包括城镇发展的主要轴带以及区域协调发展的分区等，如在区域规划中提出长三角地区构建"一核九带"的空间格局，在城市群规划中提出长三角构建"一核五圈四带"的网络化空间格局。

四是对区域城乡发展关系提出引导要求。包括城乡空间结构体系、城镇、生态、农业等空间的关系。

6.2.2 优化区域协同创新与产业分工体系

城市群跨界协调规划需要重点提出区域产业分工体系的引导要求，对于区域的主导产业和产业链的发展方向，以及自主创新能力提升等提出要求，健全协同创新机制，构建协同创新共同体，增强经济发展内生动力和活力。

一是提出产业分工协作和布局的引导要求。对生产服务业、先进制造业、新兴战略产业、传统产业体系等产业的布局提出发展方向和引导要求，在产业集群、产业链条延伸等方面，提出如何完善区域产业政策，强化中心区产业集聚能力，推动产业结构升级，优化重点产业布局和统筹发展的要求。

二是提出区域创新资源的整合和分布。对于区域创新的共同体建设提出要求，包括在区域中协同共建产业创新大平台等，强化区域在自主创新能力的创新生态营造上共同发力，提出协同推进科技成果转移转化的要求，推动技术交易市场互联互通，推动科技成果跨区域转化。

三是提出强化协同创新的政策环境与支撑的要求。对区域创新水平提升所需要的人才、知识产权、区域创新收益、上市融资等提出协同要求。如共建区域创新服务联盟等专业服务体系，区域创新环境的营造提升方向等。

6.2.3 完善基础设施、公共服务、生态环境等区域要素配置

基础设施、公共服务和生态环境等要素的配置和提升是城市群跨界协调规划需要重点协调的内容。

一是对完善区域综合交通网络、通道和综合枢纽等建设提出要求。重点对支撑区域空间骨架的轨道交通体系提出协同建设要求，包括高速铁路、普速铁路、城际铁路、市域（郊）铁路、城市轨道交通等的区域布局和区域对接要求。对区域不同等级的机场、港口等综合交通枢纽协同布局提出规划要求。对区域主要公路干线的对接提出规划要求。

二是提出区域各类市政基础设施协同发展的规划引导要求。包括信息网络、能源（区域油气、电网、新能源）、水利（水资源）等，在《纲要》中，还明确提出了数字基础设施的建设要求，共同打造数字长三角，形成互联互通、分工合作、管理协同的基础设施体系，增强一体化发展的支撑保障。

三是提出区域社会事业与公共服务协同发展的规划引导要求。包括教育、医疗卫生、文化旅游、就业和社会保障、社会治理等，从而促进社会公平正义，不断满足人民群众日益增长的美好生活需要，使一体化发展成果更多、更公平地惠及全体人民。如在《纲要》中，提出要建立异地就医直接结算信息沟通和应急联动机制、推动高校联合发展、共同打造江南文化等区域特色文化品牌、推动诚信记录共享共用等区域协同发展的要求。

四是提出区域资源利用与生态环境保护的规划引导要求。重点包括构建区域生

态安全格局,以及区域重要生态空间等保护要求,推动环境联防联治,包括土地资源、饮用水源地保护、水污染和大气污染防治、固体废弃物管理、农村环境综合整治等,以及在生态环境协同监管方面的区域协同要求,包括跨流域跨区域生态补偿机制、区域环境治理联动机制等内容。

6.2.4 创新城市群一体化发展的体制机制

城市群地区的跨界协调规划需要对制约一体化发展的行政壁垒和体制机制障碍提出体制机制改革的引导要求,推动区域形成要素自由流动的统一开放市场,为更高质量的一体化发展提供强劲内生动力。

一是提出区域一体化的规则统一的制度体系。包括在政策制定的协同机制、标准统一管理制度等方面的协同,如《纲要》中明确提出加强长三角标准领域合作,加快推进标准互认,按照建设全国统一大市场要求探索建立区域一体化标准体系。

二是对区域要素市场一体化提出规划引导要求。主要包括探索建立产权交易共同市场、提高金融市场一体化程度、推进土地高效配置机制、资源市场的一体化等内容,如在《纲要》中明确提出,要促进人力资源特别是高层次人才在区域间有效流动和优化配置,要加快金融领域协同改革和创新,促进资本跨区域有序自由流动,用好跨省补充耕地国家统筹机制,支持重点项目建设,推进现有各类产权交易市场联网交易,推动公共资源交易平台互联共享,建立统一信息发布和披露制度,建设长三角产权交易共同市场等。

三是提出多层次多领域合作机制的规划引导要求。包括在政府层面的跨区域立法研究,跨区域政务服务网、发展评价和考核体系等重点领域的合作机制,以及市场层面的国资国企改革、跨区域发展政策协同试验等。

6.2.5 构建完善的区域对外开放体系

城市群是一个地区参与对外竞争与合作的最主要单元,同时也是构筑内循环、参与对外循环的基本单元,需要在跨界协调规划层面,明确城市群对外开放合作的方向。

一是明确对外开放平台的规划建设要求。包括对国际进口博览会等平台,以及区域内各类海关特殊监管区域、自由贸易试验区、自由贸易港区等整合优化和开放平台创新升级的规划引导要求,同时对区域内的国际合作园区建设提出要求,加快推进国际产业双向合作，实现互利共赢、共同发展。

二是明确对外开放的重点领域。包括在产业引入、产业链条延伸、金融市场、服务外包产业等方面的对外开放要求，提出对外投资的重点领域和重点地区，共同推动对外投资可持续高质量发展的要求等。

三是优化国际化营商环境，加速集聚国际化人才。包括在通关一体化、市场环境、人才引进政策等方面，提出区域协同的要求和规则，推进国际社区建设，完善国际学校、国际医院等配套公共服务，提高国际人才综合服务水平，推动城市群地区打造稳定、公平、透明、可预期的市场环境。

6.2.6 明确重点示范板块以落实区域治理要求

在新的时期，为推动城市群跨界协调规划的有效落地，在《纲要》中对于跨界协同的重点板块明确提出了引导要求，包括长三角生态绿色一体化发展示范区和上海自由贸易试验区新片区，尤其是示范区，规划提出要率先探索将生态优势转化为经济社会发展优势、从项目协同走向区域一体化制度创新，打破行政边界，不改变现行的行政隶属关系，实现共商共建共管共享共赢，为长三角生态绿色一体化发展探索路径和提供示范。

另外，在《纲要》中明确提出要推动跨界区域共建共享，包括推动省际毗邻区域协同发展、共建省际产业合作园区、联合推动跨界生态文化旅游发展等，重点提出如支持虹桥－昆山－相城、嘉定－昆山－太仓、金山－平湖、顶山－汊河、浦口－南谯、江宁－博望等省际毗邻区域开展深度合作，加强跨界江河湖荡、丘陵山地、近海沿岸等自然与人文景观保护开发，在共同保护中开发，在共同开发中保护，形成自然生态优美、文化底蕴深厚、旅游资源充分利用的生活休闲开敞空间等。

6.3 以城镇空间治理为主导的跨界协调规划

城镇密集地区在一定的区域内，是与生态开敞地区相对的，城镇空间连绵，城镇密度较高。城镇高度连绵的地区，也通常表现为都市圈地区。如江苏省针对其区域发展格局，早在2000年就提出了南京都市圈、苏锡常都市圈和徐州都市圈的发展格局。广东省在珠三角的区域发展格局中，长期也形成了广佛肇都市圈、深莞惠都市圈和珠中江都市圈的格局，近年来又进一步明确了五大都市圈的发展格局，2020年5月出台的《广东省建立健全城乡融合发展体制机制和政策体系的若干措施》提出，健全都市圈率先实现城乡融合发展的机制，科学制定广州、深圳、珠江口西岸、汕潮揭、湛茂都市圈发展规划，构建协同发展机制。可以说都市圈城镇密集地区是一定区域内的发展核心。

为有效推进都市圈内部的跨界协调治理，需要通过从战略协调层面明确都市圈跨界治理的目标、战略等，编制以城镇空间治理为主导的跨界协调规划，这一类型的规划主要以城镇密集地区作为跨界协调的对象，规划的形式在不同时期也出现过城市群、都市圈、城镇体系规划等类型，更多的是以都市圈规划为主。如长三角城市群地区的苏锡常都市圈规划、南京都市圈规划等，以及珠三角地区的深莞惠、珠中江和广佛都市圈规划等。这一类型的规划主要解决城镇空间无序蔓延带来的城市区域化的问题，解决区域设施布局混乱带来的设施错配或布局不优等问题，核心内容主要包括划定区域底线（包括生态空间和农业空间）、推动区域基础设施互联互通、优化城镇空间的分工合作（包括产业、文化、服务等方面）以及城镇空间协调的机制体制等。

如江苏省在《江苏省城镇体系规划（2015－2030年）》中提出了三个都市圈后，又编制了南京、苏锡常、徐州都市圈规划，以统筹协调都市圈跨界协调发展战略。如成渝地区，通过在战略层面编制《成渝地区双城经济圈建设规划纲要》等，加大成渝地区发展统筹力度，发挥中心城市带动作用，加强交通、产业、环保、民生政策对接，共同建设具有全国影响力的科技创新中心，加快培育形成新动力源。可以说，城镇密集地区的跨界协调规划，对于统筹城镇发展、交通建设、基础设施、环保等协调起到了重要作用。2021年1月，自然资源部对《都市圈国土空间规划编制规程》征求意见，该行业标准规定了都市圈规划的定位、任务、适用范围、编制原则、空间划定、主要内容、成果要求、编制管理程序等，适用于全国范围内各都市圈的国土空间规划编制。重点明确了都市圈国土空间规划的定位，提出都市圈规划作为国土空间规划体系"五级三类"中特定区域的专项规划，是落实国家发展战略、促进城市群高质量发展、推动区域城乡一体化融合、引领现代化经济体系建设的战略部署，是深化全国国土空间规划纲要、省级国土空间规划，衔接国家及区域发展规划的重要蓝图。

江苏作为国内率先探索都市圈规划的地区之一，长期以来持续关注南京都市圈、苏锡常都市圈和徐州都市圈的规划治理，并在《江苏省国土空间规划（2021－2035年）（公开征求意见版）》中进一步明确了构建"三圈两带"的城镇空间格局。

在三大都市圈中，苏锡常地区是长三角城市群的重要组成部分，其先后以乡镇企业为主导的小城镇发展和以外向型经济为主导的开发区建设在全国具有率先意义，城镇空间拓展快速，区域一体化连绵发展。苏锡常都市圈城镇高度密集分布，包括苏州、无锡、常州及所辖县（市），截至2017年年底，该地区土地面积1.77万km^2，GDP3.41万亿元，常住人口2195万人，城镇化率75.1%，密集分布着5个百万人口以上的大城市、4个50万人口以上中等城市和1个小城市。苏锡常都市圈经济高度发达，总体上，该地区以占全省16.5%的土地，集聚了全省29.9%的常住人口并贡献了全省39.7%的GDP，是全省经济发展的关键所在。正如清华大学顾朝林教授所言，苏锡常网络城市战略，就是整合苏州、无锡和常州的城市功能，强化节点城市之间的功能异质性和水平联系，构建弹性交换环境和高速交通通信支撑体系，以此实现苏锡常网络城市发展的利益最优化。

本节将主要以苏锡常都市圈的相关规划为例，探索以城镇空间治理为主导的跨界协调规划所需要关注的重点内容。苏锡常都市圈相关跨界协调规划大致经历了两个阶段，两个阶段对于城镇密集地区规划的探索侧重点有所不同。第一阶段更加关注如何提升城镇密集地区的协调融合的程度，包括交通、空间、产业、公共服务等。第二阶段在原有各类要素一体化的基础上，开始对区域空间格局、生态空间和特色资源利用等方面提高关注度（表6-3）。总体来说，城镇密集地区的跨界协调规划需要重点关注的内容大体包括交通、生态、文化、科技、机制等方面，以下以苏锡常都市圈为例展开阐述。

苏锡常都市圈相关规划重点协调内容 表6-3

规划	重点协调内容
江苏省城镇体系规划（2000—2020）	交通：应以沪宁交通走廊和长江为横向发展轴，以新长铁路、苏嘉杭高速公路为纵向发展轴，形成沿沪宁交通走廊高新技术产业带、沿长江基础工业带和环太湖旅游风光带发展的态势。 空间：从沿交通线线状发展逐步向交通线两侧纵深发展，加强绿色开敞空间的建设与保护，形成集聚与扩散有致的结构形态。 产业：强化核心城市的先进制造业与创新基地功能，发展城市第三产业，周边城市组团及卫星城镇以分散核心城市生产功能为主，城镇间布局绿色生态空间，发展以生态农业为主的第一产业。 城镇体系：要以"做强、做大、做优、做美"核心城市为重点，积极提高城镇发展质量
苏锡常都市圈规划（2002—2020）	作为协调发展规划，《苏锡常都市圈规划》依据《江苏省城镇体系规划（2000—2020年）》所确定的基本原则和内容，重点协调三市之间涉及不同行政区划的有关空间发展、城镇布局、交通网络、区域基础设施和社会公用设施、旅游组织、生态环境等的重大问题，以便整合苏锡常都市圈的整体实力和竞争能力，促进苏锡常都市圈持续发展

续表

规划	重点协调内容
江苏省城镇体系规划（2015—2030）	按照"产业转型升级，交通一体构建，设施共建共享，旅游资源整合，生态环境共保"的原则，重点加强都市圈要素整合、分工协作、协调发展。规划要求包括：①整合城乡空间，保障生态空间；②整合交通设施，建设一体化交通系统；③整合公共设施，促进区域公共设施共建共享；④整合山水资源，发展休闲旅游；⑤维护山水格局，建设区域绿地系统
江苏省国土空间规划（2021—2035年）（公开征求意见版）	引导苏锡常都市圈深度融合，协同发展。加大资源共建共享和有效整合力度，探索都市圈协同治理新模式；全面融入上海大都市圈，深化与泰州、南通的跨江融合发展

6.3.1 推进交通设施互联互通，支撑多中心网络状城市群的高效发展

都市圈地区的交通骨架是支撑都市圈空间发展的基础，也是跨界协调规划重点关注的内容。在苏锡常都市圈相关跨界协调规划中，通过对区域交通格局的分析，提出区域交通格局发展的问题，并有针对性地提出跨界交通互联互通的规划策略。

从长三角地区城际交通联系来看，根据国内学者对长三角地区高铁网络联系度的研究，苏锡常三市联系强度较高，并整体呈现与上海方向较强联系的发展态势。从苏锡常地区内部交通联系来看，已开通的京沪高铁、沪宁城际、宁杭高铁等区域高铁线路串联了苏州、无锡、常州等三个中心城区及溧阳、宜兴等城市，基本实现了主要城市高铁出行半小时可达；区域高速公路网络也基本成形，网络密度达 $6.67km/100km^2$，高于全省 $4.53km/100km^2$ 的平均值，有效支撑了苏锡常都市圈交通一体化快速联通。与此同时，现状苏锡常都市圈仍存在联系通道东西向强于南北向的区域交通通道分布不均、城市之间高快速通道网络衔接不畅等问题。规划提出进一步提升苏锡常地区交通互联互通水平，构建核心城市半小时、最远地区一小时交通可达的紧密联系圈层，提高苏锡常一体化水平。

一是加强南北联通，完善东西交通走廊。加快盐泰锡常宜铁路、通苏嘉铁路、沪通铁路等南北向区域性轨道交通建设；推动苏锡常都市圈城际轨道实施；提升泰常（溧）城际速度，以高速铁路标准纳入江苏沿江客运铁路网规划，近期推进实施；加快实施苏锡常南部高速公路（S58）、常州至宜兴高速公路（S39南延）、无锡至太仓高速公路（S48）等江苏省高速公路网规划新建项目，推动常州312国道快速化改造，加快城际横向快速联系通道建设。

二是打通地区断头道路，协调提升跨界道路等级。建立高效的跨界道路规划建

设协调机制与沟通平台，积极推动打通常州创业路－无锡兴隆路、常州嫩江路－镇澄公路等断头道路，联合提升无锡甘吴路－苏州灵松路、无锡梁鸿南路－苏州锡埭路等跨界道路等级，通过消除路网局部断点整体提高地区路网连通度，实现都市圈最远区域的公路一小时可达。

三是整合区域交通枢纽发展资源，整体提升地区机场组群发展能级与竞争力。尽快制定可操作的苏锡常地区机场资源整合方案，积极谋划常州奔牛机场与苏南硕放机场在区域枢纽联动发展、航班航线高效配置、集疏运网络互联互通、一体化航空物流体系构建等方面的有效合作，稳步提升苏锡常地区空港枢纽整体发展能级与服务水平。

6.3.2 积极维育都市圈生态空间，共塑区域生态绿心

苏锡常都市圈环太湖地区的自然生态空间已经与西侧的苏南丘陵地区，共同构成了长三角城市群高密度地区的区域生态绿心（图6-1）。规划提出将苏锡常地区以

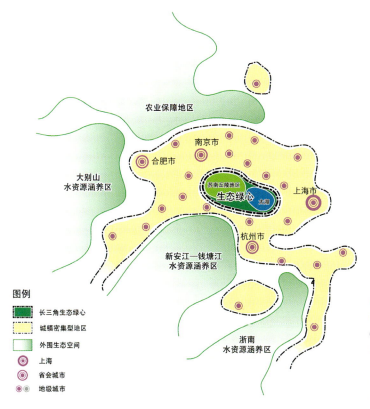

图6-1 长三角城市群区域生态绿心示意图

（资料来源：江苏省城镇化和城乡规划研究中心，2018. 关于推进苏锡常一体化发展的建议［Z］.）

生态文明时代的宜居天堂为区域共同发展目标，加强环太湖区域的水环境治理，并借鉴荷兰兰斯塔德城市群生态绿心建设经验，共建区域风景路系统来串联整合山水资源和文化资源，形成环太湖生态绿廊，带动整个环太湖地区生产生活方式转型发展。

一是构建结构性生态网络，建设长三角城市群中心地域的生态绿心。借鉴荷兰兰斯塔德城市群生态绿心建设经验，坚持生态优先和区域协同，依托纵横交错的自然河道和农田林网等生态资源优势，共建环太湖地区的生态网络，并以此沟通苏南城镇间生态网络，对接浙北生态资源和上海区域风景绿道，形成长三角城市群中心地域的生态绿心。

二是以区域风景路系统串联整合山水资源和文化资源，形成生态绿廊。以蓝绿网络串联山水空间资源，以区域风景路、水上游线等方式组织山体、水体、风景区、特色城镇、美丽乡村、当代城乡魅力特色区等多种特色资源，引导彰显"大湖风光、小桥流水"、山水林田等不同的特色风貌。推进环太湖风景路、沿江风景路、大运河风景路建设，并串联各市已有的风景路。提升沿线地区旅游配套设施水平，提升乡村旅游层次（图6-2）。

图6-2 环太湖73条绿廊规划布局图（总长约1240km）
（资料来源：江苏省城市规划设计研究院，2016. 环湖绿廊总体规划［Z］.）

6.3.3 积极挖掘文化资源，统筹谋划区域文化发展空间载体

吴文化孕育了长三角最富庶的地区，是江南文化的核心构成。苏锡常都市圈作为吴文化的主体代表区域，应当整体传承和弘扬吴文化。从吴文化的缘起来看，苏州市依据顾颉刚等史学家提出的"苏州古城是全中国最古的一所城池"[1]的论断，以及长期作为"吴地中心"的历史地位，被认为是吴文化的代表；无锡以"泰伯奔吴开启江南文明"为依据，凭借无锡梅村镇发掘的泰伯庙和墓，被认为是最早的吴文化中心；常州则以春秋淹城遗址和境内发现的丰富先吴文化遗存为依据，被认为拥有悠久的吴文化。从阖闾城址来看，根据多位史学家的研究结论，可苏州古城即阖闾大城；以在常州市雪堰镇城里村与无锡市胡埭镇湖山村之间考古发掘的阖闾城遗址为依据，又可认为阖闾城位于常州、无锡地区。吴文化对于苏锡常影响深远，目前三市已在分别发展吴文化旅游，但整体协同发展有待加强，建议文化同源的苏锡常三市共同研究、联动塑造吴文化，共塑江南水乡古镇文化品牌和小桥流水人家的田园乡村意象，共建全域旅游示范区；合理保护和传承非物质文化遗产，加强地域文化载体建设，做大做强江南文化品牌。

一是共同谋划一批有影响力的旅游标志性项目，差异化建设非物质文化的公共设施载体，塑造吴文化区域旅游示范区。三市应基于区域共同发展的大视野，共同谋划一批有影响力的吴文化旅游标志性项目，把文化旅游产业打造成苏锡常经济的重要补充；并进一步整合旅游资源，避免类似文化主题的重复建设和临近景观资源的掠夺式开发，通过合作联动举办节庆和推广活动，共建以"吴文化"为品牌的全域旅游示范区。同时，三市应结合独有的昆曲、苏剧、锡剧、评弹和苏绣、泥塑、造园技艺等非物质文化遗产，建设具有鲜明地域特色的戏剧院、博物馆和互动体验馆等多类型、专业化的公共设施，共同保护传承非物质文化遗产。

二是以申报世界遗产为契机，扩大申报范围，共同塑造江南水乡古镇文化品牌，凸显苏锡常地区在江南文化中的核心地位。上海市研究提出"新江南田园"概念，浙江、安徽、江西等省份也在打造各自的江南文化品牌。作为江南文化核心区的苏锡常都市圈，应充分利用拥有江苏63%的中国历史文化名镇，41%的省级历史文化名镇的丰富历史文化资源。目前，苏州市正在牵头，联合无锡、嘉兴、湖州的

---

[1] 历史学家顾颉刚先生1953年5月在苏州作"中国古代城市"学术讲演时说："苏州是历史遗迹最多的地方，苏州城是吴王阖闾时伍子胥所造，至今已有两千四百多年的历史，是全中国最古的一所城池。"

14个江南水乡古镇❶（其中江苏10个，浙江4个）共同申报世界文化遗产。规划建议抓住牵头城市的有利机遇，将江苏省常州市的孟河，无锡市的荡口、长泾、周铁，以及周边上海市的金泽、枫泾、朱家角和练塘8个古镇共同纳入江南水乡古镇联合申遗的范围，推动区域历史文化资源的一体化保护和合理利用，提升区域发展品质和形象，强化苏锡常作为江南文化的核心区位。

三是以特色田园乡村为载体，共同塑造生态文明时代小桥流水人家的田园乡村意象。苏锡常地区拥有全省70%的中国历史文化名村，64%的中国传统村落，38%的省级历史文化名村，以及昆山市锦溪镇朱浜村祝家甸、无锡市惠山区阳山镇桃源村前寺舍、溧阳市别桥镇塘马村塘马等18个省特色田园乡村建设试点村庄。苏锡常地区的乡村曾以"小桥流水人家"的独特田园景观而闻名，在快速工业化的冲击下，水乡的宜人尺度和宜居环境略有破坏，保护与重塑现代水乡迫在眉睫。建议进一步梳理乡村水系整治，恢复自然河道的风景游赏、文化休闲、生态调节等功能，重塑乡村空间肌理。结合特色田园乡村建设，重点挖掘和再现乡村文化、凝练和塑造现代江南水乡文化，赋予水乡新乡愁的文化内涵，引导各地加快建设一批具有现代水乡特色的特色田园乡村。

6.3.4 以科技创新推动产业升级，优化都市圈产业分工体系

苏锡常都市圈所在苏南国家自主创新示范区是中国创新型经济发展高地。据学者研究，区域综合创新实力和创新投入水平均位列全国自主创新示范区前列。其中，苏锡常都市圈以74%的高新区面积，集聚了73%的高新技术企业，创造了74%的高新技术产业产值❷，是苏南自主创新示范区内科技资源最丰富、创新效率最高、创新活力最强的地区。苏锡常地区应以苏南自主创新示范区建设为基础，结合自身的产业和科技基础，借助东向的上海全球金融中心和西向的南京国家科教中心等创新智力资源，整合空间载体，推动开发区转型升级，重塑新苏南模式内涵，打造成为中国智能制造高地。

一是加快开发区转型升级，打造自主可控的现代产业体系载体空间。加快推进

---

❶ 包括江苏省苏州市周庄镇、甪直镇、同里镇、千灯镇、沙溪镇、锦溪镇、震泽镇、黎里镇、凤凰镇，无锡市惠山古镇，浙江省嘉兴市乌镇、西塘镇，湖州市新市镇、南浔镇等14个水乡古镇。其中无锡市惠山古镇为2018年最新加入。

❷ 苏锡常都市圈范围内国家自主创新示范区面积约393 km^2，源自《苏南国家自主创新示范区空间调整方案（2017年）》；高新技术产业数量共2592家，源自《关于2017年度全省高新技术产业开发区主要指标进展情况的通报》；苏锡常三市高新技术产业产值27776.49万亿元，源自《江苏统计年鉴2018》。

高端装备制造、新一代信息技术、节能环保、生物技术、新材料、新能源等战略性新兴产业的高端化、集群化和规模化发展，以信息化为引领改造提升传统产业。充分利用苏南自主创新示范区政策，高新区、经开区等产业园区应重点形成鲜明的产业体系，重点打造1个主导产业，扶持壮大1~2个战略性新兴产业，推进新兴工业化示范基地建设；保税港区、综合保税区应借鉴上海自贸区经验，发展服务型经济。优化开发区一体化空间布局，鼓励相邻地区共建产业园区，妥善处理开发区与城镇开发边界的衔接；推动开发区空间"退二优二""退二进三"，高效混合利用存量空间，提高用地效率。

二是成立苏锡常产业创新研究院，推动形成G42创新经济走廊。结合G42人才创新走廊建设，成立苏锡常产业创新研究院，鼓励高校教师、科研人员、明星企业家等行业领军人物共同组建服务于苏锡常地区的产业创新研究院，承担服务中小企业创新和突破产业共性技术问题等职能。围绕石墨烯、物联网、纳米技术、生物技术、高性能碳纤维、人工智能等领域，组织领域科研团队进行共性技术研发。依托苏州生物纳米科技园、无锡物联网国家传感网创新示范区、常州石墨烯科技产业园等重大创新平台，整合沪宁高速公路沿线产业园区、高科技企业研发机构和高校科教资源，共同建设开放式创新平台、跨区集成应用基地和区域技术转移服务机构，打通高校、科研机构和企业间科技成果跨区域共享和转移转化通道，推进创新链和产业链的深度融合。

6.3.5 建立区域协作机制，形成都市圈一体化的制度保障

参考国际经验，区域协作机制是实现区域一体化发展的重要保障。以荷兰兰斯塔德地区为例，其在区域层面建立了包括兰斯塔德区域、兰斯塔德管理委员会、三角洲大都市联合会等多样化的正式或非正式的协调机制，加强区域协同和利益协调。苏锡常有必要在已有的环太湖旅游联盟、环太湖教育联盟等非政府组织基础上，通过自上而下的政府推动和自下而上的民间协作，建立区域全方位的协作机制，形成都市圈一体化的制度保障。

一是建议探索形成"省级+城市联盟"双层次的区域协调机制。在省级层面建立苏锡常一体化发展委员会，引导苏锡常地区一体化发展，协调区域发展利益，强化苏锡常三地的战略发展共识，进一步激发三市一体化发展的主动意愿。在城市层面三市共同设立苏锡常一体化城市发展联盟，形成"决策－协调－执行"三级运作机制。其中，决策层为城市发展联盟党政领导联席会议，主要商议苏锡常一体化合

作发展的原则、方向、政策等重大事项；协调层为城市发展联盟市长联席会议，重点协调跨城市重大合作项目建设；执行层以规划、交通、水利等专业委员会为载体，负责重大事项协调，组织实施苏锡常一体化的合作项目，推进年度计划落实。

二是建议设立常态化的"太湖峰会"等区域性协作机制。整合现有环太湖旅游联盟、环太湖教育联盟等协作机制，联合行业协会等非政府组织，共同建立具有影响力的"太湖峰会"组织。峰会由苏州、无锡、常州三地轮流组织承办，定期开展区域内各城市、各相关机构、非政府组织间的交流活动，长期聚焦苏锡常一体化发展的相关核心议题，开展广泛的对话和深度的磋商，引导区域协作达成共识，助推苏锡常都市圈一体化发展。

三是建议设立苏锡常一体化发展促进基金。基金主要用于区域公共服务设施和基础设施建设、生态环境保护的跨行政区转移支付、区域生态修复等领域，并提供职业培训和就业指导，支持跨城市的产业合作融资、技术升级、产业结构调整等；并通过制定完善的资金申请－使用－监督－反馈机制，保证基金集中用于支持最需要资助的地区或项目，确保资金使用效率。

6.4 以生态空间治理为主导的跨界协调规划

生态开敞地区主要是指在城市群区域范围内，具有较好的生态资源条件，在区域生态格局中具有重大作用的地区。如世界范围内典型的荷兰兰斯塔德地区，因其多中心城镇环绕大面积"绿心"地带而闻名于世，是国际社会公认的"绿心大都市"和开放空间保护的经典案例。荷兰国家住房、空间规划和环境部制订的"兰斯塔德2040战略"规划中指出，要使"兰斯塔德和'绿心'形成完整的综合体"，"'绿心'应当被强化为绿色世界城市的公园"。对兰斯塔德"绿心"的保护，有效地控制了城市的无序蔓延，也提升了区域空间的环境质量和生活质量，进而增强了该地区的整体国际竞争力。国内不同的城市群和都市圈地区均十分关注外围生态开敞地区的空间治理，如广东广清接合片区、江苏宁锡常接合片区、成都西部片区等，对于维护区域生态安全格局起到了重要的作用。

这一类型的规划主要以生态开敞地区作为跨界协调的对象，该类规划对象一般位于城市群的绿心地区或者是生态环境资源要素比较重要的地区，如以湖泊、山脉、丘陵山地为核心的一定区域。规划的形式包括城镇体系规划、国家公园规划等，如长三角城市群地区的苏南丘陵地区城镇体系规划、苏北苏中水乡城镇体系规划，长株潭城市群生态绿心地区总体规划等。这一类型的规划，更加关注如何明确流域绿色发展的刚性约束、注重区域特色资源的联动保护开发、重塑生态农业城镇空间格局、探索绿色发展考核激励机制等方面的内容。

江苏在生态开敞地区的空间治理起步较早，从2009年江苏省第二版城镇体系规划编制开始，从"紧凑城镇、生态开敞"的全省空间格局到"1+3"功能区的战略，均对苏南丘陵地区和苏北苏中水乡湿地地区提出了明确的要求。2017年在省委省政府确定的"1+3"重点功能区战略中，苏中苏北水乡地区进一步演变为"江淮生态经济区"（"七湖"地区）。在"1+3"功能区战略构想中，生态经济区范围包括宿迁、淮安以及苏中北部部分地区。在最新的《江苏省国土空间规划（2021－2035年）（公开征求意见版）》中，也明确将两个地区定位为太湖丘陵生态绿心和江淮湖群生态绿心，作为全省"生态优先、带圈集聚、腹地开敞"的重要组成部分（图6-3）。

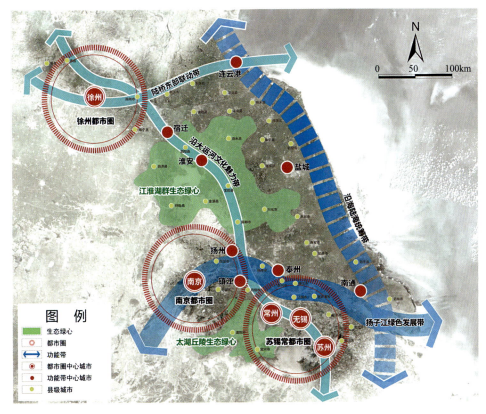

图6-3 江苏省国土空间总体格局示意图
（资料来源：江苏省自然资源厅，2021. 江苏省国土空间规划（2021－2035年）（公开征求意见版）[Z].）

江苏两大生态开敞地区，也得到了国家层面相关规划和政策的认可，在《全国城镇体系规划（2016—2030年）（草案）》中，也提出洪泽湖国家魅力景观区，价值凸显。2019年，在国家发展改革委确立的11个国家城乡融合发展试验区中，江苏的宁锡常接合片区，范围包括南京市溧水区、高淳区，无锡市宜兴市，常州市金坛区、溧阳市五个试验单元，与2015年省域城镇体系规划确立的苏南丘陵地区的范围一致。

江苏两大点状发展地区的跨界协调规划的总体思路是以"城镇优先、效率优先、生态优先、一三（产业）优先"实施绿色空间战略，兼顾区域生态安全格局保育和文化休闲游憩空间建设的需要，从特色产业、特色镇村、特色交通、特色景观、特色文化等方面探索将区域开敞空间的生态环境资源优势转化为经济发展动力的模式、路径和政策，从而形成高度城镇化地区区域开敞空间的绿色发展范式，走出一条不同的特色发展路径，进而为全省转型发展乃至全国生态文明建设提供支撑与样板示范。苏南丘陵地区旨在探索建成"美丽山水基底、丰富人文积淀、和谐人居尺度、经济繁荣富足、生态文明示范"的美丽宜居城乡示范区。苏北苏中水乡地区则需要协同推进新型城镇化、工业化、信息化、农业现代化和绿色化，通过绿色城镇化示范和绿色经济试验示范，建设成为生态环境优美、百姓安康富裕、城镇点状发展的特色地区。

在省域城镇体系规划的指导下，江苏在遵循资源环境本底的基础上，依据区域发展的主体功能，组织编制了《苏南丘陵地区城镇体系规划（2014—2030年）》（以下简称《苏南丘陵地区规划》）和《苏北苏中水乡地区城镇体系规划（2015—2030年）》（以下简称《苏北苏中水乡地区规划》），对以生态空间治理为主导的跨界协调规划进行了积极的探索。本节以江苏两个生态开敞地区的跨界协调规划为例，认为以生态空间治理为主导的跨界协调规划需要重点关注以下五个方面的内容。

6.4.1 明确区域绿色发展的刚性约束

江苏两大生态开敞地区生态资源丰富，如江淮生态经济区，这其中镶嵌着洪泽湖、骆马湖、里下河腹部地区湖泊湖荡、白马湖、高邮湖、邵伯湖、宝应湖7个较大湖泊，《江苏省湖泊保护名录》确定的13个省管湖泊一半以上集中于此。该地区"七湖"镶嵌，"两河"（淮河、京杭大运河）纵横，河网密布，生态良好，很好地展现了江苏的水乡生态特征。正如时任江苏省委书记李强在首届江苏发展大会主旨演讲时特别指出的："江苏依水而生，也因水而兴。水滋润了沃土，也造就了人。一代又一代的江苏人，以海纳百川的胸怀、水滴石穿的韧劲、奔腾不息的力量，在这片土地上书写了中华文明的灿烂篇章。"因此，以生态空间治理为主导的跨界协调规划应重点明确区域绿色发展的刚性约束。

如《苏南丘陵地区规划》提出要积极保护山水资源，优化区域生态格局。如逐级落实禁、限建区管控，强化区域生态本底保护；积极推进宜兴、溧阳南部和茅山等山体保护，石臼湖、固城湖、长荡湖、滆湖、白马湖等湖泊、湿地等生态修复，不断优化区域生态格局，实现在发展中保护。《苏北苏中水乡地区规划》则重点提出水面、农田和生态空间的比例是"七湖"水网地区绿色发展的最关键指标，建议明确规定区域内超过75%乃至80%的面积为永不建设的永续绿色开放空间，区域内所有湖泊、湿地均需严格保护，环湖滨水地带至少保持纵深100m为公共开放空间，同步构建风景绿道、健身步道和生态廊道，其他空间应主要保持为高效农业空间和生态空间。

尤其是在保护区域生物的多样性方面，《苏北苏中水乡地区规划》提出要塑造"鸟类天堂、鱼趣乐园"（图6-4）。如果说苏南的太湖地区是历史上形成的"人居天堂"，那么江北的"七湖"水网地区则具备构建未来"生物多样性天堂"的极大潜

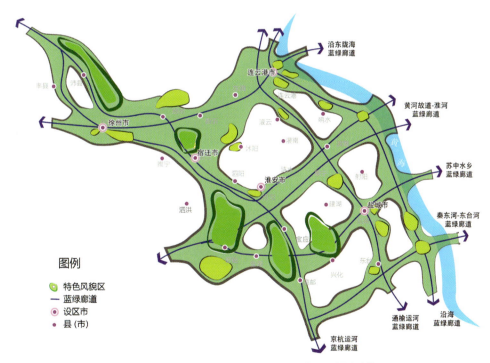

图6-4　苏北苏中"七廊串珠，五湖共治；绿中缀城，生态开敞"的区域生态格局
（资料来源：江苏省城镇化和城乡规划研究中心，2016. 跨界联动，特色发展——江苏省域空间相关情况和发展思考［Z］.）

力。该地区具有万亩水杉林、荷花荡、芦苇荡等特色植被区，也是大鸨、东方白鹳、黄嘴白鹭等珍稀水禽以及河蟹、青虾、河蚬、银鱼、湖鲚、沙塘鳢等特色优质水产的栖息地。规划提出要加强湿地生态环境保护，加强水生植被恢复，保护动物物种迁徙廊道，构建生态廊道和生物多样性保护网络，将科普、环保与旅游相结合，塑造"鸟类天堂、鱼趣乐园"。

《苏南丘陵地区规划》还提出要严格生态红线区域的环境准入，强化生态监管，提高生态产品供给能力，其中，一级管控区域禁止一切资源开发利用活动，二级管控区域严格限制有损生态功能的资源开发利用活动。明确了自然资源开发利用的底线原则和容量原则：一是底线原则，严守苏南丘陵地区山、水、田等生态资源底线，控制区域发展的生态本底，不降低现有生态资源总量和质量，为区域发展提供重要保障；二是容量原则，根据山、水等自然资源特色引导开发利用方向，严格控制资源开发利用强度和范围，控制游客数量在景区、景点承载力范围以内，提高环境准入标准（图6-5）。

图6-5 苏南丘陵地区生态保护与利用规划图
（资料来源：江苏省城市规划设计研究院，江苏省城镇化和城乡规划研究中心，2015. 苏南丘陵地区城镇体系规划（2014—2030年）[Z].）

6.4.2 注重区域特色资源的联动开发利用

生态开敞地区的首要任务是保护生态资源，但这些资源如何体现其价值，在保护中联动发展，也显得尤其重要，需要在跨界协调规划中予以明确，推进区域生态产品实现其价值。这一类型的规划需要重点提出生态开敞地区（尤其要重视生态资源和特色资源）的开发、保护利用，要坚持持续利用原则，立足区域资源特色，选择具有开发基础且有较大潜力的种类进行利用，同时考虑自然资源的保护与改造，注重开发利用经济效益的同时兼顾生态效益和社会效益。还要坚持差别利用原则，将自然资源与人文旅游资源相结合，充分考虑区域统筹协调和区域差别化利用。针对山、水、农田等不同类型资源的自身特色，合理引导差别化的开发利用方向。对同一类型的自然资源，结合功能特点和市场需求，明确差别化的控制引导要求。并通过积极建设蓝绿网络，彰显大地景观特色。

《苏南丘陵地区规划》提出建设环太湖、环洪泽湖等区域风景路和滨水蓝道网络，串联区域绿地、特色镇村、历史遗存，形成融合环保、运动、休闲和旅游等多种功能的蓝绿休闲空间，优化区域生态环境和景观格局，提高居民生活品质，促进经济发展方式转变。在产业方面，依托自然资源，探索绿色发展路径，以"绿色高效、富民增收"为原则，依托特有的自然生态和历史人文资源优势，优先发展休闲旅游业、全产业链农业、传统文化产业和健康产业等特色产业。如无锡宜兴龙池山自行车公园充分利用现有茶园、竹海、水库等生态旅游资源，打造集自行车运动、山水风光特色为一体的主题公园。

另外，《苏南丘陵地区规划》还提出要探索产业差别发展的路径，转变传统单一以制造业发展为主导的产业模式，加快建立立足生态优势的高效低耗、三产融合的六次产业发展模式，推动苏南丘陵地区以产业转型支撑功能转型。积极融入长三角的产业分工与合作体系，构建与苏南沿江城市带地区差别化的产业体系，实现产业融合；苏南丘陵地区内部重点在县（市）城区和重点城镇发展高新技术产业体系，其他地区构建以"六次产业"和旅游业为主导的产业体系。积极依托苏南丘陵地区丰富的自然生态与文化休闲资源优势，优先发展具有地域特色的现代农业、休闲旅游、乡村旅游以及健康产业和创智产业（图6-6）。

《苏北苏中水乡地区规划》则强调要联合塑造跨区域地理标识品牌。苏北苏中水乡地区农业和生态资源丰厚、非物质文化遗产多样，有盱眙龙虾、高邮咸鸭蛋、洪泽湖大闸蟹、淮安大米、宝应莲藕等优质产品，但知名品牌较少、附加值较低，尚未发挥显著的富民效应。规划提出要充分利用良好的生态环境和文化资源，在做

图6-6 苏南丘陵地区旅游规划图
(资料来源：江苏省城市规划设计研究院，江苏省城镇化和城乡规划研究中心，2015. 苏南丘陵地区城镇体系规划（2014—2030年）[Z].)

好既有地理标识品牌文章的同时，推动跨区域联合打造区域知名地理标识品牌，如里下河"水八鲜"系列农产品、洪泽湖"三宝"水产品系列、运河"六雅"文化产品系列、"江淮十绝"手工艺品系列等。通过系统性的品牌策划、组织、包装、宣传，放大生态的富民效应，带动农业附加值的提高，也使得传统手工技艺焕发当代活力。如淮安台湾农民创业园以优质农产品生产为基础，突出农业实用技术研发和示范推广，充分发挥农业生产和休闲观光的功能。

6.4.3 重塑生态空间与城镇空间的空间格局

以生态空间治理为主导的跨界协调规划，应积极关注分布在广大生态开敞地区的特色镇村，一方面是要引导城镇点状集聚发展，避免城镇连片蔓延对生态空间的侵蚀，另一方面要积极推动城镇特色发展，建设美丽县城、培育特色小城镇，有效提升城镇功能，实施绿色空间战略。

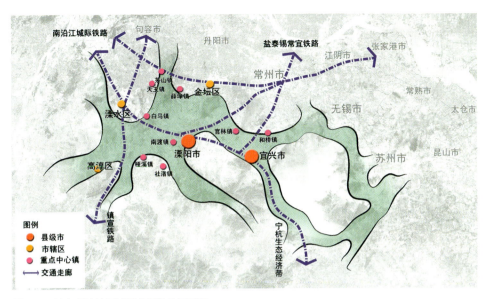

图6-7 苏南丘陵地区城镇空间结构示意图
(资料来源：江苏省城市规划设计研究院，江苏省城镇化和城乡规划研究中心，2015. 苏南丘陵地区城镇体系规划（2014—2030年）[Z].)

《苏北苏中水乡地区规划》提出在保护塑造"七湖"水网地区绿色本底的同时，要同步彰显多彩大湖湿地、缤纷田园风光，加强对历史文化名城名镇、特色村落、非物质文化遗产、乡土文化等的内涵挖掘，培育码头镇、界首镇、垛田镇、缸顾乡、闵桥镇等一批点状分布、具有桃源意境的特色小城镇，并根据《江苏省特色田园乡村建设行动计划》，引导各地加快建设一批具有桃源意境的特色田园乡村，使其既与绿色本底有机镶嵌，又能够成为改善地区公共服务和百姓人居质量的重要基点。

《苏南丘陵地区规划》提出要根据苏南丘陵地区集约发展、特色发展的要求，提高区域内各城市的发展质量和综合实力，按照"全域旅游"的理念，提升对周边区域的服务、带动功能，统筹协调城市发展定位与功能，实现区域发展水平的整体提升。依托地形地貌和历史人文条件，充分利用丰富的特色村镇资源，优先打造生态休闲、现代农业、传统手工业等特色村镇，延续传统乡村文化脉络，建设乡土风情浓郁、个性特色突出、环境优美宜居、现代化的地域风情乡村（图6-7）。

6.4.4 统筹协调区域各类跨界基础设施布局

《苏北苏中水乡地区规划》重点提出要针对区域交通设施与城镇发展协调不足、重要跨界地区协调发展不足、基础设施共建共享不足的问题，推进多层次的区域协调。对外应积极促进毗邻地区交通设施资源共建共享与网络一体化发展；加强生态环境保护与治理跨界协调，以里下河湿地修复为重点，加强与盐城市、建湖县的协调联动。内部应推进区域轨道交通线路和场站落地，协调干线公路通道布局；推进环洪泽湖、高邮湖、白马湖、里下河等重要跨界地区的协调联动；统筹区域基础设施，实现供水、污水、环卫等设施的共建共享，统筹区域输电、输气、输油等管线的空间布局，实现管道走向最优化。

《苏南丘陵地区规划》明确要促进跨省关系协调，加快省际综合交通体系衔接，促进跨界产业和旅游合作，完善水生态环境跨界治理。尤其是要重视与都市圈特大城市协调，在产业协作发展、基础设施衔接和城市功能协作等方面重点开展，如在交通方面，高淳、溧水对接南京都市圈构建现代交通体系的要求，通过机场、高速公路、干线公路、城际轨道交通形成贯通南北的综合运输通道，重点建设市域轨道交通S1、S7线；金坛全面对接常州中心城区综合交通网络和基础设施网络建设，强化常州市域轨道交通向南、向西的延伸，衔接溧阳城区；宜兴重点通过建设泰锡宜、泰常溧宜兴支线等城际轨道，加强与无锡、常州中心城区的联系。

6.4.5 探索创新绿色发展的考核激励机制

实施差别考核，凸显主体功能引领。按照主体功能定位，凸显绿色发展要求，积极完善区域目标考核机制。在生态文明建设的背景下，应重点树立"绿色GDP"的理念，重视人均发展指标，弱化对经济总量规模的考核，突出对生态建设和环境保护、提升民生水平的重要作用，强化对经济结构、资源消耗、民生保障、质量效益以及相关领域的自主创新等的综合考核。

《苏北苏中水乡地区规划》提出的绿色发展和"少建设"，相当于把不少发展权转移给了"1+3"功能区战略构想中的扬子江城市群、沿海经济带、淮海经济区等其他区域，得到的是全省生态环境品质的整体提升。因此，需要在省级层面构建基于"空间发展权转移"的跨区域财政转移支付制度，探索将全省其他地区的增长与苏北苏中水乡地区的绿色发展联动起来。跨区域财政转移支付制度的实施，要与绿色发展的考核机制紧密关联，将绿色空间管控、基本农田保护、生态治理与修复、绿色产业发展、富民增收等方面列为市县的重点考核内容。通过建立行之有效的激励机制，使得绿色发展和生态保护成为市县镇自身的内生动力。

《苏南丘陵地区规划》明确提出了目标考核机制和财政转移支付：一是强化政府绩效管理，优化考核体系。城镇发展地区应弱化对经济总量规模的考核，强化对经济结构、资源消耗、自主创新、民生保障、质量效益、城镇承载力以及相关领域的自主创新等的综合考核；生态保育区与山水旅游发展区应突出对生态建设和环境保护、提升民生水平等的考核。二是健全规范省级财政转移支付制度，完善县（市）级基本财力保障机制，增强基层政府提供基本公共服务能力，促进基本公共服务均等化。鼓励以水利、交通等民生扶贫工程方式加强对茅山老区的财政扶持。逐步建立生态补偿转移支付机制，加大对禁止或限制开发区域的财政转移支付，继续完善生态保育地区环境资源补偿制度，鼓励各地区开展多种形式的生态补偿工作。

第7章

实施协调层面的跨界协调规划

《中共中央 国务院关于建立国土空间规划体系并监督实施的若干意见》（中发〔2019〕18号）明确了市级、县级和乡镇级国土空间规划作为实施性规划，是对全国国土空间规划的战略性内容和省级国土空间规划的协调性内容进行落实。同时也需要在省－市、市－县、县－镇不同层面间，嵌入跨界协调内容，将战略层面的跨界协调中关注的底线管控和价值创造相关的约束和引导框架性内容，按照"结构－规划－空间"的线性传导路径，在不同的空间层次上予以落实，并通过跨界行动实现一体化项目落地。

实施层面的跨界协调规划相较于战略层面的跨界协调规划，更关注空间本身。作为一个相对完整的空间单元，以功能性联系为基础划定的协调范围极有可能存在多种跨界情况，即存在不同层次的跨界次区域。基于因地制宜的原则，跨界协调制度的设计必须有针对性地研究这些次区域。因此，需要在跨界协调范围内，依据不同跨界区域发展的特征和趋势划分协调单元，并以协调单元作为跨界协调机制设计的最小单元进行各种制度设计和安排（罗震东 等，2009）。

总体上，跨界空间单元包括跨地级市全域、接壤沿线地区、城镇组团地区三个层次，关注的重点可从全域整体统筹层面的结构性布局到接壤沿线地区的综合协调事项细化，再到城镇组团地区的重点事项实施和开发建设。

7.1 实施层面的跨界协调规划内容

一是开发与保护的总体空间格局。改变传统的城镇间相互竞争的发展格局，从追求区域整体价值最大化的角度，明确整体的发展导向以及区域内部城镇间各自承担的职责内容，以此形成建设空间与生态、农业空间之间的全局性协调。这一方面内容更多地在跨地级市全域这一空间单元进行整合研究，如京津冀地区以疏解北京非首都功能为"牛鼻子"推动京津冀协同发展，调整区域经济结构和空间结构，推动河北雄安新区和北京城市副中心建设。

二是战略性资源的统筹布局。在区域价值认同构建整体格局的基础上，对区域内最具开发与保护优势的资源进行统筹整合和区域内再布局，包括产业、重大交通基础设施、蓝绿网络、特色乡村等，这一方面内容更多地需要在跨地级市全域和接壤沿线地区这一空间单元进行统筹考虑。如粤港澳、京津冀、宁镇扬等地在不同尺度提出构建区域创新走廊，将创新链、产业链、价值链在地融合，实现产业创新价值最大化。

三是中心城市结构体系和空间规划的协调组织。从区域整体视角，协调区域内中心城市间的职能分工、规模等级，形成适合区域发展阶段和发展特征的单中心、双中心甚至多中心组团的发展结构体系，以引导有限的资源能够投放到可发挥最大价值的空间引擎中。同时，需要协调引导中心城市空间拓展的形态和方向，以引导相互间有效实现功能互动。这一方面内容主要在跨地级市和接壤沿线地区中有所关注。

四是跨界重点板块的建设引导。重点聚焦跨界通勤频繁、产业联系密切、生态功能完整等空间直接临近的板块，对其建设用地功能协调、路网衔接以及生态空间的联合保护与创新利用等方面进行建设引导。如港深落马洲河套地区，聚焦跨界功能统筹，通过临界地区特色发展弥补香港土地资源不足的短板；开（原）清（河）空间协调，清河区是铁岭市城区的飞地，与开原市城区紧邻，开原市区的商业、居住用地与清河区工业用地直接相邻，需统一规划都市农业区、工业园区，协调建设用地发展布局（刘志虹 等，2007）。这一方面内容主要在跨界城镇组团这一空间单元中得以协调解决。

跨界协调的重点内容除上述几方面内容外，根据不同地区自身发展的实际情况，其内容覆盖的广度和解决的深度也会有所丰富和延伸。

7.2 跨地级市空间发展格局协调规划

这一类型主要以空间直接临近的两个及以上的地级市作为跨界协调单元。跨地级市空间单元内部包含空间直接相连以及非空间相连的若干镇级、区县级单元，其发展诉求内容层次更加多元，在区域发展格局中，表现出相互间的竞争大于竞合关系，呈现出非公平性、非规范博弈性特征，对社会资源的垄断和争夺难以形成区域整体整合发展的氛围。因此，在当前国土空间规划体系中，市级国土空间总体规划在落实全国国土空间规划纲要中的战略性内容和省级国土空间规划中的协调性内容的基础上，还需要更加聚焦空间层面，重点解决资源和能源、生态环境、公共服务设施和基础设施、产业空间和邻避设施布局等区域协同的实施性问题。然而，跨界协调的内容作为规划篇章，仅能展开结构性的协调引导，难以构建持续性的平等对话平台，跨界协调难以真正得以实施解决。因此，需要在省到地级市层面嵌入独立编制的规划或研究，对全域涉及社会、经济、生态、城镇建设的整体利益进行综合性判断，明确各个城市在区域内的职能分工和空间形态，提出战略性和底线性的跨界协调事项，提前消解城市间的认知差异和矛盾冲突，以指导市级国土空间规划区域协调的内容，形成1+1>2的区域共赢态势。

规划以"同城化""一体化"为思想内涵，从空间共构、功能共生、产业共谋、设施共建、环境共治等方面将战略层面协调的内容转化为空间层面的结构性引导，协调形式以独立编制的发展规划、战略规划为主，如从早期的沈抚同城化、西咸一体化、广佛同城化以及宁镇扬同城化等地方规划实践，到如今的《宁镇扬一体化空间协调规划》《成德同城化空间发展规划》等新的规划实践。

本节选取《宁镇扬一体化空间协调规划》(本节简称《规划》)作为跨地级市空间发展格局协调规划的案例，对跨地级市协调关注的重点内容加以阐释。虽然《规划》编制早于国土空间规划体系的建立，但其提出的空间布局、产业空间、轨道交通等方面内容已纳入各市级国土空间总体规划，并上升至2021年国家发展改革委批复的《南京都市圈发展规划》，协调内容已然成为地方行政共识，对于后续省与市之间的编制规划具有借鉴参考意义。

宁镇扬地区即江苏省南京市、镇江市、扬州市，地处长江中下游、江苏省最西部，是南京都市圈的核心组成部分。自2002年扬州市委市政府提出"宁镇扬"构想以来，宁镇扬三市从旅游合作、行业协会、商会合作等起步，随后编制了同城化发展规划，设立了联席会议制度，根据框架协议持续推进各类合作行动开展。2016年江苏省第十三次党代会再次对宁镇扬一体化作出战略部署，明确提出"发挥南京特

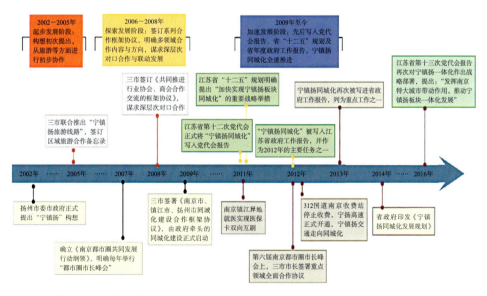

图7-1 宁镇扬一体化治理发展历程

(资料来源：江苏省城镇化和城乡规划研究中心，2017. 宁镇扬一体化空间协调规划［Z］.)

大城市带动作用,推动宁镇扬等板块一体化发展"(图7-1)。同年,江苏省住房和城乡建设厅组织编制了《宁镇扬一体化空间协调规划》,从城镇、公服、交通、产业、生态、特色等方面提出宁镇扬一体化行动建议。

7.2.1 明确城乡空间整体格局

在地方本位主义思想下,由"正"外部性不愿分享利益,"负"外部性不愿承担责任所导致的区域内地方政府之间的重复建设和恶性竞争,引发了大量的资源浪费、环境污染与破坏等问题,这不仅不利于资源的最优化利用,而且与经济、环境、资源的可持续发展相违背(张成福 等,2012),由此导致在传统的空间规划中,空间格局多呈现以地方中心城区或重要开发平台为核心的向心式发展,由此也致使基础设施衔接、公共服务供给等方面的不协调,影响区域的整体价值实现。同时,跨界地区常常是城市总体规划实施管理的边缘和薄弱地区,市场机制作用下,产业布局和基础设施建设等方面缺乏协调,导致城镇建设混乱,造成环境保护能力较薄弱和环境质量偏差。

因此,跨地级市层面的整体空间协调的重点首先是重新判断地区在广域关联尺度研究区域发展中的比较优势和关键性问题,重新审视各行政区的价值,将优势互补的资源进行整合,以实现地区间发展合力。如《规划》从长江经济带、长三角层面分析得出宁镇扬是长江经济带承东启西、承南继北的重要节点,是携领扬子江绿色创新发展的龙头区域。通过大数据和传统数据分析,提出宁镇扬存在中心城市南京区域竞争力不足、区域产业联动转型动力不足的问题,因此提出强化江北新区发展核心作用,共同构筑"绿色开敞、紧凑城镇、网络协同"的空间网络格局。共同塑造生产空间集约高效、生活空间宜居适度、生态空间山清水秀的宁镇扬黄金水岸,推动江北新区和南京主城共同引领南北沿江融合发展,形成携领扬子江城市群的龙头区域。推动宁镇扬跨界组团协同建设,为宁镇扬区域创新转型发展培育新载体,提升宁镇扬整体协同竞争力。

其次,转变传统规划中行政单元内中心城市的向心性空间结构理念,需要从整体发展效益最优这一出发点着手,系统研究区域中心城市发展能级、区域通勤结构趋势以及"就业—居住—服务"的时空分布特征,结合趋势和战略意图,谋定区域发展的一体化格局。如《规划》对区域内三类内容所涉及的社会、经济、人口、设施等方面在空间和时间上的分布进行研究,才能更清晰地识别一体化的重点地区和潜力地区,提出构筑"绿色开敞、紧凑城镇、网络协同"的空间结构的发展策略,构建"核心—

紧密圈层－廊道－跨界组团"的城镇空间格局网络。明确南京主城与江北新区作为宁镇扬区域发展的双重引擎地位。强化紧密圈层的一体化发展，构建多层次交通网络，构筑区域发展轴带和跨江廊道，疏解核心城市功能，增强节点城镇服务能力。共培六合－仪征、龙潭－下蜀－高资、仙林－宝华、汤山－句容－黄梅、湖熟－郭庄等五个跨界特色组团，强化创新、特色等多样化功能联系，统筹优化城乡用地，促进城乡空间等值化、特色化发展，形成区域转型升级和创新发展新载体（图7-2）。

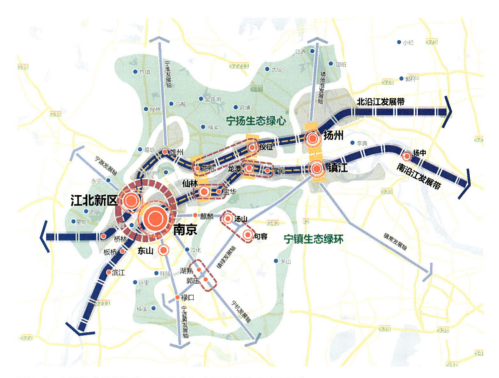

图7-2 宁镇扬"绿色开敞、紧凑城镇、网络协同"的空间结构
（资料来源：江苏省城镇化和城乡规划研究中心，2017. 宁镇扬一体化空间协调规划［Z］.）

7.2.2 搭建一体化产业协同空间（廊道）

随着经济全球化步伐的加快，城市间的产业竞合关系逐渐上升为城市区域间的产业竞合，因此地域临近、资源相似的城市需要通过近域合作，扭转产业结构趋同、层次梯度体系难以形成的局面，这也是城市群、都市圈治理将产业合作摆在重要位置的逻辑所在。但事实上，大城市面临土地短缺、中小城市企业吸引力不足等困境，难以使产业在其发挥最大价值的空间内落地。

因此，跨地级市的产业空间协调首先需要在梳理区域内的产业资源类型、关联度和分布情况的基础上，明确可一体化整合的空间廊道，引导既有资源和未来产业资源向该空间集中集聚，以实现对区域内的资源进行有效整合。如《规划》分析了区域内的高校、科研机构、众创空间、高新技术企业等创新和产业载体空间分布情况，以及不同载体之间的产学研合作的总体情况，提出围绕宁镇间城镇密集地区，跨界培育G312区域创新走廊，围绕宁扬跨界地区广袤开敞空间，跨界培育现代农业硅谷。其中，G312区域创新走廊纳入2021年国家发改委批复的《南京都市圈发展规划》，推动南京和镇江两市科技与城市融合发展。

其次，需要进一步明确综合服务、科教研发和规模生产不同版块，引导功能分工、空间组织形态等方面，以实现产业链、创新链和价值链的多元产业协作空间载体的差别引导和功能空间融合。如围绕G312区域创新走廊差别引导沿江产业空间、产学研创新空间和开放创客空间三个层次片区发展（图7-3），整合和串联校区、园区、社区、景区等多类型创新空间，形成高校科研院所、龙头企业与小微企业协作，纵向产业体系与横向产品间合作，集科技研发、成果转化、规模生产为一体的空间格局。围绕现代农业硅谷，差别引导农业研发区、高端农业观光试验区、现代农业种植区，引导农业高校和科研机构、涉农高新技术企业在现代农业硅谷布局，发展科技农业生产与研发、农副产品加工以及郊野生态休闲旅游业。

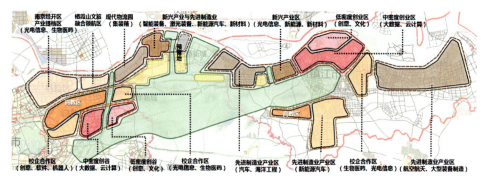

图7-3　G312区域创新走廊创新空间布局引导图
（资料来源：江苏省城镇化和城乡规划研究中心，2017. 宁镇扬一体化空间协调规划［Z］.）

7.2.3　协调构建复合型交通廊道网络

城市间功能联系密切势必会带来大量的人流、物流和信息流，因此需要构建内外通达、多式联动的通勤网络。但在通勤廊道选线和站点设置方面，传统空间规划中自下而上的空间诉求当跨行政区后便存在衔接不畅，甚至相互打架的问题。

因此，跨地级市的协调规划将多种情景的廊道线路、轨道制式、站点位置统一呈现在规划中，从整体价值最大化的角度评判不同情景的优劣势，从而构建多样的通勤网络。如北沿江高铁（宁扬段）廊道整体走向上，从城市建成区中间穿越、建成区边缘绕行以及远离建成区均会对城市未来开发建设产生不同影响。国家铁路集团有限公司、南京和扬州市规划和交通部门等均有符合自身预期的线型诉求，但从区域整体效益出发，项目投资、枢纽站点的能级均会对线路廊道选线进行调整（表7-1）。此外，对宁扬－宁马城际铁路、镇宣铁路等枢纽间联系通道空间走向和建设时序进行协调，对南京地铁S5号线和S6号线、南京仙林东－宝华轨道交通以及仪征－禄口高速公路等公路网的具体线位进行优化调整。其中，研究提出的镇宣铁路接入南京方案，转变为宁黄高铁，与研究提出的加快实施宁扬－宁马城际方案一起，最终纳入南京铁路枢纽总图规划。

北沿江高铁方案（宁扬段）比选 表7-1

方案	走向	优势	劣势
北线方案	南京北站－六合西站－仪征站－扬州东站－泰州方向	形成双客站格局，便于铁路运营；扬州成为宁镇扬东门户，便于苏北方向通过连淮扬镇铁路接入北沿江后直达上海	南京－扬州段铁路线形不够直顺；无法利用连淮扬镇铁路顺接北沿江至南京
南线方案	南京北站－六合西站－仪征站－扬州南站－扬州东站－泰州方向	南京－扬州段线形较直顺，利于铁路高速运行；可借助扬州东站实现与连淮扬镇的高邮、淮安方向顺接，有助于提升南京首位度，增强区域辐射力；南部设置扬州南站可带动扬州南部地区发展	苏北方向无法通过扬州枢纽顺接直达上海；铁路方面面临三客站运营组织情况，不便于运能运力充分发挥

资料来源：江苏省城镇化和城乡规划研究中心，2017. 宁镇扬一体化空间协调规划[Z].

7.2.4 塑造统一的自然山水格局和特色魅力空间

针对区域生态资源的生态格局不完整、重要生态廊道保护标准不统一、山水风貌不协调、特色资源碎片化等问题，跨地级市的协调规划重点关注塑造统一的自然山水格局。通过整治黑臭水体，修复山林植被，统筹实施山水林田湖的生态保护和修复工程，构建生态廊道和生物多样性保护网络，提升森林、河流、湿地等自然生态系统稳定性和生态服务功能。如《宁镇扬一体化空间协调规划》提出构建"两心六廊"的区域生态空间体系格局。共塑宁镇生态绿环和宁扬生态绿心，实现绿环和绿心地区"一张图管理"。明确土地用途、红线管控区域、产业引导政策等，重点推动宁镇跨界地区山体生态环境整治和生态恢复工作。明确对区域生态格局完整性具有重要意义的六条区域生态廊道，对不同廊道内的山体、水体、湿地的生态修复、隔离以及保护，在既有规划基础上提出了相互差异、内部统一的管控。

其次，塑造一体化的特色魅力空间。通过精致培育形成山川、森林、湖泊、浜荡、洲岛、海滨、农业等多样化的大地景观，体现出区域的山、水、林、田、湖的美和魅力。同时，以特色城镇、美丽乡村和特色景观资源联动发展为切入点，优选具有较高的空间完整度、资源集中度、要素复合度和景观可塑性强的地区作为当代城乡魅力特色区，通过规划引导、建设示范、精心培育、联动塑造，形成展现诗情画意的人居新空间和百姓宜居宜业宜游的美好家园，放大城乡魅力特色空间的示范效应。如宁镇扬重点打造"枣林湾－龙袍魅力特色区"等16个美丽城乡魅力特色区，以魅力特色区的建设引领美丽田园乡村塑造，推进城乡融合发展。

7.2.5　重点毗邻空间的识别和功能引导

跨地级市的一体化规划明确的整体格局、产业协同空间、复合交通廊道网络以及山水格局和特色空间等空间格局需要在重点地区层面转化为政府和部门行动的项目库和清单，因此需要精准识别协同重点毗邻空间，明确其在一体化发展中的角色定位，引导区域的大中小城市和重点毗邻空间的小城镇在居住功能上的多样化发展及相互之间的联系与协作。在毗邻空间内通过空间、功能、设施、政策统筹来促进居住空间和供给均衡发展，疏解中心城市居住和房价压力。同时，结合毗邻空间内新城、新镇布局，引导创新型、特色型产业向外围布局，实现产居平衡。在外围科教、产业和生态资源的特色点，建设科技研发、创新创业、生态居住相融合的特色专项功能性空间。

如宁镇扬地区明确了六合－仪征、龙潭－宝华－下蜀－高资、仙林－宝华、汤山－句容－黄梅、湖熟－郭庄等一体化跨界城镇组团，通过生态环境共保、优势产业协作、公共设施共享、跨界"断头路"贯通共建、地域特色风貌共建等举措，形成一批宁镇扬地区生态绿色一体化发展先行示范区。同时建立实体化运作的宁镇扬一体化办公室，由办公室具体推进宁镇扬跨界协调事务，重点组织编制和推动实施跨界城镇组团的国土空间规划，明确空间战略、区域协同和底线管控原则，推进毗邻空间的高质量发展。

7.3 接壤沿线地区空间使用协调规划

这一类型以"界"两边直接接壤县（市、区）作为跨界协调单元。接壤沿线地区跨界协调的矛盾最为突出，主要包括接壤沿线地区的生态开敞空间、城镇空间、产业发展的功能配置和空间规模形态，区域交通廊道的选点和站点、邻避设施布局以及道路交通等衔接和实施时序问题，以及空间管控与规划、利益（金融、土地、财税等）分配、自治组织体系及对话与协商、共建共享与社会治理等问题。在当前国土空间规划体系下，县级国土空间是实施性规划，要在空间层面上对市级国土空间总体规划的发展以及底线方面的空间引导性要求内容进行细化落实。虽然当前市级国土空间总体规划会在跨界协同和规划传导篇章中，对接壤沿线地区的使用协调予以引导，但协调内容从覆盖度和深度上不能完全地反映接壤沿线地区的真实问题和诉求，需要在市—县之间介入"接壤沿线地区空间使用协调"的规划内容对重点事项予以协调引导。

规划协调形式既包括独立编制的区域规划、国土空间规划、规划研究，如独立编制的跨县（区）级区域规划——京津冀协同发展背景下的通州区与河北廊坊市北三县共同编制跨区域规划，独立编制的规划研究——《江苏临沪地区跨界协调规划研究》，以及独立编制的国土空间规划——《长三角生态绿色一体化发展示范区国土空间规划（2019—2035年）》；也包括作为章节出现的规划内容——《上海大都市圈空间协同规划》中的10个协作示范区等。

本节以临沪地区相关规划作为案例，对接壤沿线地区空间使用协调规划所关注的重点内容加以阐释。临沪地区是江苏、浙江与上海在陆地和海域边界接壤的城市单元，包括江苏省苏州市区、昆山市、太仓市、南通市区、启东市、海门市和浙江省嘉善县及平湖市。自1980年代始，临沪地区便在产业合作、交通互联互通和政务联系方面与上海进行了企业自发和政府主导相结合的协调合作（马素娜 等，2020），目前已逐渐发展成为长三角区域城镇化水平、经济发展水平、基础设施建设水平最高的区域，但也存在较为突出的跨界协调问题（表7-2）。2014年，以上海启动编制新一轮城市总体规划为契机，临沪地区相关城市也在开展新一轮城市总体规划编制工作，均提出了与上海协调发展的诉求。江苏省于2015年8月组织开展编制了《江苏临沪地区跨界协调规划研究》，希望以此进一步加大跨界地区协同发展的统筹力度。随后2019年《上海大都市圈空间协同规划》启动编制，经历多轮协调完善，于2021年5月形成最终成果。

临沪地区各县市（区）接轨上海的内容对比　　　　　　　　　　　表7-2

县市（区）	接轨历程	现状	目标	接轨战略
平湖市	1990年代初提出"接轨上海"；2003年提出"接轨上海，融入长三角"的发展战略；2008年提出"接轨上海"与沪同城；2016年提出《平湖市全面深化接轨上海三年行动计划（2016-2018年）》	5成游客来自上海，6成以上农产品供应上海，7成高层次人才引自上海，8成工业产品中转上海，9成项目源自上海	成为基础设施互联互通，公共服务共建共享的先行地；上海中高端产业的协作地；上海人才的创业地；上海市民休闲旅游的目的地；上海安全农产品的重要来源地	与沪同城
昆山市	1980年代与上海国有公司在昆联办企业；1990年代主动接轨上海；"十三五"规划提出"融入上海、配套上海、服务上海"	交通互联互通，产业关联度高，政务联系密切	着力打造承接上海溢出效应的新高地，大力推进转型升级创新发展	融入上海、配套上海、服务上海
太仓市	2003年提出接轨上海；"十一五""十二五"规划提出将接轨上海确定为核心战略；"十三五"规划提出"融入上海"发展战略	从产业合作向资本融合转变，从有形接轨向理念、形态双重接轨演进，从以工业领域为主向三次产业协调，经济社会共进拓展	与沪同城，使太仓成为上海全球城市市区域功能的重要组成部分	融入上海
吴江区	"十一五"规划提出"接轨上海，服务上海"；"十三五"规划提出"融入苏州，接轨上海，联动周边"	以市场为主，以政府推动为辅	融入苏州，接轨上海，联动周边	接轨上海、借力上海
海门市	2017年提出《海门对接服务上海"55580"行动计划（2017-2020年）》	截至2020年，海门共引进上海及通过上海引进的项目达60个，总投资近300亿元	55580：实施5大接轨工程，打造5大基地，实现5个80%的目标	跨江融合、接轨上海
启东市	2017年提出把启东建成上海"北大门"的"门柱子"，成立"启东市对接服务上海工作协调委员会"	"2468"的现状：全市20%的工业产品配套上海，40%的农产品供应上海，60%的游客来自上海，80%的投资源自上海	"1234"的目标：新签约产业项目100个，在沪举办各类招商接轨活动200场次，引进上海产业协作项目资金300亿元，年接待上海游客400万人次	参与、联动、服务
嘉善县	1980年代与上海的乡镇企业横向联合；"十二五"规划提出"融入上海"；2016年提出与上海金山区合作战略框架协议	创新合作模式，着力破解体制障碍；加大引进力度，全面提升产业融合水平；推进资源共享，民生工程合作显成效	上海溢出，嘉善承接；上海需要，嘉善配套；上海成果，嘉善转化；上海缺乏，嘉善供给	融入上海

资料来源：马素娜，范嘉诚，朱烈建，等，2020. 从接轨到融合——上海大都市毗邻区发展策略研究[J]. 城市规划，44（S1）：26-33.

7.3.1 优化衔接交通线位和设施布局

接壤地区所暴露的跨界交通问题较为突出，包括公路网和航道网衔接不畅、轨道系统层次缺失、城站耦合不佳、公交运营缺乏协调等方面问题。为此，接壤地区跨界协调规划能够相对准确地细化上位规划传导的交通走廊内容，从交通廊道与城镇建设、生态保护的现实诉求和矛盾中寻求平衡点，明确交通线位和站点空间落位。

第一，需要重点打通关键性通道问题。需要明确接壤地区交通联系的关键通道以及存在问题的关键节点，加强重大项目规划和项目前期工作衔接与沟通，优先打通缺失路段，畅通瓶颈路段，配套完善道路安全防护设施和交通管理设施设备，合力推进区域交通运输一体化发展进程，以推动接壤地区交通、产业、空间的互利合作。如江苏的临沪地区提出打通崇海大桥、北沿江铁路崇启西通等跨江通道，明确通道选址、建设标准和时序，充分预留沿海高铁通道的建设条件；重点推进沪通铁路一期和沪苏湖铁路建设，加紧落实沪通二期、北沿江铁路通道及接站方案，建议北沿江铁路经启东西侧跨崇明岛后分别经沿沪通通道和沪宁通道接入虹桥站。

第二，需要打通"断头路"。要统一明确"断头路"在功能、线位、标准和建设时序等方面的协调与衔接，形成一体化发展的城市道路网络格局。如《江苏临沪地区跨界协调规划研究》提出需要打通金阳路－宝安公路、锦淀公路－崧泽大道等横向断头路，沿沪大道－胜利路、集善路－青赵路等纵向断头路，以及玉溪路－新太路等道路衔接预控（图7-4）。

第三，需要实现接壤地区公共交通运输一体化。推进区域及城市交通资源协调与整合，创新城市公交运营模式，推进城际班线公交化运营，促进城市公交线路延伸和毗邻区域公交对开；协调区域综合交通枢纽布局，强化枢纽之间的快速通道建设，推动综合客运枢纽共享共用。如《江苏临沪地区跨界协调规划研究》提出重点推进太仓港站货运编组功能和用地预留，分担上海南翔站编组功能；完善机场枢纽、高铁枢纽以及轨道交通枢纽与城市客运站、旅游集散中心的直达运输服务对接。

第四，轨道交通建设需求旺盛或者建设水平相对发达的接壤地区，需要根据轨道交通对各市建设用地发展正负向影响进行分析，实现城市间轨道交通的空间线位和建设时序的衔接。如江苏省临沪地区，苏州市域S1支线与上海轨道交通11号线对接于嘉定站或嘉定西站、苏州市域S3支线与上海市轨道交通17号线对接于东方绿洲站。再如浙江省临沪地区，谋划联沪铁路新通道，包括沪嘉、沪乍杭、通苏嘉等铁路的建设；以沪平城际为依托建设沿海快速轨道交通走廊，并与上海市地铁网络做好衔接（马素娜 等，2020）。

图7-4 昆山市与上海青浦区道路对接示意图

(资料来源：江苏省城镇化和城乡规划研究中心，2015. 江苏临沪地区跨界协调规划研究[Z].)

第五，推进区域高等级内河骨干航道网建设，逐步完善支线航道，实现与上海的水路联通，例如浙江省临沪地区，推进长湖申线、平申线等长三角内河高等级航道网建设，形成水陆配套、海河联运的集疏运体系，扩大海河联运辐射范围，实现内河港与海港的无缝衔接。

7.3.2 明确生态空间网络及管控范围

生态约束与城镇发展矛盾冲突较大的接壤地区，在流域、湿地、大气环境等方面协调的问题尤其突出，直接制约着人居环境品质的提升。为此接壤地区的协调规划，通过统一生态廊道管理范围、调整能源结构、工业污染联合防治、建设行为的管控以及蓝绿网络线位落实，对上位规划中构建的生态廊道、蓝绿网络中的内容进行细化落实。

首先，在一体化生态网络方面，依托核心生态资源，整合水网、林网等，形成相对完整、覆盖完整生态要素的网络结构。如江苏临沪地区提出构建"两核两带，两片多廊"的区域生态安全网络，重点协调浏河风景区－嘉青太廊道、太浦河－黄浦江廊道、吴淞江－苏州河廊道对接，实现自然生态空间互联；重点保护淀山湖－元荡区域生态斑块。突出区域生态廊道的对接，预留沿长江、沿吴淞江等重要的生态接口，强化与主导风向平行的骨干河流的区域性通风廊道保护，逐步共建绿色、生态隔离走廊。在对资源整治的基础上依托风景路和蓝道塑造，协调利用区域资源。

其次，在生态资源保护利用方面，可以依托重要绿化、水系等生态廊道，建设区域风景路，串联沿线风景区、生态资源、特色城镇、美丽乡村等优质资源点。如江苏临沪地区与上海以崇明岛、环淀山湖、沿太浦河、沿吴淞江等地区为主，串联吴江同里、昆山淀山湖、周庄、锦溪、千灯、上海朱家角等水乡古镇，构建形成陆上区域风景路网络；串联太湖、淀山湖、太浦河、吴淞江、浏河的沿线景观节点，构建环淀山湖、太浦河、吴淞江、浏河等区域"蓝道"（图7-5）。

再次，通过规划明确管控范围，需要通过专项规划，结合上位规划确定的管控标准，明确管控范围。如《江苏临沪地区跨界协调规划研究》打破区域分割，实现共同保育。划定沿江、环淀山湖、环崇明岛、沿太浦河、沿吴淞江、沿浏河等重点空间的联防联治区；编制《环淀山湖－元荡地区保护总体规划》《长江岸线保护总体规划》，合作划定保护区和控制利用区，管控建立区域项目环境共建共批制度，协调项目环境准入标准，共同探索项目合作开发。再如《上海大都市圈空间协同规划》规划建设清水绿廊，将其划定为城镇段、农村段、郊野段，按照管理范围和管控区实施分段管控。

最后，统一管控标准，制定准入门槛和负面清单。对于区域内的企业进行管控，明确禁止和限制发展的生产工艺和产业目录。如江苏临沪地区重点推进太仓化

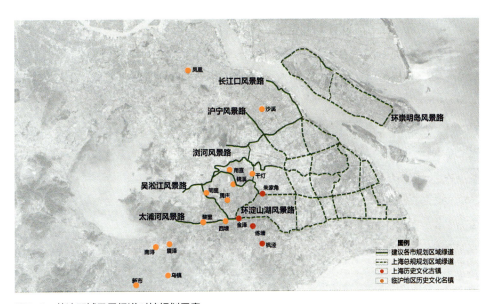

图7-5 苏沪区域风景绿道对接规划示意
（资料来源：江苏省城镇化和城乡规划研究中心，2015. 江苏临沪地区跨界协调规划研究［Z］.）

工园等化工园区大气治理，通过升级改造或清退，实现化工园区的精细化、绿色化发展，同时提出了环境治理和补偿标准方面的建议。

7.3.3 协调规划一体化城乡空间

由于各地发展阶段、发展动力以及治理水平存在差异，各地对于区域发展的价值认知不同，由此带来城乡空间的功能布局和空间形态存在冲突。为此，接壤地区跨界协调规划将各地的现状和规划进行叠加，识别矛盾冲突最严重或存在潜在矛盾的板块，协调和规范建设行为。

需要识别出接壤地区城乡土地利用现状中的空间拓展方向、空间组织形态、用地性质衔接问题。如《江苏临沪地区跨界协调规划研究》将临沪地区和上海的现状建设用地进行拼合，通过分析现状建设用地的空间形态，研判接壤地区城镇空间的总体态势以及需要重点协调的空间分布，识别出临沪地区沪宁轴线上建设用地集聚、各类空间要素联系紧密、需要重点协调的板块。

如各地对环淀山湖地区的价值认识方面，昆山市希望建设环湖轨道交通，打造成为实施严格保护的生态示范区、融合传统与时尚的水乡文化区、品味慢生活方式的休闲度假区和发展生态友好产业的绿色经济区；吴江区和太仓市分别希望建设汾湖高新区、太仓科教新城、太仓港开发区、浏河长江口旅游度假区等。《江苏临沪地区跨界协调规划研究》将其作为重点协调板块，从产业、生态、交通三个方面提出将其打造成为水乡文化区和生态休闲度假区的若干建议。

再如在《上海大都市圈空间协同规划》中，围绕卓越全球城市区域建设目标，分层引导高等级教育、医疗、文化、体育设施的提升与布局优化。

7.3.4 统筹区域邻避设施和安全防灾防护

针对接壤地区的垃圾处理厂、农贸市场、饲养场等邻避设施对周边建设开发产生负面影响以及对周边居民生活造成污染的问题，协调规划需要统筹布局区域环卫设施、统一防护标准、共建共享区域基础设施以及制定完备的保障体系和应急机制。

首先，一体化布局邻避设施，并制定统一的防护标准。如《江苏临沪地区跨界协调规划研究》对苏沪交界地区的垃圾处理厂、农贸市场、饲养场等进行整治，同时对上海市及临沪地区邻避性建设内容的防护标准进行统一研究，对邻避性建设内容进行统一布局规划；推进嘉定区垃圾残渣填埋场的封场与生态环境修复；积极探索垃圾处理设施的区域共享与跨省处理，将昆山、太仓的部分垃圾运送至青浦垃圾填埋场、嘉定垃圾焚烧厂进行处理的合作方案。

其次，协同保护区域灾害安全，尤其是防洪排涝方面的安全问题。针对城市防洪排涝等水利安全协调不一的问题，规划提出协同加大水源地保护和建设力度，保护区域水源地水质安全。如《江苏临沪地区跨界协调规划研究》提出统筹实施太仓浏河第二水源地、太浦河清水通道、浏河清水通道工程，研究太仓浏河第二水源地建成后向上海供水的可行性；探索建立临沪地区与上海的水源地联动及水资源应急机制，完善应急措施；协调泄洪通道排涝设施建设，加快协调吴淞江、太浦河、浏河等区域排涝水系的泵闸建设，协调保障太湖及城市防洪排涝河道畅通，保障城市防汛安全，完善区域防汛工程体系、预警预案体系、信息保障体系和抢险救援体系。

再次，探索补偿和协商机制，主要包括因生态保护而采取关停、整治企业的员工补偿以及由此带来的经济损失方面的补偿协商内容。如《江苏临沪地区跨界协调规划研究》建议由江苏与上海双方协商共建专项基金，对临沪地区各城市提交的污染治理项目计划进行合理的生态补偿，统筹安排环境治理、企业关停及员工补贴资金。重点制定太湖、淀山湖、吴淞江、太浦河、浏河等流域的水环境治理补偿方案，提升各城市保护区域生态敏感空间、改善区域生态环境的积极性。

7.4 跨界城镇组团空间建设协调规划

跨界城镇组团以乡镇为单元，处于行政体系末端、行政区规划管理边缘区，是原本在各自行政辖区内疏于管理、建设无序，却在功能和空间组织上与接壤行政区存在密切联系的边缘区域，其发展各自为政、互不对接，整体发展低效，常出现发展价值认同不足、功能布局相矛盾、建设强度和建筑风貌不协调的问题。相较于地级市、县（市、区），其建设方面存在的矛盾最为突出和直观，但受制于行政体制约束，其治理水平和话语权受限，难以将存在的矛盾进行化解。因此，为了保证跨界城镇空间能够在建设上落实跨地级市、接壤沿线地区的空间协调规划传导的内容，需要在乡镇详细规划和设计之前，介入跨界城镇组团空间建设协调规划对城镇、乡村在开发建设强度、空间形态、空间风貌以及各项建筑行为方面的引导与管控。

规划协调形式以独立编制的规划为主，如上海市规划和自然资源局联合周边编制的《东平－海永－启隆跨行政区城镇圈协同规划》等三组城镇圈协同规划；南京市规划局联合周边编制的《仙林－宝华科学城发展协调规划》《湖墅－郭庄新城发展协调规划》《汤山－句容地区发展协调规划》等。

本节以上海市规划和自然资源局、南通市人民政府、上海市崇明区人民政府联合编制的《东平－海永－启隆跨行政区城镇圈协同规划》（以下简称《城镇圈协同规划》）为研究案例对重点地区空间建设协调规划的重点关注内容加以阐释。❶

东平、海永、启隆地处崇明岛北侧，分别隶属于上海市崇明区、江苏南通海门市和启东市，是上海和江苏重要的临界地区。三镇经过30年发展从过去的小沙洲和滩涂地，转变形成了农业生产大本营、旅游休闲发源地、农场基因寄存区、生态安全敏感区等多重特色融为一体的农场地区，成为崇明岛不可分割的一部分，自2000年以来，三镇在边界共建、交通对接、水利设施完善等方面的合作逐步加强，相继作出一定的探索，推动了三地的经济联系与共同发展。但前期的协调是建立在启东和海门对接上海以实现经济发展的逻辑前提下，由于东平、海永、启隆所处的发展阶段不同，三镇在对崇明世界级生态岛建设的发展共识的理解上存在偏差，生态战略落实、产业发展与布局思路、交通联系和设施对接方面存在诸多矛盾。如上海市强调要生态立岛，坚持高标准、高质量，全面转变崇明的生产生活方式，建成具有全球引领示范作用的生态岛。在此理念下，东平围绕东平森林公园，采用低冲击、低强度的空间发展模式。而南通则更加关注与上海的融合对接，将启隆、海永作为对接上海的先行地，打造上海生态后花园和养老福地。在实际开发过程中，两镇更偏向于大规模的开发，尤其是绿地长岛主题乐园的建设，与崇明岛的本底特色有明显冲突，且短时间大流量的客流（2016年五一期间，乐园接待人数多达10万人）给生态岛的承载能力带来较大压力。

针对跨界城镇在城镇建设强度和色彩风貌、生态开敞空间保护与开发、城乡空间关系等方面存在的矛盾，2016年年底上海市规土局、南通市规划局、启东市启隆镇、海门市海永镇联合委托中国城市规划设计研究院上海分院，共同编制《城镇圈协同规划》，着重对生态空间和建设空间的总量规模、空间格局以及风貌协调等方面制定了一体化的发展指标任务、刚性要求以及柔性引导要求，提升崇明岛的生态价值。在《城镇圈协同规划》编制完成后，2019年上海市崇明区和江苏省南通市签订全面战略合作框架协议，双方将以东平－海永－启隆跨行政区域城镇圈共建为重点，共同建设长江口生态保护战略协同区。在沪苏两地组织部门的推动下，毗邻镇实施"双委员制"，

---

❶ 规划文本由南通市自然资源和规划局提供。

互派镇干部到对方镇区，在治安联防、矛盾调解、环境整治、文化挖掘、发展联动等方面进行全方位合作，互相参与促进工作。在公共服务方面，崇启两地分别设立"长三角一体化崇启专窗"，30项政务服务实现"一网通办"，南隆专线公交串联起崇启生活圈，启隆镇纳入崇明区中心医院的医保定点医院，公共服务实现互惠共享。

7.4.1 明确生态管控的协同标准和任务

跨界重点地区生态空间协同方面一般主要存在两方面问题。第一，受制于行政壁垒及建设用地分割，重点地区各镇的生态廊道与生态节点空间难以衔接。第二，各镇数据支撑技术标准存在偏差，导致城镇圈内生态空间划定与管控标准差异大、重点地区生态指标难统一等方面问题。

因此，首先需要对生态红线、基本农田控制线、生态廊道等生态空间进行统一划定，细化管控分区，并实行最为严格的管控。如《城镇圈协同规划》提出以"核心范围、缓冲范围、外围地区"三个层级加以控制，将"上海2035"总规提出的生态空间分级分类原则落实到全岛，划定北湖保护区、东平森林公园为一级生态空间，建立相应的生态保护红线，严格禁止任何影响生态功能的开发建设活动（图7-6）。划定生态廊道、生物栖息地、重要林地、湖泊河道、永久基本农田为二级生态空间。按照不同底线类型实行差异化管控，在生态保育的基础上，共建共护15条生态廊道，打通各生态斑块之间的屏障，增强城镇圈的生态效应。重点推进生态廊道建设，适度推进郊野公园建设。按照世界级生态岛建设要求，崇明"十三五"规划、崇明2035总规、崇明岛建设导则等文件，在生态建设指标上均有所回应，如森林覆盖率达到30%~35%，河湖水面率不小于10.61%，人均公园绿地不小于15m^2，自然湿地保有率不小于43%等，需要海永、启隆镇同步提高管控要求，减少开发规模。

其次，需要对重点地区提出功能引导的负面清单，包括开发模式、产业准入门槛等方面内容。根据崇明生态岛建设的总目标，对城镇圈提出功能引导的负面清单：一是严禁大新城、大园区发展模式，严禁大规模房地产开发；二是严禁"三高一低"产业类别，落实崇启海产业协调中负面清单具体要求，加速不符合绿色发展门槛的产业腾退，推动生产生态化、小型化、清洁化；三是严禁高生态敏感、高生态风险地区功能引入，严禁北湖等地区开发建设。细化功能业态及空间指引，结合崇明岛产业发展要求，城镇圈内建议发展如下产业：第一产业包括生态种养、特色花木、农业服务业，第二产业包括绿色食品深加工制造业、新能源产业等，第三产业包括休闲旅游、运动健康、养老养生、文化创意等。

图7-6 城镇圈生态底线规划图
（资料来源：上海市规划和自然资源局，江苏省南通市人民政府，上海市崇明区人民政府，2019.
东平—海永—启隆跨行政区城镇圈协同规划［Z］.）

再次，在条件允许的情况下，将跨界重点地区的生态空间保护要求指标化，提出生态底线、水、森林、大气、绿地等目标任务，作为年度或阶段性考核参照。如《城镇圈协同规划》提出崇明岛对标世界级生态岛的生态建设要求，城镇圈内在生态质量控制方面达到全岛平均水平，以保障崇明全岛实现"更加韧性的生态环境、高效集约的资源利用、低碳安全的基础设施、更可持续的绿色发展"的生态目标（表7-3）。

东平—海永—启隆城镇圈生态质量指标体系 表7-3

序号	指标名称	单位	引导控制要求	具体控制要求			
				城镇圈	东平镇（含林场）	海永镇	启隆镇
1	生态底线面积	km²	控制	*	*	*	*
2	永久基本农田保护任务	hm²	控制	*	*	*	*
3	人均公园绿地面积	m²/人	控制	*			
4	森林覆盖率	%	控制	≥*	≥*	≥*	≥*

续表

序号	指标名称	单位	引导控制要求	具体控制要求			
				城镇圈	东平镇（含林场）	海永镇	启隆镇
5	沿江两岸岸线利用率上限	%	控制	*			
6	生活生态岸线长度占比（镇区）	%	控制	*			
7	水面率	%	控制	≥*	≥*	≥*	≥*
8	水功能区达标率	%	控制	*			
9	区域环境噪声符合声环境功能达标率	%	控制	*			
10	固体废弃物资源利用率	%	控制	*			
11	新建建筑绿色建筑达标率	%	引导	*			
12	城乡污水处理率	%	控制	*			
13	固废无害化处理率	%	控制	*			
14	垃圾无害化处理率	%	控制	*			
15	化肥使用强度（折纯）	kg/hm²	控制	*			
16	空气质量好于或等于二级标准天数	天/年	控制	*			
17	主要救灾资源服务覆盖率	%	控制	*			
18	人均避难场所面积	m²/人	控制	*			
19	清洁能源使用率	%	引导	*			

注：指标体系涉及数据不宜公开，故采用*代替。
资料来源：上海市规划和自然资源局，江苏省南通市人民政府，上海市崇明区人民政府，2019. 东平—海永—启隆跨行政区城镇圈协同规划[Z].

7.4.2 明确城乡开发强度和空间布局形态

跨界重点地区由于地方发展阶段不同，跨界重点地区会经常出现"搭便车"式城乡开发和管理无序所导致的对开发价值认知矛盾、空间布局失序等方面问题。为此，跨界重点地区基于上位规划提出的一体化的城乡空间格局进行落实，对重点地区各镇开发强度、空间布局形态予以合理的引导。

首先，在开发强度上，需要基于对区域开发价值的协调，明确跨界重点地区的整体开发强度，在此基础上对各乡镇开发强度加以严格控制。如三镇现行总体规划总体开发建设比例达22%，基于对崇明岛保护的共识，《城镇圈协同规划》提出设置规模开发上限，按照"保护一大片、建设一小片"的方式对城镇圈进行规模控制。

经过多轮协调，明确城镇圈整体开发建设比例不超过10%，其中，海永、启隆两镇开发建设比例不超过16.5%，东平地区用地开发比例7.2%。相较于协调之前的崇明本岛规划建设比例，较早期南通给出的开发建设比例下调了约7%，建设用地规模削减了4.4km^2；东平地区用地开发比例7.2%，用地规模13.2km^2，较现状减少0.13km^2。

其次，需要统筹思考重点地区范围内城乡空间与生态空间等之间的开发与保护的关系，需要明确城镇、乡村建设空间的形态。在城乡空间布局形态上，明确总体的发展原则，明确连绵型、簇团型、点状的建设空间，以及楔形、带形、环抱形的乡村空间等，在确定总体发展原则的基础上，明确各乡镇建设用地的开发规模和空间边界。如《城镇圈协同规划》提出了坚持生态空间为底、小镇紧凑集聚、村落庄园点缀的发展原则。营造"六镇三村五庄园"的生活空间格局，其中，明确了海永小镇、长岛小镇、启隆小镇、东平小镇、长江小镇、风伟小镇6个规模控制为"2km×2km"的特色小镇。对自然本底优越、风貌尚佳且肌理完整、发展动力强劲的村庄予以特色保留，实现减量化发展，并重点培育前卫生态村、三民文化村和海永民俗村。按照庄园规模控制在8~10km^2，其中建设用地不超过50hm^2，整体开发比例控制在3%左右的原则，打造花香农庄、果木农庄、北湖庄园、东平庄园、前进庄园（图7-7）。

图7-7 城镇圈概念方案图
（资料来源：上海市规划和自然资源局，江苏省南通市人民政府，上海市崇明区人民政府，2019. 东平—海永—启隆跨行政区城镇圈协同规划［Z］.）

7.4.3 明确建设管理和风貌协同要求

跨界重点地区由于处于行政区的边缘地区，多处于建设管理的盲区。尤其是大城市、特大城市的跨界地区，多为大量产业转移、邻避设施布局或新城建设的空间载体，由此导致零散工业用地和老镇区、老镇区与新镇区拼贴混乱的现象较为普遍，同时与之接壤的中小城市的跨界重点地区存在投机行为，高强度、大规模的房地产、工业园区建设，也给城市间跨界重点地区建设带来了巨大的麻烦。如东平－海永－启隆城镇圈，海永、启隆镇在过去10年对接上海、做居住开发的过程中，大部分楼盘均以高层为主，部分建筑高达80m。同时，城镇圈的风貌格局充满了国际化符号和游乐场式的开发风格，与崇明"海岛特色、中国元素、江南韵味"的总体风貌特征相背离。

因此，需要将跨界重点地区进行功能区的划分，如划分为生态地区、乡村地区、城镇地区，并根据不同功能分区从建筑高度、建筑密度、建筑尺度、风貌格局等方面进行差异化的建设开发引导。

首先，在建筑高度上，需要结合设计意图，与周边的山体、森林、水系等生态环境进行协调，确定高度上限或下限。如《城镇圈协同规划》提出，在建筑高度上，将三镇划分为城镇地区、乡村地区、滨湖地区和滩涂地区，并结合建筑与森林相互间的风貌和视觉效果的考虑，对不同地区的建筑高度提出差异化要求，处于滩涂地区的景观建筑高度不超过7m，森林景观建筑高度不超过成年树高的40%；滨湖地区的建筑高度不得超过树高；处于乡村地区的建筑高度不得超过10m，建筑掩映在树林中；处于城镇地区的建筑高度不得超过18m，层数在6层以下。

其次，在建筑密度和建筑尺度上，明确建筑的总密度，以及宜人的街巷尺度和建筑体量等。如《城镇圈协同规划》提出建筑密度总体上控制在50%以下。在建筑尺度上，对其尺度规模、高宽比、建筑体量提出协同建议，街区规模尽量避免超过"2km×2km"，城镇街道高宽比宜为1∶1～1∶2，组群式建筑最大展开面不超过70m，乡村地区民居底层面积不超过100m²，公共底层面积不超过600m²。

再次，在建筑风貌上，从建筑风格、色彩管控、建筑材料等方面提出符合地区生态、人文、历史特色的协同建议，如《城镇圈协同规划》提出严格禁止新建建筑采用欧式、美式等外来风格，尽量提取当地建筑、景观元素等；建筑色彩上突出水墨的主色调，局部以点缀色作为修饰，充分体现中国元素、江南韵味、海岛特色，展现规划区内的乡土情怀、田园风光和海岛韵味。

第8章

专项协调层面的
跨界协调规划

中国传统总体规划存在"重编制、审批，轻实施、维护"的问题，缺乏对生成规划实施的具体项目的可行性分析和政策；缺乏机构建设、资金保障、运营模式、政策环境和提质保障等规划实施路径的内容，同时过于注重规划系统内部封闭式的技术过程，与项目开发决策过程脱节（何子张 等，2012）。

针对传统总体规划所暴露出的问题，王富海（2002）、张尚武（2017）等学者提出需要在空间总体规划层面增加专项、行动、监督、评估、动态维护等多个后续环节，实现规划建设管理全链条、全过程的贯通。上海、江苏、广东、福建等地持续开展专项行动探索，如广东省引入八大行动计划，在专项规划层面制定绿道网、宜居城市行动计划，明确行动目标、实施主体、项目策划、政策保障等内容（罗勇，2014）。

当前中国国土空间规划体系充分吸收传统规划中行动层面的经验，构建了总体规划、专项规划和详细规划三种类型，以及编制审批体系、实施监督体系、技术标准体系、法律政策体系，从多个层面保证空间规划的实施落地。在关注本地、本级规划内容转化为行动的同时，为确保在国家－省、省－市、市－县、县－镇规划层面的协调内容的落地，同样还需要专项协调层面的跨界内容对各地行动加以引导。

8.1 专项协调层面的跨界协调规划内容

经历了近20年的探索，专项行动更着眼于现实问题，体现出强烈的问题导向、面向落地的可操作性、规划过程的多方互动性以及规划实施评估的动态评估性特点，在四个维度上优化了传统规划的体系框架：第一，在时间维度上，滚动式地明确空间规划分阶段的目标和建设重点，与国民经济和社会发展五年规划相衔接，将行动变成一个过程，明确并落实不同发展阶段的重点任务和重点片区建设，逐渐走向长远目标；第二，在要素维度上，对于规划的战略任务进行分解，对规划所涉及的内容进行切块，对空间主体进行划分，确定特定发展领域和特定地区，差异化引导各项任务的落实；第三，在行动维度上，将规划方案项目化和政策化，将规划方案转移为建设单位和决策者可操作的具体建设项目，明确项目类型、空间分布、投资规模、开发方式和发展条件等；第四，在反馈维度上，形成"规划－监测－评估－维护－规划"的良性动态循环系统，对不同阶段任务实施情况进行回顾和评价，找出实施中存在的问题和难点，根据新的重大问题进行重新思考和分析，不断对城市发展目标和策略作出必要性的调整。

专项协调层面的跨界协调规划与目前规划界所关注的专项行动具有相似性，能将上位规划的内容转化为可操作、可实施的项目和政策，是战略协调、实施协调层面的跨界协调规划得以实施落地的重要保障。与此同时，跨界协调规划相比于目前规划界所关注的专项行动更加复杂，主要体现在跨界协调在专项层面上涉及的决策者、建设单位更加多元，在建设时序上需兼顾规划类型间、城市间的时序衔接，甚至需要上级政府或协调主体以外的第三方介入，作出行动的方式和时序的安排。

在内容方面，专项协调层面的跨界协调规划是深化和细化战略规划和空间规划的内容，将其转化为可实施、可操作的项目和政策的最后环节，关注的重点内容主要包括近期可预期的目标、可实施的任务、可落实的主体、可明晰的时间节点。

（1）在可预期的目标上，主要包括生态文明建设背景下的保护与转型发展目标，以及在新型城镇化和城乡融合发展背景下的统筹发展目标两种类型。

（2）在可实施的任务上，主要包括以规划和研究等为代表的政策引导措施，以及以项目建设为代表的工程清单两种类型。

（3）在可落实的主体上，既包括涉及协调的地方政府、部门以及企业，也包括上级政府的职能部门、区域联盟，以大市政府、单部门或多部门主导与县市政府、单部门或多部门配合的任务分解形式，以及双方或多方市场化合作的形式开展。

（4）在可明晰的时间节点上，包括以年度为单元的短期时间节点、3~5年的近期时间节点或以国家重大战略实施安排的中长期时间节点。

8.2 特定事项规划协调

特定事项规划协调是将对跨界协调地区发展具有重要影响的，涉及交通、水利、生态环保、基础设施、公共服务设施等某一专项领域的前期结构性安排，转化为地方政府和职能部门可操作和实施的工程事项。

特定事项规划协调区别于传统的专项规划，主要体现在专项规划编制的主体和过程方面。在编制主体上，传统的专项规划为国务院有关部门、设区的市级以上地方人民政府及其有关部门对某一行政单元的特定领域作全域性、整体性的战略安排。而特定事项规划协调，是对不同行政单元或单一行政单元内的某一片区的特定领域作出战略安排。比如江苏省编制了《江苏省长江经济带综合立体交通运输走廊规划（2018—2035）》对江苏全域的交通走廊进行了全域性安排，属于传统的专项规划，但在2020年9月份的苏锡常综合交通运输一体化发展联席会议上，提出要联合开展"苏锡常综合交通一体化研究"，推进区域铁路网络融合、公路互联互通、环太湖农村公路示范品牌创建、公共交通融合和综合交通运输联合执法等，则为特定事项规划协调。

特定事项规划协调形式包括保护转型类专项规划和统筹发展类专项规划。保护转型类专项规划编制的目的是在对跨界的生态资源和流域治理的基础上撬动地方经济转型发展，如广东省绿道、驿道和碧道规划，对沿线市县文化旅游的联动起到了重要的作用；统筹发展类专项规划编制的目的是从区域整体社会经济利益最大化的角度统筹城镇、产业、交通、市政基础设施的协调布局，如《珠江三角洲地区交通基础设施一体化规划》等。

本节选取江苏近年来编制的《环太湖地区绿色生态空间规划》和《南京都市圈综合交通协调规划》《南京都市圈区域空间布局协调规划》作为研究案例，对两种类型的规划编制内容作简要的介绍。

8.2.1 保护转型类专项规划

环太湖地区包括江苏省的苏州、无锡、常州、宜兴、吴江五个市区和浙江省的湖州、长兴两个市县，是长江三角洲地区社会经济发达、自然和人文资源丰富的地区之一，在历史上一直是经济富庶、文化繁荣的"人间天堂"。近几十年来，不断扩张的城镇规模、围湖、造田、围网养殖等人类活动都对太湖及周边地区的生态环境造成了很大的压力，生态完整性与系统稳定性受到很大冲击。随着产业转型和生活方式的转变，综合治理太湖环境污染，整合环太湖生态文化资源，提升区域的发展质量，正面临着难得的历史机遇。2016年由江苏省住房和城乡建设厅牵头编制的《环太湖地区绿色生态空间规划》，在太湖水环境治理系列行动基础上，系统构建了临湖、近湖、环湖以及太湖流域生态绿廊，以水陆联动的思路，整合陆域绿色空间和生态资源，推动地区环境质量的进一步改善以及生产生活方式的持续转型，努力再现生态文明时代的"人居新天堂"意象。规划获得了国际城市与区域规划师学会（ISOCARP）2018年度"规划卓越奖"。

1. 明确生态保护的总体格局和分层次制定管控标准

需要从区域一体化的角度出发统筹谋划生态保护的总体格局，并对总体格局内的生态核心、生态廊道和重要的生态节点提出明确的管控范围、标准和细则。

与战略层面、实施层面跨界协调规划内容的区别是，保护转型类专项规划会从专项角度对前两者的内容进行校正、深化和细化，并能提出分区、分类、分级的管控标准，更清晰有效地指导职能部门执行规划内容。

如《环太湖生态绿廊与区域风景体系构建》将环太湖区域分为"内圈层""中圈层""外圈层"三个层次（图8-1）。在"内圈层"上，针对优质、良好、一般、较差岸线分别制定了"保育""培育""新增"三类措施。对于优质岸线区段所采取的保育措施是较少干预，使其处于半封闭或全封闭状态。对于一般岸线与良好岸线区段采取的培育措施是大量运用当地乡土树种恢复自然生态植被，增加绿廊连续性与生态效能，在有条件的地方进行湖滨湿地的修复与恢复。对较差岸线区段采取的新增措施是进行绿廊建设，保持水岸绿廊的连续性。

在"中圈层"上，依托主要出入湖河流、农田林网，构建结构型和联络型绿廊，串联太湖岸线范围内的重要山体、湖泊、湿地、风景区等生态板块。结构型绿廊依托与太湖联系的主要出入湖河流，建立太湖与外围生态斑块的联系，并与流域水体联通，控制宽度原则上为单侧不小于100m。联络型绿廊则依托一般性河流廊道，建立太湖与各个斑块间的联系，宽度控制为单侧不小于50m。

在"外圈层"上，依托流域内六条骨干河流，构筑外圈层绿廊，向东对接上海，向南联络杭州，向西联系安徽省东南部山区，向北联系长江。在内圈层与外圈层上建立"六水九山织双环，一湖七城八带联"的区域风景路和绿道体系，内环线

图8-1 区域风景路和绿道体系规划结构图
（资料来源：江苏省住房和城乡建设厅，2016. 环太湖生态廊道和区域风景路规划[Z].）

围绕太湖岸线，外环线联系外围的阳澄湖等六个最重要的水体与天目山余脉、东山等九片重要的山体资源。对慢行设施的选线和铺装、配套设施布局和建设形式提出指引要求等。

2．明确可实施的工程项目序列

将专项行动规划中的战略内容，按照明确的管控标准，转化为一系列可操作、可实施的项目工程，提出实施的路径引导建议。

如《环太湖生态绿廊与区域风景体系构建》提出将"一环五带"绿廊建设作为区域生态保护与利用的近期项目工程，明确了风景路、绿道建设的相关标准与要求。在选线方面，依托既有的太湖堤顶路、林地养护通道、湿地保护区（公园）内部园路、滨河园路、城市道路、乡村道路等，采用直接利用、局部改造或新建等手段进行选取，优先利用绿廊中现有交通量较小的完好道路，局部改造满足慢行条件的较差道路，对于新建的，选线不得影响栖息地、水源地、河漫滩等生态敏感区。在铺装方面，鼓励优先采用生态、低碳环保材料，与周边环境相协调，并体现当地特色。建议林地、湿地保护区、郊野地区、村庄等尽可能利用现状，以裸土或水泥土为主，城镇区域、湿地公园等区域以透水混凝土为主。

目前，苏浙两省合作修建的环太湖风景路，全长316.6km，连接着苏浙7市县中的13个著名景区、197个自然景源、849个人文景源、5个古村落和53个特色产业村。2020年12月，环太湖"四好农村路"一体化建设全国示范路签约仪式在苏州举行，江苏、浙江两省的苏州、无锡、常州、湖州四市交通部门代表共同签署了《环太湖"四好农村路"一体化建设全国示范路框架协议》。根据协议，四市将携手把环太湖农村路打造成为全国唯一、独具魅力、引领示范的环太湖"四好农村路"风光带。

8.2.2 统筹发展类专项规划

2013年，南京都市圈第一届党政领导联席会议暨南京都市圈城市发展联盟成立大会在南京隆重举行。同年10月，南京都市圈八市城乡规划主管部门共同成立了"南京都市圈城市发展联盟城乡规划专业协调委员会"，开展了《南京都市圈区域空间协调技术准则》《南京都市圈综合交通协调规划》《南京都市圈空间布局协调规划》以及南京周边跨界地区发展协调规划的编制工作，并在此基础上整合形成了《南京都市圈城乡空间协同规划》。在整个都市圈规划编制体系中，《南京都市圈综合交通协调规划》《南京都市圈空间布局协调规划》属于专项规划范畴，重点统筹综合交通、城镇布局等发展类要素。

2014年由南京都市圈城市发展联盟城乡规划专业协调委员会组织编制的《南京都市圈综合交通协调规划（2013—2030年）》，明确了规划区域发展目标、综合交通布局、边界衔接协调通道以及建设时序的引导等方面内容。

1．明确一体化综合交通网络布局

相较于战略层面、实施层面的交通协调方面的内容，交通协调规划除明确重要交通廊道以外，还进一步细化公路、铁路、航道、机场、管道等各类区域交通基础设施布局和跨界交通衔接协调。如《南京都市圈综合交通协调规划（2013—2030年）》提出形成"一环十射三纵三横"的都市圈铁路客运专线系统网络格局，沟通联系长三角区域中心城市、都市圈中心城市、都市圈地级市，实现100%的市实现客运专线覆盖；提出形成"一环八射一纵两横"普铁网络骨架和"两环十三射五纵六横"高速公路网络，实现100%的县实现铁路和高速公路覆盖；形成"一环十七射十纵十横"的干线公路网络，实现100%的镇实现干线公路覆盖。

在此基础上，重点形成以南京为核心的"八条射线"的都市圈快速轨道网络〔都市圈轨道S1线（宁高城际），南京—高淳，远期进一步延伸至宣城境内；都市圈轨道S2线（宁马城际），南京—马鞍山，远期与芜湖衔接；都市圈轨道S3线（宁和城际），南京—和县；都市圈轨道S4线（宁滁城际），南京—滁州；都市圈轨道S5线（宁仪扬城际），南京—仪征—扬州；都市圈轨道S6线（宁句城际），南京—句容；都市圈轨道S7线（宁溧城际），南京—溧水；都市圈轨道S8线（宁天城际），南京—天长〕，实现南京与周边各市100%实现高速公路联通、客运专线联通等。

2．明确重点工程建设时序

根据地区综合交通建设水平、工程难易程度以及各地意愿，明确重点工程建设时序。

如南京都市圈处于长三角城市群核心区域，需要结合打造轨道交通上的长三角区域轨道建设计划的要求，尽快建成一批区域轨道以填补网络空白。同时，为实现都市圈均衡发展，需要构建完善的都市圈轨道交通体系。因此，优先推进宁天城际轨道一期、宁高城际轨道一期、宁和城际轨道一期，宁扬城际轨道、宁句城际轨道、宁滁城际轨道、宁溧城际轨道、宁高城际轨道二期工程等项目建设。

此外，还需要完善区域内高速公路的建设，形成环形放射、互联互通的高速公路网络，需要优先推进过境和对外公路大通道，以及过江大桥建设，完成都市圈高速公路网主骨架的构建，形成四通八达的对外公路网。干线公路以新一轮国道网规划和省道网调整为契机，依托国省道干线公路，积极推进城际快速公路建设，完善城际间公路干线配置，有力支撑与引导都市圈空间格局。

8.3 特定地段设计协调

特定地段设计协调是在战略层面、实施层面以及专项协调层面对城镇集中建设空间、农业生态空间引导和传导要求进行衔接细化,并对跨界重点区域近期需要建设的房屋建筑、市政工程、园林绿化等提出具体安排和明确的实施路径,以引导跨界协调主体进行建设和管理。与传统的详细规划有所区别的是,特定地段设计协调在宏观上需要从跨行政区甚至更大区域层面去思考范围内的功能类型、风貌特征、建筑形态等方面的布局,在微观层面则需要关注范围内尤其是两地之间的生态环境、农业空间、功能布局、规模形态、建筑肌理和风貌的协调以及基础设施的衔接。

特定地段设计协调形式包括跨界城镇空间设计协调规划和跨界乡村空间设计协调规划两种类型。跨界城镇空间设计协调规划重点是对城镇建设用地的功能布局、建筑形态、建设强度、景观风貌以及配套设施等提出尺度、数量、质量等设计环节的细化指引;跨界乡村空间设计协调规划重点是对城镇建设用地以外的村庄、农田、河流、景观路等生态开敞空间的环境整治、特色塑造等环节提出具体要求。

本节选取长三角生态绿色一体化发展示范区先行启动区作为跨界城镇空间设计协调规划的研究案例,长三角生态绿色一体化发展示范区先行启动区包括嘉善县下辖的西塘镇与姚庄镇,青浦区下辖的金泽镇和朱家角镇,苏州市吴江区下辖的黎里镇,面积约660km^2。以示范区先行启动区青吴嘉三地的中心为圆点,周边33km^{2}范围打造"水乡客厅"。

选取江苏省苏州市特色田园乡村精品示范区和崇明世界级生态岛作为跨界乡村空间设计协调规划的案例。苏州市择优培育特色田园乡村精品示范区,对区域进行整体方案设计,重点关注村庄分类建设、建筑风貌特色、区域设施、线路空间设计、精品建设等详细设计指引。崇明世界级生态岛包括上海崇明岛部分、南通海永和启隆两镇、横沙岛,按照牢固坚持生态立岛原则,共同关注乡村地区滨江岸线设计、景观风貌、建设尺度形态等方面的管控和引导方面的协调,共同将崇明岛建设成为长三角城市群和长江经济带生态环境大保护的标杆和典范。

8.3.1 跨界城镇空间设计协调规划

1. 明确城镇建设详细要求

内容包括对城镇空间的总体布局、主导功能、空间形态、综合交通、慢行系统、公共服务设施、开发强度、建筑高度、建筑退让、重要空间节点、特色风貌、城镇色彩、人文传承、绿色智能、地下空间、防洪排涝、规划实施策略等内容提出要求。

首先，在总体布局和主导功能协调上，需要明确各地区城镇所需承担的主导功能，形成功能互补、分工明确的总体城镇功能关系网络，如长三角生态绿色一体化发展示范区先行启动区谋划青浦西岑科创中心、吴江高铁科创新城、祥符荡创新中心等三处近期示范片区，以存量改造和新建相结合的方式，有机嵌入区域级、标志性的创新服务、会务会展、文化创意、科教体验等功能性项目，呈现面向未来的生产生活场景。

其次，在总体建设管控和风貌协调方面，要明确区域内需要打造的目标和景观意向，并提出与之协调的建设行为方面的管控和引导要求。如启动区形成与水乡古镇风貌相协调的"小尺度、低高度、中密度"空间感觉，塑造江南韵、小镇味、现代风的生活场景。

《长三角生态绿色一体化发展示范区先行启动区规划建设导则》按照纳入详细规划的城市设计内容、纳入土地出让条件的城市设计内容、基准高度、建筑退让公路和城市道路红线的距离、退让公共绿地和广场界线以及地下空间利用等方面，明确了场地设计、空间肌理、建筑高度、天际线、建筑风貌、建筑控制线、公共空间、第五立面等城市设计管控体系要求。同时针对跨界道路衔接问题，提出应采用统一坐标体系、基准高程等，采用相同的设计速度、建筑限界、荷载标准、设计年限、防灾标准等，城镇道路全路网密度应不低于$8km/km^2$。

再次，需要按照均等化、便利化原则构建15分钟社区生活圈要求，统筹布局建设文化、教育、体育、卫生等高等级公共服务设施，启动区在不同城镇空间共设置五处三甲医院，三处双一流高校，还将打造具有全球知名度的国际水上运动中心，六处国家三级以上博物馆。

2. 提出农业和农村空间风貌引导建议

在对城镇空间提出明确建设管控要求的基础上，基于城乡主题和风貌协调的目标，对城镇空间以外的农业和农村空间风貌、功能主题提出结构性引导建议。

如长三角生态绿色一体化发展示范区先行启动区规划提出以两省一市交界点为长三角坐标点，建设广场和观景塔，通过风景道连接周边村镇，集中展示示范区湖荡水网风光。以湖荡圩田为底，打造水乡湿地、桑基鱼塘、江南圩田三个展示园，展现湿地净化、水源涵养、循环农业、圩田再造等江南水乡生态景观，彰显水乡基因。通过蓝道、绿道、风景道等水陆交通组织，串联自然地理和人文风景，形成新时代人与自然和谐共生的水乡空间景观。在明确农业和农村空间总体风貌格局引导基础上,《长三角生态绿色一体化发展示范区先行启动区规划建设导则》进一步明确了对农业、农村空间的设计管控要求,如划分了村落段、农田段、林草段三类空间的小流域湖荡、中流域湖荡、骨干河道、一般河道两侧滨水生态缓冲距离;沿高速铁路、城际(市域)铁路、高(快)速路、公路、主要道路以及道路沿线是耕地的道路等沿路两侧风景缓冲带的缓冲距离。要求跨界相邻区域在河道和湖荡修复、种植设计、岸线形式、游径走向、步道铺装、公共空间布局与设计等方面做好衔接。

3. 协调重点地段城市设计

在有条件的情况下,面向高质量建设,组织开展重点地段城市设计,设定便于地方操作、百姓可观可感的生活场景。如2020年8月,"江南庭院 水乡客厅城市设计方案国际征集启动仪式"于上海举行,会上发布设计任务书,明确了核心区城市设计和重点片区的设计范围以及设计深度要求。要求对远期土地使用功能、交通组织方案、建筑形态风貌等内容提出优化建议。要求客厅核心区达到详细规划深度,主题展示园达到景观设计方案深度(图8-2)。

图8-2 水乡客厅空间设计示意图

(资料来源:澎湃长三角,2021. 划重点!长三角头号板块,江南水乡客厅全面开建![EB/OL].(10-26)[2021-12-06]. https://mp.weixin.qq.com/s/1iaSmozyKDGtiGL0bVYP7Q)

8.3.2 跨界乡村空间设计协调规划

1. 明确并细化农业和生态空间的功能主题

从顶层规划设计方面，加强区域层面的整体设计，特别是系统性的线形及面状的空间设计，以及空间、生态、基础设施、公共服务等各类要素的衔接与串联，并对村庄分类建设、建筑风貌特色、区域设施建设、线路空间设计、精品建设项目实施等方面提出统领性指引要求。

首先，需要明确乡村的总体意向主题，构建特色空间结构体系。如环阳澄湖片区以50km的"蟹逅阳澄路"为骨架，以红色乡情之径、邂逅颜值之径、蟹味农家之径、农业研学之径、骑行田园之径五条乡野特色之径为毛细血管，串联六大特色农业功能板块，形成集山水美景、田园风光、现代产业、乡愁记忆于一体的可深度体验的连片空间环境，以统筹整合区域内常熟、昆山、工业园区、相城的村庄资源、文化资源、景观资源和服务资源（图8-3）。

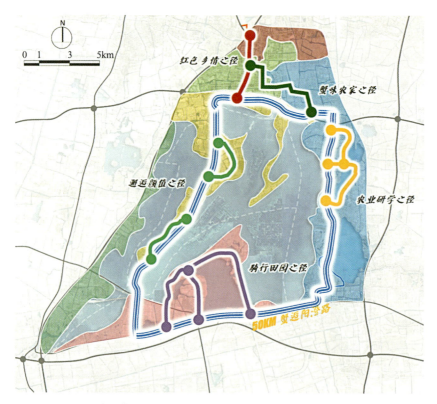

图8-3 环阳澄湖片区"1环+5径+6区"的规划结构
（资料来源：江苏省规划设计集团江苏省城镇与乡村规划设计院有限公司，2021. 环阳澄湖特色田园乡村跨域示范区规划［Z］.）

其次,需要根据各片区的资源优势禀赋,细分和差别引导,形成功能各异的乡村振兴板块。根据不同村落的内部共性和外部特性,精选乡愁记忆要素,并打通要素间的"关节"与"经脉",培育和重塑水、田、林、湖、居的生命共同体。明确各分区的功能导向和产业门类,并对内部的建设空间、农业空间和生态空间进行板块细分和精心规划设计,形成综合展示美丽城乡大地景观、文化特色、宜居环境和绿色发展的地区。如崇明围绕建设成为世界级生态岛的目标,共同强化中国元素、江南特色、海岛特色,通过明确沿路、沿水的整体肌理,对保留、保护的村落进行风貌整治,关注乡村特有的河道、林木、桥梁、屋宅等基本元素的设计,控制村落建筑尺度,以及新建或修建成片地区的建筑色彩(图8-4)。

2. 谋划精品线路,引导沿线资源要素建设

通过精品线路策划,根据线路与村庄、农田、水体的关系,分段引导不同主题的重点建设项目向沿线集中。同时,优化人居与自然风貌关系,对重点线路及周边进行设计引导,包括片区建设高度、风貌特色、线路周边分段视线要素管控、重要门户节点布局设计、线路服务设施布局设计(驿站等)、特色指引体系设计以及道路断面等内容(图8-5)。

3. 分类提出村庄建设目标要求

从农村宅基地、市政基础设施、开敞空间、景观色彩等方面制定村庄发展目标,基于区域内村庄资源禀赋、建设基础,分类、分步骤引导村庄建设。

如昆山南部水乡特色精品示范区,明确特色宜居村、特色康居村、特色精品村三级村庄体系,对每类村庄提出具体的建设内容和建设引导要求。其中,特色宜居村重点在村庄道路修补、住宅整治出新、市政设施完善等方面进行提升,完成环境宜居目标;特色康居村在特色宜居乡村的基础上重点对场地环境、生态环境、植被色相搭配以及院墙美化方面作进一步提升,达到生态康居和建设康居目标;特色精品村通过进一步配置特色公共建筑、建设村庄产业空间和文化载体、优化设计主要节点等,以达到特色产业、生态和文化相结合的发展目标。

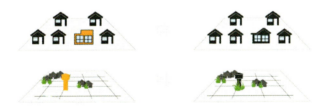

图8-4 崇明岛协调统一的建筑尺度、建筑风格、构筑物
(资料来源:上海市规划和国土资源管理局,上海市崇明区人民政府,2018. 崇明世界级生态岛规划建设导则[Z].)

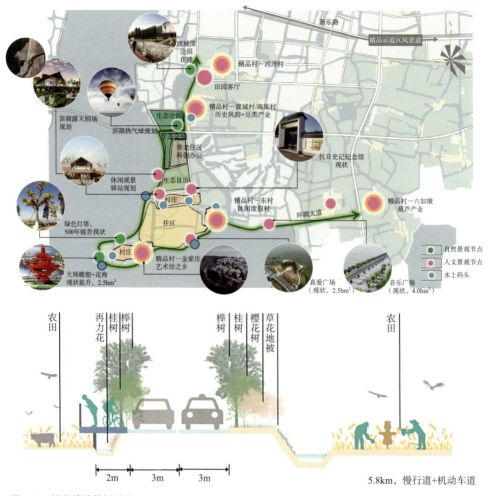

图8-5 精品线路策划引导
(资料来源：江苏省规划设计集团江苏省城镇与乡村规划设计院有限公司，2021. 昆山南部水乡特色精品示范区规划［Z］.)

8.4 特定事项计划协调

特定事项计划协调是落实跨界协调规划体系中战略规划、空间规划、专项规划和详细规划要求，明确实施主体、实施时序的可操作的项目和政策，是跨界协调规划最后的落实环节。传统的行动计划是实现规划预期效果所安排的措施或由各个部门上报汇总形成的项目清单，而特定事项计划协调是在战略规划、空间规划以及详细规划编制过程中经讨论协商，达成价值、责任、利益等方面的共识后，形成的明确责任主体、明确时间节点的任务清单或契约。

特定事项计划协调可分为上级政府或机构下达的任务分解和平级政府联盟间签订的合作计划两种类型。两种类型均明确责任主体和工程时序表，但任务分解更加聚焦责任主体的任务分工，而合作计划更加侧重合作领域。

本节以《长三角地区一体化发展三年行动计划（2018－2020年）》作为任务分解的研究案例，对其编制内容进行介绍。以《松江宣言》《共建G312产业创新走廊框架协议》作为合作计划的研究案例，对其编制内容进行介绍。

8.4.1 任务分解

任务分解可由平行的行政主体或由上级行政主体、平行行政主体共同介入等方式，将年度需要完成的任务分解到明确的牵头主体、协同配合主体以及需要完成的时间节点。内容覆盖了交通能源、科创、产业、信息化、信用、环保、公共服务、商务金融等合作专题内容，根据地方实际重点聚焦交通互联互通、能源互济互保、产业协同创新、信息网络高速泛在、环境整治联防联控、公共服务普惠便利、市场开放有序等重点领域，形成了专项规划、专项行动、实施方案、重大项目、合作平台和民生工程建设等项目化、可实施的工作任务。

2018年9月长三角区域合作办公室印发《长三角地区一体化发展三年行动计划（2018－2020年）任务分解表》，形成了"共建互联互通综合交通体系，建设畅达便捷长三角""提升能源互济互保能力，建设安全高效长三角""强化创新驱动，建设协同创新长三角""共建高速泛在的信息网络，建设数字智慧长三角""合力打好污染防治攻坚战，建设绿色美丽长三角""共享普惠便利的公共服务，建设幸福和谐长三角""共创有序透明的市场环境，建设开放活力长三角"共7大项专题320项细化任务。

截至2021年11月，长三角一体化发展战略实施三年来已经取得重大成果，包括国家部委与三省一市在上海共同设立的长三角科技创新共同体建设办公室在内的工作机制逐渐建立完善；科技创新共同体、制造业协同发展、交通运输一体化、生态环境共保联治、公共服务便利共享等8个重点领域专项规划等规划政策体系逐步建立；虹桥国际开放枢纽、皖北承接产业转移集聚区、宁马宁滁等一批跨界区域合作载体率先突破；集成16大领域120项政务服务事项实现"一网通办"；G60科创走廊、长三角双创示范基地联盟等一些创新实践载体逐步形成等❶。

1．明确一体化工作机制

与长三角各类专项联席会议轮值制度不同，任务推进按照"牵头抓总、一抓到底"的原则，协调推进和跟踪汇总各项任务，牵头部门主要是三省一市的省级职能部门，包括多个省级部门和单独部门两种形式。此外，为加强督促指导和统筹协调，三省一市长三角联席办将涉及本省（市）的各项任务报请省（市）党委政府纳入目标管理和绩效考核，各领域合作工作情况进展报送长三角区域合作办，长三角区域合作办以简报、专报等方式报三省一市党委政府主要领导。

2．交通一体化任务

上海铁路建设指挥部、江苏铁路办、三省一市发改委、交通厅（委）、港口集团、民航华东管理局等作为牵头部门，三省一市省和地方人民政府及规划和自然资源局作为配合单位，推进区域铁路、公路、断头路、航道、港口枢纽等方面的建设提升、先期研究、区域规划等80项任务。

在区域铁路建设上，包括由上海铁路建设指挥部、江苏省铁路办牵头，中国铁路总公司上海局集团有限公司、上海市交通委配合，推进沪通铁路一期建设等。在前期研究上，包括由江苏省发改委等牵头推进宁扬宁马城际、宁滁城际、沿淮高铁蚌埠—淮安段规划对接与方案研究和由长三角区域合作办牵头推进研究编制《长三角区域城际铁路网规划》等。

在公路和断头路衔接上，包括由上海市交通委等牵头推进盈淀路（崧泽大道）—锦淀公路、复兴路—曙光路、叶新公路—姚杨公路、朱吕公路—善新公路衔接等。在航道建设上，包括由安徽省交通厅牵头推进淮河出海航道三河尖至京杭运河段建设等。

在港口枢纽建设上，包括由上港集团、江苏省港口集团、浙江省海港集团牵头支持龙头企业加强合作，成立多种形式的行业联盟等。

3．能源互济互通任务

由上海市发展改革委、苏浙皖三省能源局、国家电网华东公司等作为牵头部门，推进燃气、电力、新能源、能源交易中心建设等24项任务。

在燃气方面，包括由上海市发展改革委牵头编制长三角天然气供应能力规划；由江苏省能源局牵头上海、江苏、安徽共同支持中俄东线天然气管道项目规划建设等。

---

❶ 上海发布，2020．国新办深度解读：长三角一体化发展上升为国家战略三年来进展如何？［EB/OL］．（11-05）［2021-12-08］．https://mp.weixin.qq.com/s/x8vi5EAybL4Skq4tJVd6sw．

在电力方面，包括由安徽省能源局牵头进行安徽绩溪、金寨抽水蓄能电站建设等。

在能源交易中心建设方面，由安徽省能源局建设煤运通道和大宗商品电子交易平台。

4．区域协同创新任务

由三省一市科技厅（委）、发改委、经信委、商务厅、税务局、科协（委）和中科院、中科大等单位牵头，上汽集团、台积电、苏宁、腾讯、阿里巴巴、科大讯飞以及市、县（区）人民政府配合，推进重点领域研发合作、重大科技基础设施和平台建设、产业区域统筹布局、知识产权和金融支持、先行示范区建设等43项任务。

在研发合作方面，包括由三省一市科技厅（委）牵头，发改委配合，在量子通信、生物医药、核聚变、类脑智能技术及应用、智能语音与人工智能等优势领域，参与国际或国家大科学计划等。

在重大科技基础设施和平台建设方面，包括由安徽省科技厅、上海市科委牵头推进量子信息科学国家实验室（合肥、上海）建设；由上海市科委、浙江省科技厅、安徽省科技厅牵头推动张江实验室、之江实验室、安徽能源实验室创建成为国家实验室等。

在知识产权保护和交易方面，包括由上海市知识产权局牵头，苏浙皖三省知识产权局配合，联合举办长三角知识产权新闻发布会、知识产权宣传周和专题研讨交流会等活动。

在金融支持方面，包括由三省一市发改委、税务局牵头，鼓励发展天使投资、创业投资，落实创新活动相关税收支持政策等。

在产业链条区域统筹布局方面，包括由江苏省经信委牵头，上汽集团、公安部交通管理科技研究所配合，推进上汽集团在常州溧阳合资布局新能源汽车电池技术和产能，在南京布局新能源汽车基地，在江苏无锡建设全国首个智能交通综合测试基地等。

在先行示范区建设方面，包括由上海松江，江苏苏州，浙江杭州、嘉兴、金华、湖州，安徽合肥、宣城、芜湖九地人民政府和G60科创走廊联席会议办公室牵头，共建共享G60科创走廊，在区域产业布局、园区发展、要素供给、机制协同等方面拓展合作空间，建设具有全国影响力的产业协同发展示范区等。

5．数字信息网络建设任务

由三省一市经信委牵头，推进数字信息网络基础设施建设和公共服务、管理信息化等16项任务。

在数字信息网络基础设施建设上，包括由上海市经信委牵头，苏浙皖三省经信委、通信管理局配合推动5G网络建设,协同推进5G产业合作,开展5G技术综合示范应用等。

在公共服务、管理信息化上,包括由浙江省经信委牵头,三省一市大数据中心等单位配合,在上海、杭州、南京、合肥等城市,围绕城市公共管理、公共服务、公共安全等领域建设基于人工智能的"城市大脑",适时在其他城市分步推广等。

6. 污染防治任务

由三省一市发改委、环保厅(局)、水利(务)厅(局)等单位牵头,水利部太湖局、淮河委、长江委,长三角区域大气污染防治协作小组办公室和三省一市住建厅(委)、交通厅(委)、气象局等单位配合,推进生态绿心和生态经济带保护、流域和河段治理、灾害防护、能源利用、空气污染综合治理等52项任务。

在生态绿心和生态经济带保护上,包括由江苏省发改委牵头,浙皖两省发改委配合,协同推进宁杭生态经济带、淮河生态经济带建设;由浙江省发改委牵头,上海市和江苏省发改委及江苏省太湖办配合,启动环太湖、环淀山湖等生态湖区规划研究等。

在流域和河段治理上,包括由上海市水务局牵头,苏浙皖三省水利厅、水利部长江委、太湖局、淮河委共同配合,制定区域重点跨界河流上下游联动、水岸联动专项治理方案等。

在灾害防护上,由江苏省发改委牵头,浙江省发改委以及江浙两省水利厅配合,推进环太湖大堤江苏段和浙江段后续工程,提高区域防洪排涝能力,改善流域水环境,增强河湖联通。

在能源利用上,包括由上海市发改委牵头,苏浙皖三省发改委配合,削减长三角煤炭消费总量,禁止新建煤燃自备电厂,耗煤项目全面实施煤炭等量或减量代替等。

在空气污染综合治理上,由上海市环保局牵头,苏浙皖环保厅配合,完成长三角区域预测预报平台二期建设;对现有各级空气质量检测站点、超级站、重点源在线检测、污染源清单等环保大数据进行归集,完善数据共享机制等。

8.4.2 合作计划

合作计划主要是跨界主体就某一事项达成共识后,以共建合作协议为主要形式的促成专项协调成果的形式。合作协议作为合作事项的总体框架,后续会转化为若干计划、项目以及体制机制等方面内容。当前,共同协商确定区域产业、生态等重点廊道合作事项正成为跨界主体合作计划的重要内容。

1．宁镇G312区域创新走廊

区域创新走廊成为跨界协调发展的新形式，政府通过成立联盟，签订合作框架协议，拟定合作计划，推进区域创新走廊的形成。《宁镇一体化规划研究》首次提出"G312区域创新走廊"概念，围绕G312打造沿江生产、科教创新空间和众创空间三个层次的空间，随后G312区域创新走廊被纳入南京和镇江的政府工作报告。2020年7月4日，南京、镇江、扬州三市在南京召开宁镇扬党政联席会议。会议签署了《共建G312产业创新走廊框架协议》，以G312产业创新走廊为突破口，促进南京仙林大学城、麒麟科创园与镇江高新区、大学城融合连接，打造引领科技创新、促进产业协同的"创新大走廊"，构建宁镇扬一体化的创新策源地和长三角科创共同体，培育新的重要增长极。

根据框架协议，宁镇两市将根据创新资源分布等，优化重点产业布局和统筹发展，重点在南京经开区、麒麟科创园布局新能源汽车、人工智能、高端装备、新一代信息技术等产业集群；在紫东核心区培育发展数字经济；在镇江高新区、下蜀临港工业园、大徒经济开发区等区域，做大做强船舶与海洋工程装备和绿色建材等产业，培育发展新一代信息技术、智能电气、新型轨道交通设备、工业机器人、半导体集成电路和新能源等产业。G312产业创新走廊将进一步完善内联外通交通体系，加快推进G312快速化改造，完善区域内路网结构。随着路网结构的提升，沿江南京港、镇江高资港等港口可以联动发展，栖霞山、宝华山等文旅资源可以串联成线，一体化发展高品质高能级文旅、康养、体育和休闲等产业。

协议的签订标志着G312创新走廊正式由概念发展为政府行动，G312创新走廊得到了实质性的推进。2020年南京、镇江市召开工作座谈会，贯彻落实习近平总书记在扎实推进长三角一体化发展座谈会和经济社会领域专家座谈会上的重要讲话精神，共同谋划推进宁镇G312产业创新走廊建设。2021年自然资源部以南京都市圈为案例，介绍包括G312创新走廊在内的跨界协调实践经验成效。

2．G60科创走廊

早在2016年5月，松江便推出"G60上海松江科创走廊"，两年时间内，G60科创走廊成员城市迅速扩容，由早期的上海松江唱独角戏，到后来的与杭州和嘉兴合力共建，再到2018年的长三角九市联盟，签订《松江宣言》，协议内容包括五个方面。

（1）聚焦规划对接，加快推动长三角区域产业链、创新链、价值链布局一体化。着眼"中国制造2025"，抓实G60科创走廊在长三角一体化发展中的重要引擎作用。依托松江面向长三角的枢纽要冲区位，优化G60科创走廊综合交通体系。

（2）聚焦战略协同，全面推动科技创新、制度创新、资源配置一体化。以长三角工业互联网平台建设为支撑,发挥"中国制造2025"长三角一体化示范作用。以精准制度创新为支撑,推动长三角区域协同创新。抓住中国国际进口博览会机遇,主动承接博览会溢出效应。探索设立G60科创走廊科技创新奖。

(3)聚焦专题合作,协同推动长三角创新攻关实现高质量发展一体化。加强"卡脖子"重大领域联合攻关的专题合作。推动品牌园区的深度合作。推动产融结合,鼓励多层次资本市场对接G60科创走廊。

(4)聚焦市场统一,高效推动科创要素按市场配置要求自由流动一体化。推进长三角G60科创走廊"一网通办"试点。消除G60科创走廊区域市场准入壁垒。打响"G60科创走廊要素对接大会"品牌。

(5)聚焦机制完善,务实推动长三角区域制度供给一体化。进一步健全更好发挥政府作用的工作机制,在G60科创走廊九地市党委的领导下,建立G60科创走廊联席会议制度和专题会商机制。坚持党建引领G60科创走廊建设。

2020年10月在长三角G60科创走廊人才峰会开幕式上,九城市签订《长三角G60科创走廊九城市技能人才合作共建协议》,加快长三角G60科创走廊九城市间技能人才合作,为长三角G60科创走廊九城市一体化发展提供更好的人才支撑。明确通过举办九城市技能人才工作交流会、研讨会等多种形式,加强九城市间技能人才队伍建设合作,分享各地在高技能人才培养、职业培训、技工教育、职业技能等级认定等方面的政策、主要做法和工作经验,促进各地技能人才队伍发展。同时,将技能人才建设合作纳入九城市人才峰会内容,根据技能人才发展状况选择相应主题作为峰会议题,开展交流研讨。由九城市人才峰会或人社局局长联席会主办方轮流牵头搭建平台,适时组织校企合作交流会、技能人才招聘会等活动,推进九城市企业、职业院校开展跨区域校企合作。支持各地产业、行业、企业与九城市的院校、职业培训机构开展交流合作,提高人才培养能力,增加高技能人才供给。鼓励九城市人社部门管理的公共实训基地相互开放,实现资源共享、优势互补和协同发展。积极推进技能等级认定合作,共享技能人才评价技术资源,建设技术技能人才专家库,推进九城市间技能人才评价专家、考评员协作。积极推进技工院校毕业生待遇在各地的落实,逐步实现九城市技工院校毕业生在九城市间就业按当地技工院校毕业生享受相关政策。同时,利用大数据等信息技术探索建立技能人才信息共享机制,引导九城市间技工院校、职业技能培训机构、技能劳动者与企业之间的精准对接。

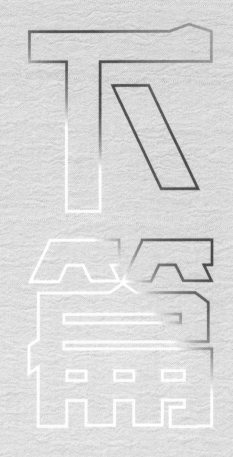

机 —— 制 —— 篇

为了解决跨界治理过程中的一系列现实问题和矛盾，学术界对跨界治理的空间界定、治理内容等方面进行了大量的研究，20世纪90年代后，各地也逐渐涌现出依托理论基础，试图对跨界矛盾提出解决方案的跨界协调规划，并根据规划的编制内容和实施成效反馈到跨界治理理论中。实际上，跨界协调规划只是为跨界矛盾的处理提出了一个方案，跨界治理作为一种解决跨界矛盾的行为，有它的内在运行逻辑和规律，而跨界治理机制的科学性、严密性和全面性则对跨界治理实践的成败起到关键作用。

跨界治理机制主要包括了组织架构、协调政策、实施保障三个方面。为了推动完成跨界治理这一过程，需要由参与跨界治理的政府体系（包括中央政府、地方政府）、市场力量（企业、私人、商会等）、社会群体（公共组织、市民等）等各个"角色"组成的跨界治理主体共同行动。不同"角色"参与跨界治理的阶段、程度、重要性等差异，导致了不同跨界治理组织架构的形成。所谓跨界治理，实际上是跨界主体对治理空间内的各类跨界资源进行协调的过程，而这一过程往往通过政府颁布相应政策直接作用于跨界资源来实现。此外，为了保障跨界治理的顺利实施，还需要对跨界治理提供相应的实施保障，一方面对跨界主体进行相应的约束，另一方面为跨界资源的协调提供支撑。

本篇即从跨界治理机制的组织架构、协调政策、实施保障三个方面分别论述。第9章重点介绍各类跨界治理组织架构，如以政府行政为主导的双层次治理组织和单层次治理组织，以市场、自治为主导的产业联盟形式和民间联盟形式治理组织等，并分析了各类组织架构的差异形成的不同治理重点、合约机制、联系强度，以及对跨界协调规划的落地和跨界治理模式的影响；第10章介绍了跨界主体通过对话、协商等方式，重点针对要素流动、设施共享和利益补偿这三个影响跨界地区协同发展的重点问题，以"协议""备忘录""纲要"等合约形式，通过制定相应政策，促进跨界协调规划的落地；第11章则介绍了立法、基金、仲裁、平台、考核等保障制度，确保跨界资源协调政策能够严格执行和良好运作。

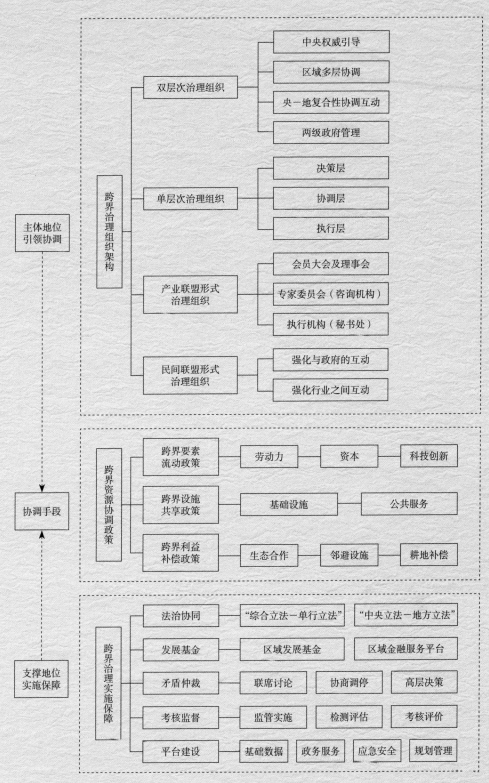

跨界治理机制的主要内容

第9章

跨界治理
组织架构

跨界治理组织架构的建立是推动跨界治理的基础保障。跨界治理组织架构是指跨界治理主体的具体组织形式，它将各跨界治理主体通过一定的形式联系起来，共同推动跨界协调发展。跨界治理主体一般包括政府部门、行业龙头企业和科研院所、社会专业机构，以及规划咨询部门等非政府组织（NGO）。综合相关研究分析（顾朝林 等，2008；陶希东，2011；刘建军，2014），跨界治理组织一般可分为双层次架构治理组织、单层次架构治理组织、产业联盟形式治理组织以及民间联盟形式治理组织等。

双层次架构治理组织和单层次架构治理组织都是由政府部门主导的实体化跨界治理组织架构。其中，双层次架构治理组织通常设立拥有明确财政自治和政治合法性的超城际区域政府，或是设立没有明确财政自治和有限权力的城际区域政府，或是在跨界协调中发挥重要作用的跨界各方共同的上级政府；而单层次架构治理组织往往较为松散，由参与跨界治理的各方政府自发组成，具体表现形式如同城化地区、都市圈或城市联盟等，通过联席会议等协商机制实现沟通和对话，最终形成双边、多边的合作协议，达成跨界治理的目标共识。

产业联盟形式治理组织由行业龙头企业和科研院所、社会专业机构等主体组成。这种类型的跨界协调组织本着平等、自愿、互利、共赢的原则共同发起，致力于以业界共治形式促进区域特定产业发展，使产业模式、产品实现跨界创新。

民间联盟形式治理组织是基于区域内的半官方和非政府组织建立的跨界联盟组织，通常由学术界、商界、教育界、社区、环保组织、规划机构等民间团体组成，共同研究跨界发展课题，着力于资源共享、优势互补、服务区域、共谋发展等，以及区域内的生态环境保护与恢复、跨界基础设施建设等，以专项研究和引导为重点，促成不同利益主体达成共识。

不同跨界治理组织架构在治理重点、合约机制、联系强度等方面存在差异，从而影响了跨界协调规划的落地和跨界治理的模式。实际上，上述的跨界治理组织架构往往也会交叉形成多元化的跨界治理组织系统，共同发挥着跨界治理的作用。通常，以政府等公共部门为主体的跨界治理组织架构在跨界区域治理过程中发挥着决定性作用，这类跨界治理组织通过立法、签订合约、财政保障、制定相关政策等措施推动跨界地区的协调发展；同时，民间联盟和产业联盟在环境保护、区域规划、科教文卫、行业发展等方面参与跨界治理活动，促进跨界地区在某一领域的协商对话，推动经济、科技、社会文化要素流动，促进深度融合。

9.1 双层次治理组织

中国是单一制国家,实行"中央—省—市(地级)—县—乡"行政区划体制。在"中央—省"层面,中央对于一定区域内的省(自治区)级政府之间的跨界协调和区域合作具有重要的引领作用,往往容易形成"中央—省级政府"的双层架构协调组织。这种跨界治理组织主要有两个内在特征:一是中央权威在区域协调中发挥重要作用。单一制下的区域合作协调,首先要落实中央政府对于国家全局性和战略性问题的部署要求,及其决策把控的权威性和主导性。在中国的区域合作发展中,除了各方的利益共识外,由利益方共同的上一级政府来推动合作,更容易为各方所认同。二是地方政府间横向关系以及多层协调互动作用逐渐凸显。区域经济的一体化发展既要求区域内跨界的交流、协调与合作,又要求最大限度地协调行政区与经济区之间的利益,使地方政府能够将行政区划内的社会建设与经济区域内的经济建设有机结合起来。

不同于中国双层次模式的跨界治理组织架构,国外双层次跨界治理更多地强调调整不同层级政府的管理权限,实行两级政府管理,上层次政府和下层次政府的事权与财权划分较为明确,幼儿教育、中小学、医院、养老、绿化通常由下层次政府根据自身财力进行配置和管理,不需要上层次政府来管,上层次政府主要负责跨界地区的战略规划制定和区域性设施的供给。而政治体制的差异也导致了日本、欧洲和北美跨界地区治理模式和效果的差异。日本和欧洲大多数国家为高度中央集权的国家,上层次政府在双层次跨界治理过程中扮演着重要的角色,大都市区的规划实施也相对容易协调;而美国地方各州、县及市、镇等享有较大的自治权,上层次政府跨界协调的难度较大,因此,也造成其跨界治理的结果不如欧洲国家。

9.1.1 中央权威引导

1. 引导者:中央政府引导区域政府协调互动

中国的国民经济管理,长期以来按照行政区划(块块)和行政隶属关系(条条)来组织经济活动,各行政区划之间的横向经济联系较为薄弱。为了搞好国民经济管理体制的改革,通过中心城市把条条块块协调起来,形成合理的经济区域和经济网络,中央政府从1980年代就开始尝试通过区域规划等方式加强条块协同。1982年12月22日,国务院发出《关于成立上海经济区和山西能源基地规划办公室的通知》,决定成立上海经济区规划办公室,由国家计委、国家经委、上海市、江苏省、浙江省、机械部、水电部、交通部、化工部、电子部、纺织部、轻工部、经贸部的负责同志组成,规划办公室直属于国务院,由国家计委代管。从国民经济的全局出发,统筹安排,制订经济区内的经济、社会发展规划,协调经济区部门之间、地方之间和部门与地方之间的关系,促进生产力的发展。经过几个月的筹备,1983年3月22日,经济区规划办公室在上海正式成立。当时的上海经济区的范围包括:上海、苏州、无锡、常州、南通、杭州、嘉兴、湖州、宁波、绍兴10个城市。在后来的几年中,江苏的南京、镇江、泰州、扬州和浙江的舟山被囊括进来,构成传统意义上的长三角15个城市。在20世纪80年代后期至90年代中期,上海经济区曾召开了几次会议,基本同意《上海经济区发展战略纲要》,通过了《上海经济区章程》。由于多种原因,1988年6月1日国家计委发出通知,撤销上海经济区规划办公室。因此,从一定程度上来说,中央政府率先从国民经济发展的全局出发,通过增设实体机构来协调长三角各主体之间的关系,引导区域统筹发展。

20世纪70年代末,香港制造业向东北转移,珠江三角洲成为其生产基地。在长期合作中,广东和香港两地逐渐形成"前店后厂"式合作模式。但直到1997年香港回归,香港特区、澳门特区、广东省和中央政府之间的官方交流才日益频繁。在这一时期,中央政府逐步承担起粤港澳发展和彼此之间合作互动的积极引导者的角色。以部门研究、会议讨论、央地政府协商、领导人表态、征求意见等多种形式推动内地尤其是广东省与香港、澳门的合作,凸显了中央政府在促进地区互动合作关系形成中的作用。当粤港澳之间的协调合作需要进一步深化时,中央对粤港澳合作发展的支持和积极引导对于区域政府间的协商互动起了很大的作用。

2. 协调者:中央政府协调区域政府间合作互动

在中国,随着社会经济的不断发展,经济全球化的不断加快,区域跨界协调发展也显得愈发重要,尤其是一些专业部门之间的相互合作。以长三角为例,为加强上海国际航运中心建设,国务院于1997年下达了《国务院关于同意上海组合港组建方案的批复》(国函〔1997〕87号),同意上海组合港的组建方案。上海组合港管委会按国务院关于建设上海国际航运中心的总体部署,负责协调上海市、浙江省、江苏省辖区内(简称长三角地区)港口航运发展的相关事务,推动发展现代航运服务,促进长三角港口加强业务合作,组织开展上海国际航运中心建设及长三角港口发展重大问题及政策研究。

随着长三角各成员城市合作不断升级,区域一体化趋势明显加强,越来越多综合性的事务需要区域间的协同发展，促使中央政府开始着手酝酿并主导区域发展规划的制定。2008年9月国务院颁发《关于进一步推进长江三角洲地区改革开放和经济社会发展的指导意见》（国发〔2008〕30号）（后简称《意见》），将上海市、江苏省和浙江省全境划归为长江三角洲地区，至此长三角城市群扩展为25个城市。《意见》要求着力加强基础设施建设、产业分工与布局、生态建设与环境保护等方面的联合与协作。2010年5月，国务院正式批准实施的《长江三角洲地区区域规划》明确了长江三角洲地区发展的战略定位，要求以上海为龙头，南京、杭州为两翼，加快核心区发展，促进苏北、浙西南地区发展，推动区域协调发展。2016年5月11日，国务院常务会议通过《长江三角洲城市群发展规划》，规划中包含26个城市（上海1个、江苏9个、浙江8个、安徽8个），以改革创新推动长三角城市群协调发展，创新一体化发展体制机制，推动要素市场一体化建设，建立基本公共服务一体化发展机制，健全成本共担利益共享机制。

在这一时期，中央政府通过一系列组织机构的设立和政策、规划的制定，旨在形成区域跨界协调的框架，加强区域政府间合作互动，这一过程在珠三角地区也表现得较为明显。

进入21世纪，尤其是中国加入世贸组织后，香港与内地合作的制度安排随之启动。国家发展改革委开始参与香港与珠江三角洲的跨界协调，特别是在基础设施方面的协调。2002年2月，一个新的跨界协调机构"内地与香港大型基建协调会议"成立。香港特别行政区政府于2000年年初首次向香港总商会提出建立香港与内地自由贸易协定的建议，建议改为"更紧密经贸伙伴关系安排"。经过18个月多的广泛磋商，协议于2003年6月29日签订，并于2004年1月1日起生效。此后，粤港澳合作更加紧密，合作广度和深度不断拓展，逐渐形成了以粤港澳为主要动力的珠江三角洲经济带。2008年12月，《珠江三角洲地区改革发展规划纲要（2008—2020年）》发布实施。2010年3月，国务院批准《粤港合作框架协议》。2011年，为继续深化落实上述协议，广东省人民政府和澳门特别行政区政府协商制定了《粤澳合作框架协议》。伴随着这一系列加强粤港澳合作的文件、协议的出台，粤港澳区域一体化发展格局已经初步显现。2014年深圳市在政府工作报告中明确提出"湾区经济"的概念，提出大力发展湾区经济，以新的经济形态促进经济全面提质增效。随后深圳市政府将粤港澳大湾区构想上报国家发改委。自此，"湾区经济"被明确为重要发展方向。粤港澳三地政府之间协商互动往来不断，都将彼此作为经济发展不可分割的一部分，谋求互通有无、协同发展。此时，粤港澳作为中国对外开放的南大门在加强对外经贸合作、引进外资、提升国民经济发展水平方面的作用越来越受到中央政府的重视。这一时期，中央政府作为粤港澳合作的"中间人"，为其牵线搭桥，使得粤港澳三地政府的合作较快有序开展。

1990年代，欧洲出现了大都市政府的复兴，大都市治理突出在新机构的构建中谈判、合作、自愿参与和弹性。其中，超城市（supra-municipal）的大都市政府类似于中国的中央权威领导的双层次模式，只不过"中央"不是国家的最高领导机构，而是由大都市区的各个城市自愿上交一部分权力设立的一个"上级政府"。超城市是最纯粹的"大都市模式"，具有如下特征：直接的政治合法性、明确的财政自治和对一定功能地区行使多元权力。例如，1994年2月，波各那省和波各那的48个自治市签订了一个建立在自愿和弹性基础之上的协议——Accordoper la Città，简称ACM。ACM导致了新的大都市级政府的设立。这一级的机构有：一个政治机构（political structure），即由各自治市的市长和省长组成的大都市会议（Metropolitan Conference）；一个管理机构（lightadministrative structure），即负责ACM执行的大都市会议秘书处（the Secretariat of the Metropolitan Conference）；还有三个技术委员会（technical committees），即经济区域部（有关交通、环境、规划）、管理和金融部以及健康和社会服务部。有别于先前的大都市政府的是，大都市会议并非决策主体，它只负责产生大都市会议秘书处和技术委员会。实际上，它提供了一个讨论城市问题的讲坛，甚至那些并非ACM成员的自治市也被邀请作为观察员。技术委员会负责具体项目，并把各个自治市的专家联合起来一起为这个项目工作。此外，ACM还设立一些监督岗（observatory），监督大都市的投资、经济、管理等；策划了一些总体项目（如大都市的策略规划、管理扶持计划、市政人员的培训计划等）（Conferenza Metropolitana，1995）。具体的合作形式可以在三个技术委员会之间得到体现，它们把各个自治市的公务员组织起来为同一个项目工作。大都市会议内政治交流的规则倾向将公共政策分成多个小型项目，这意味着每一个利益团体的利益都可以得到满足（图9-1）。

3. 主导者：中央政府积极介入跨界地区尺度重组

从大的层面来看，区域协调这一机制所能发挥作用的强弱取决于中央政府的授权状况：一方面，中央权威介入较多较深的时候，区域协调就偏向于接受命令并执行的状态；另一方面，当区域协调失效时，难以推动关键问题的解决，也需要中央权威的积极介入。

例如，自从长三角区域一体化上升为国家战略以来，中央力量强力介入长三角的国家-区域尺度重组过程，对于区域治理中长期形成的制度依赖具有很好的冲击作用，打破了区域协调的制度壁垒，重构了区域治理主体架构。推动长三角一体化发展领导小组（以下简称领导小组）的成立标志着长三角"双层次模式"跨界治理迈出了关键一步。领导小组囊括了三省一市的主要领导，而三省一市的主要领导同时兼任各省推进长三角一体化发展领导小组的主要负责人，由此可见，包含组织构架的长三角区域治理的顶层设计已基本形成（图9-2）。

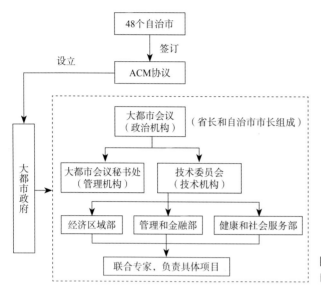

图9-1 波各那省和波各那的48个自治市组成的超城市大都市政府

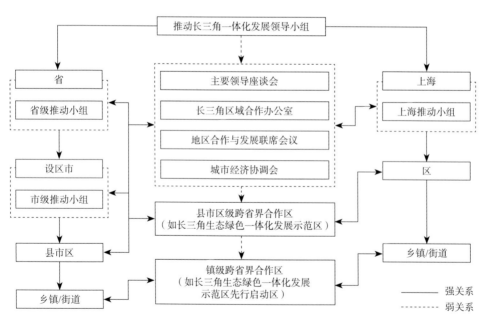

图9-2 长三角区域治理新主体架构

（资料来源：胡剑双，孙经纬，2020. 国家—区域尺度重组视角下的长三角区域治理新框架探析［J］. 城市规划学刊（5）：55-61.）

在国家战略的执行层层面，在原有区域合作组织的基础上，增加了长三角区域合作办公室（以下简称办公室）。办公室名义上是三省一市联动成立，但实则是国家意图的"代言人"。办公室由三省一市抽调人员组成，有效建立了省级政府之间的利益和事权协调平台。同时，办公室受领导小组指导，被赋予了更多管理职权，主要包括拟定协同发展的战略规划，协调推进区域合作中的重要事项和重大项目，统筹管理合作基金等。

同时，随着粤港澳合作不断升级，区域一体化趋势明显加强，也促使中央政府开始着手酝酿并主导区域发展规划的制定。2013年，共建"丝绸之路经济带"和"21世纪海上丝绸之路"的重大倡议被提出，而粤港澳大湾区发展作为海上丝绸之路的重要节点，自然受到中央政府的高度关注。2015年发布的《推动共建丝绸之路经济带和21世纪海上丝绸之路的愿景与行动》使"粤港澳大湾区"战略在国家层面的地位凸显。2016年3月，国家"十三五"规划纲要正式提出"支持港澳在泛珠三角区域合作中发挥重要作用，推动粤港澳大湾区和跨省区重大合作平台建设。"这标志着粤港澳大湾区建设提升至国家战略。同年3月，《国务院关于深化珠三角区域合作的指导意见》明确指出：携手港澳打造粤港澳大湾区，建设世界级城市群，以港澳大湾区为龙头，以珠江－西江经济带为腹地，引领中南、西南地区发展，为东南、南亚辐射形成重要的经济支持带。2016年4月，广东省在其"十三五"规划中，较为详细地规划了如何打造粤港澳大湾区。2016年8月，国家发展改革委印发《关于贯彻落实区域发展战略促进区域协调发展的指导意见》，明确提出，"加快深圳前海、广州南沙、珠海横琴等粤港澳合作平台建设。深化泛珠三角区域合作，支持广东省会同港澳共同编制粤港澳大湾区发展规划。"2017年7月，《深化粤港澳合作，推进大湾区建设框架协议》签署，标志着广东、香港和澳门正式着手实施粤港澳大湾区的建设。2017年7月1日，《深化粤港澳合作，推进大湾区建设框架协议》签署，标志着粤港澳大湾区战略的决策在国家层面正式形成，并开始推进决策落地。2018年8月15日，中央成立粤港澳大湾区建设领导小组，由韩正担任组长。港澳特首被纳入中央决策组织，搭建起一个大湾区各方彼此沟通协调的机制，推动大湾区建设提速（董石桃 等，2019）。

在中国另一个城市群——京津冀城市群，其跨界协调发展同样也离不开中央政府的介入和主导。随着城镇化的发展，北京"大城市病"和京津冀区域发展不均衡的问题更加突出，解决京津冀协同发展问题迫在眉睫。党的十八大以来，京津冀协同发展成为国家重大区域发展战略之一，在党中央、国务院和京津冀三省市政府共同努力下，京津冀协同发展在生态、经济、交通等各方面都取得了实质性进展，京津冀正式进入了协作共赢的全面推进阶段。十八届五中全会后，国家以创新、绿色、协调、开放、共享五大发展理念进一步布局大区域发展战略，在十九大报告中也明确地提出，国家将全面落实区域协调发展战略，推动京津冀协同发展。

在日本东京湾区区域发展和建设过程中，为解决区域一体化过程中的空间结构、功能分工、人口和资源等区域协调问题，日本政府也采取了积极的行政干预手段，突破行政界限，设立跨越行政区的城市群协调机构。此类机构负责制定区域规划，包括建立交通、环境、信息共享平台，产业一体化与行政体制改革等具体措施。从初期的首都建设委员会到首都圈整备委员会再到国土厅，东京湾区内的区域性规划协调机构经历了多次变化。从各个时期的组织结构、职能分配、组织关系、政策定位等方面可以看出，东京湾区的区域性规划协调组织虽然在初期采取了美国模式的咨询委员会的形式，但随着日本现代行政体制的逐渐建立，这一组织形式逐渐演变为行政委员会，最后彻底成为官僚体制中的一部分，初期的"咨询、建议、协商"逐渐消失，取而代之的是在行政体制内通过行政手段来完成区域性规划编制及协调功能的职能机构。从国土厅大都市圈整备局与首都圈的关系来看，国土厅已经完全成为中央政府的一个部门。大都市圈整备局与首都圈内各级地方政府之间的关系也比前期有了较大的改变，以前作为地方政府与中央省厅之间的桥梁作用已经改变，过去与地方政府之间的平等关系也变成了上下级关系。中央政府通过完善区域规划体系，提供项目资金支持和政策配套，从而实现自上而下的区域性协调。在区域协调机构和东京湾区（都市圈）的区域规划指导下，东京湾区实现了从"一极"向"多核"空间结构的转变（符天蓝，2018）。

从咨询委员会到行政委员会再到纯粹的行政机构，其组织形式和性质的转变，一方面对提高区域性规划编制和实施的效率起到了一定的积极作用，使区域性规划与全国性规划在政策制定上保持了较好的统一性，为重大项目的实施提供了资金保障和制度保障；但另一方面，"自上而下"的关系取代了地方政府之间横向的协调之后，政策定位、项目选定、经费划拨、实施管理等方面的权限过度集中在中央一级政府部门，这就导致了政策定位的倾斜，对宏观问题比较重视而忽视了区域性微观问题，如环境问题、城市居住问题和中心空洞化问题。并且，地方政府的权限受到限制，事无巨细均须中央省厅乃至内阁决定的体制，使得政府解决地方性开发问题的效率大大降低。在这样的区域规划行政体制中，中央政府与地方政府之间的矛盾十分突出（王郁，2005）。

9.1.2 区域多层协调

在"双层次模式"跨界治理组织运行过程中,尽管自上而下的中央权威引导对区域跨界协调起到了巨大的推动作用,但是区域内部各主体之间形成的区域多层协调组织架构也尤为关键。

1. 决策层:跨界地区主要领导座谈会

完善的合作机制是加强跨界地区经济合作、推动经济健康有序发展的内在要求和重要保证,跨界地区主要领导座谈会有利于健全合作机制。例如,经过一系列的努力,长三角区域内部各主体之间最终形成了区域多层协调组织架构。早在1992年,长三角城市协作部门(经协委)主任联席会议即已召开,开展长三角城市间合作的商讨与初步实践;1996年上海发起成立"长江三角洲城市经济协调会";1997年召开第一次长三角城市市长联席会,以城市间合作先行开展的长三角区域一体化序幕逐渐拉开。2003年3月21日,浙江省党政代表团对上海和江苏展开学习考察,分别与上海、江苏签署《关于进一步推进沪浙经济合作与发展的协议》和《进一步加强经济技术交流与合作协议》,三地就建立党政主要领导定期会晤机制的设想达成共识,拉开了三省市高层频繁互访的序幕,长三角区域合作升温。2005年12月,首次长三角两省一市主要领导座谈会在杭州召开,区域合作正式纳入三省市最高决策层视野。2008年,毗邻长三角的安徽省党政负责人首次参加长三角主要领导座谈会。10多年间,长三角主要领导座谈会已召开十余次。作为统筹谋划长三角一体化发展的最高级别会议,历次座谈会聚焦的议题主要有两方面:总结当年合作成果;结合宏观形势,讨论来年甚至更长时间内区域发展重大战略,研究决策各省市间合作与交流的总体思路和着力推进的重点工作。

2. 协调层:地区合作与发展联席会议

为促进区域经济合作与发展,落实主要领导座谈会的会议精神和相关决策部署,跨界地区通常会形成地区合作与发展联席会议制度。例如,长三角地区从2001年开始每年举行一次副省(市)长级别的"沪苏浙经济合作与发展座谈会",会议的性质是采取通过政府之间沟通和协调的方式,推动区域经济的合作。会议坚持平等协商、互惠互利、讲求实效、共同发展的原则,程序采纳类似联合国安理会的制度"只要一方不同意就暂时搁置"。座谈会坚持以政府为指导、市场为基础、企业为主体。会议主要议程包括报告一年来区域合作情况、协商下一年度经济合作的工作重点、研究推动区域经济合作的重要措施等,通常可细分区域大交通、区域旅游合作、生态环境治理、区域信息资源共享、区域人力资源合作、区域规划合作、区域信用体系建设等专题。这一层面的协调，主要提出长三角城市群在一定时期内的合作发展意向，通过合作发展要达到怎样的目的，它侧重研究的是区域发展的重大决策问题，确定三省市合作的"大政方针"，共谋发展大计。

除了省级的协调层座谈会，15（+1）城市市长级别的"长江三角洲城市经济协调会"也是长三角区域多层协调中实质性的工作会议，每年举办1次。它的前身是1992年建立的长江三角洲十四城市协作办（委）主任联席会。这14个城市分别是上海、无锡、宁波、舟山、苏州、扬州、杭州、绍兴、南京、南通、常州、湖州、嘉兴、镇江。1997年，联席会议升格为长江三角洲城市经济协调会（1996年新成立的地级市泰州加入），协调会每两年举行一次正式会议。2003年在南京举行的第四次会议上，正式接纳台州为第16个会员城市。从2004年开始，协调会改为年会，大力推动区域规划、交通、产业、旅游、生态等各方面的合作，固定性的组织成为处理区域共同议题和地方政府间利益冲突的协调机制。"协调会"主要是及时贯彻落实座谈会精神，具体商谈区域内城市群合作发展中可能遇到的体制机制障碍，提出解决这些问题的协调方案，它侧重研究的是怎样落实决策的问题。

3．执行层：各城市政府部门之间的协调会

该层面包括在交通、科技、旅游、金融等数十个专业部门建立对口联系协调机制。通过建立这种多元的、立体的对口联系合作框架，使合作发展在不同领域和行业得到实现，这一层面侧重于寻求落实决策的具体路径问题。

例如，长三角地区的许多职能部门围绕共同关心的跨区域重大事项，也相应建立了行业性的联席会议或联络制度，通过多种形式的沟通、协商、协调达成共识，然后付诸实施，逐步形成行业性跨区域的共建共享合作机制。目前，长三角城市间40多个部门和行业建立了这种合作协调机制，一些重点行业和领域已取得了实质性的突破。如长三角地区人事部门建立了"长三角人才开发一体化联席会议"制度，构建长三角网上人才市场，开展专业技术职务任职资格互认；长三角地区环保部门建立了环境保护合作联席会议制度，共同签署了《长江三角洲地区环境保护工作合作协议（2008－2010年）》来推进长三角环境保护一体化进程，构建"污染联防、信息沟通和通报机制"；长三角地区交通部门参与完成的《长三角地区间综合交通规划方案》，建立了"长三角地区道路货运一体化工作联席会议"制度，构建无障碍的综合交通体系，一些相邻城市呈现了"同城效应"；长三角地区旅游部门还积极完善旅游合作机制，共同构建"长三角无障碍旅游区"，国家重点旅游研究课题"长三角区域旅游发展规划研究"通过评审。在科技、能源、信息、信用、自主创新和区域规划等方面的行业性跨区域合作，也都逐步深入推进，取得了许多重要突破（张建伟，2010）。

在"京津冀协同发展领导小组"成立、《京津冀协同发展规划纲要》出台之后，京津冀协同发展的各方面行动也在加快部署，生态、产业、交通是京津协同发展的率先突破重点。在生态方面，京津冀三地连续三年制定并积极推进《京津冀及周边地区大气污染联防联控重点工作》，签订了《京津冀区域环境保护率先突破合作框架协议》；在产业方面，2016年6月29日，工信部和京津冀三省市政府联合发布的《京津冀产业转移指南》提出，将在京津冀构建"一个中心、五区五带五链和若干特色基地"的产业发展格局；在交通方面，京津冀地区已初步形成"京津保"一小时通勤圈。2017年4月《京津冀地区城际铁路网规划》出台，京津冀将新建24条、共3450km的城际铁路网，连接区域所有地级及以上城市。执行层面上，地方政府积极响应区域规划要求，出台了一系列专项规划、协同发展意见、专业领域协作框架等政策文件来具体指导实践，并开始朝着建立长期稳定的关系转变，在多个领域分别形成了京津冀国土部门定期联席会议制度、京津冀环境执法与环境应急联动工作机制联席会议制度、京津冀政协主席联席会议制度等，地方行政壁垒逐渐减弱。

9.1.3　央－地复合性协调互动

在决策形成的过程中，地方政府间积极互动，中央政府也并不是消极等待，在不同阶段，中央政府根据实际情况，以多种形式介入到协商互动的过程中去，形成了央－地复合性协调互动的形态。

1．组织保障

在1980年代，上海经济区规划办公室直属于国务院，由国家计委代管。在规划工作上，国家计委、国家经委经常与规划办公室取得联系，给予帮助、指导，有关地区和部门积极参加和支持这项工作。在《长江三角洲地区区域规划》中明确指出，国务院有关部门按照职能分工，加强对规划实施的指导，深入调查研究制定贯彻实施该规划的具体政策措施，及时指导地方解决规划实施中的重大问题。《长江三角洲城市群发展规划》提出，规划由上海市、江苏省、浙江省、安徽省人民政府和国务院有关部门共同组织实施；同时要求国家发展改革委、住房城乡建设部加强对规划实施情况的跟踪分析和督促检查，适时组织开展规划实施情况评估。

而《长江三角洲区域一体化发展规划纲要》则提出，成立推动长三角一体化发展领导小组，统筹指导和综合协调长三角一体化发展战略实施，研究审议重大规划、重大政策、重大项目和年度工作安排，协调解决重大问题，督促落实重大事项，全面做好长三角一体化发展各项工作。领导小组办公室设在国家发展改革委，承担领导小组日常工作。领导小组办公室要会同三省一市和有关部门，依据该规划纲要，抓紧组织编制基础设施互联互通、科创产业协同发展、城乡区域融合发展、生态环境共同保护、公共服务便利共享等专项规划，组织制定实施长三角生态绿色一体化发展示范区总体方案、中国（上海）自由贸易试验区新片区建设方案，研究出台创新、产业、人才、投资、金融等配套政策和综合改革措施，推动形成"1+N"的规划和政策体系。在推动长三角一体化发展领导小组的直接领导下，领导小组办公室要加强规划纲要实施的跟踪分析、督促检查、综合协调和经验总结推广，全面了解规划纲要实施情况和效果，适时组织开展评估，协调解决实施中存在的问题，及时总结可复制、可推广的政策措施；重大问题及时向党中央、国务院报告；完善规划实施的公众参与机制，广泛听取社会各界的意见和建议，营造全社会共同推动长三角一体化发展的良好氛围。

2．政策保障

随着1982年国务院发布《关于成立上海经济区和山西能源基地规划办公室的通知》，上海经济区正式成立，拉开了中央政府层面支持长三角地区跨界协调发展的序幕。1992年，国务院召开"长三角及沿江地区规划座谈会"；同年，由上海、无锡、宁波、舟山、苏州、扬州、杭州、绍兴、南京、南通、常州、湖州、嘉兴、镇江14个市经协委（办）发起、组织，成立长江三角洲十四城市协作办（委）主任联席会，开展城市间合作的商讨与初步实践；2003年长三角16个城市市长峰会召开，并发表了以"城市联动发展"为主题的政策性文件——《南京宣言》。

2008年，国务院正式出台《关于进一步推进长江三角洲地区改革开放和经济社会发展的指导意见》。2010年，《长江三角洲地区区域规划》颁布实施，明确提出建设具有较强国际竞争力的世界级城市群，城市政府间合作向"泛长三角"拓展。2014年，习近平总书记明确要求长三角率先、一体化发展，同年发布的《国务院关于依托黄金水道推动长江经济带发展的指导意见》首次明确了安徽作为长三角城市群的一部分，参与长三角一体化发展。2016年，《长江三角洲城市群发展规划》正式颁布实施，并提出到2030年全面建成具有全球影响力的世界级城市群的目标，要求长三角率先建立一体化发展体制机制，创建城市群一体化发展的"长三角模式"。2018年6月上海、浙江、江苏以及安徽共同制订《长三角地区一体化发展三年行动计划（2018－2020年）》的纲领性文件，囊括了12个合作专题，覆盖范围包括上海、江苏、浙江、安徽全境的41个城市。2018年10月《长三角地区加快构建区域创新共同体战略合作协议》明确提出，共同构建长三角创新创业的生态体系，打造G60科技走廊。2019年12月1日，中共中央、国务院印发《长江三角洲区域一体化发展规划纲要》，标志着长三角区域一体化发展进入新阶段，也将助力长三角成为新时代改革开放新高地。2020年6月，《长三角生态绿色一体化发展示范区国土空间总体规划（2019－2035年）草案公示稿》正式公布，作为国内首个由省级行政主体共同编制的跨省域国土空间规划，是一体化制度创新的重要成果。这些文件的发布对于长三角加快区域一体化发展，促进长三角协同发展，提供了重要指导。

3．制度保障

双层次模式的央－地复合性协调互动能够为跨界协调发展提供完善的制度保障。早在1980年代，上海经济区的建设着重发挥国务院对经济区各条块的统筹协调作用，从国民经济发展的全局出发，通过改革和相关制度制定，解决当时规章制度中阻碍横向经济联合的问题，协调经济区内部门之间、地方之间和部门与地方之间的关系，推动区域合作互动。例如，上海经济区规划办公室成立以后，进行了两次打破省界的开放式的察勘，在全面调查研究的基础上提出了"团结治水、科学治水"的治理方针，组织专家编制了规划方案并召开了可行性研究报告的论证会，还组织了各省、市之间的互访，创造了多种接触机会，让省市之间、省市与水利部之间沟通思想，互通情况，最终形成了较为科学的综合治理方案。

中央政府统筹协调有利于跨界区域建立健全上下游毗邻省市规划对接机制，协调解决地区间合作发展重大问题，促进流域上下游合作发展。例如，新安江跨省流域生态补偿试点作为打造绿色长三角过程中积极有效的探索，浙江与安徽已签署多轮新安江流域上下游横向生态补偿协议。通过生态补偿机制，新安江的水质持续改善。如今，新安江已经成为浙皖高质量一体化的新引擎。依托流域优质生态资源，浙皖两省已经构筑起皖南－浙西－浙南黄金旅游路线。在生态补偿机制的作用下，产业转型升级步伐加快，新安江流域实现了绿色发展。通过完善流域内相关省市政府协商合作机制，构建流域基础设施体系，严格流域环境准入标准，加强流域生态环境共建共治，推进流域产业有序转移和优化升级，推动上下游地区协调发展。

通过中央顶层制度的制定，能够加快推进跨界地区要素市场一体化，加强各类资本市场分工协作，共建统一开放的人力资源市场。以金融一体化为例，长三角三省一市地区金融办主任圆桌会议促进了长三角地区在金融资源共享、金融机构合作、金融市场互联互通、金融环境优化等方面达成广泛共识，联系日益密切，加快了金融领域的协同改革和创新，促进了资本跨区域有序自由流动。上交所还在苏浙皖沪四地建成5个资本市场服务基地和1个资本市场服务工作站，加大对外服务力度。

9.1.4　两级政府管理

不同于中国双层次模式的跨界治理机制，以欧美国家大都市区为代表的双层次跨界治理更多地强调调整不同层级政府的管理权限，实行两级政府管理，上层次政府和下层次政府的事权与财权划分较为明确。

1. 上级政府

一般来说，在欧美双层次跨界治理组织架构中的上级政府，主要是制定战略规划、整体协调，以及承担一些区域性服务的供给，如消防、公路交通、警察、公共运输等。

大伦敦市政府即为这种上级政府，根据1999年的《大伦敦市政府法案》(*Greater London Authority Act 1999*)，大伦敦市政府(GLA)于2000年经选举成立。该法案对大伦敦市政府的组织机构构成、运作方式、大伦敦市政府与各自治市的权力分配等作了明确的法律规定。大伦敦市政府统辖整个大伦敦地区32个自治市和1个伦敦城。2003年，区域内人口738.8万人，其中伦敦城人口8000人，总面积1580km^2。

大伦敦市政府由伦敦市长(Mayor of London)、伦敦地方议会(the London Assembly)组成。大伦敦市市长是伦敦对外形象的代表，负责制定各部门预算草案和大伦敦市的战略规划(主要的规划实施权力由自治市移交到了市长手中，市长有权否定不符合大伦敦整体发展的各自治市规划)，伦敦地方议会有权监督、质询市长，有独立调查权以及向市长提出建议的权力。大伦敦市下属大伦敦警署(MPA：Metropolitan Police Authority)、伦敦消防和紧急救济局(London Fire and Emergency Planning Authority)、伦敦发展局(LDA：the London Development Agency)、伦敦文化协会(the London Cultural Consortium)和伦敦交通局(TfL：Transport for London)等机构，协调和管理32个自治市和1个伦敦城。大伦敦市政府的这种大都市政府模式又称为城际(intermunicipal)大都市政府，它们没有财政自治权，资金来源于地方政府和上层次政府的积累(许丰功 等，2002)。

20世纪20年代以后随着郊区化的扩展，美国城市周围的郊区进入繁荣状态，在这种背景下，中心城市周围的郊区多数采取合并方式独立建市，因而形成了众多的地方政府（自治体、特别区）。迈阿密地区采用的是双层制大都市管理模式。迈阿密位于佛罗里达州南部的戴德县境内，迈阿密大都市区包含了佛罗里达南部的三个县。由于第二次世界大战后城市急剧地向农村扩展，区域行政制度的设立成了必要的课题。1945年试图把迈阿密市与戴德县统一起来的提议遭到了州议会的否决。而随后由于市县分治给双方政府带来的沉重负担与设施建设、使用的不经济状况的日益加剧，对迈阿密市和戴德县紧密合作的要求日趋强烈。在这种背景下，1957年戴德县与迈阿密市形成的双层制的大都市政府－县（区域）内非城市地区的所有服务均由大都市政府（上层）提供，而27个自治市的公民接受他们所在市（下层）和大都市（上层）的双重服务。

这个双层制政府管辖与服务的面积是5200km^2，总人口192.8万人（1990年）。政府领导机构由全体居民选出的9名理事组成，并且是双层制大都市政府的最高决策机构。在理事会下设有8个常任委员会，协调解决财政、政府间关系、交通、环境和土地利用、社区事务等各项工作。在以迈阿密市为中心的大都会中，还设置有南佛罗里达区域规划协议会、南佛罗里达水资源管理委员会等专门问题的协调性组织。而上层政府对公路、铁道、公共汽车、飞机场、港湾等区域性交通系统实施明确的一元化管理。目前正在努力谋求通过大都市土地规划法，这个法案要求地方规划与发展构想必须与大都市上层政府提供的综合规划一致，否则大都市上层政府有权终止地方规划。

2．下级政府

下级政府主要负责各自管辖范围内的日常事务，如教育、环卫、地方规划、社会服务等。例如，除涉及大伦敦市的共同事务由大伦敦市政府管辖或者由大伦敦市政府和各自治市共同解决外，教育、社会服务、住房、街道清扫、垃圾处理、图书馆事务、各自治市规划等其他事务均由各自治市选举产生的议会负责执行。

大伦敦市实行两级政府管理，大伦敦市和各自治市之间权责划分明确，有利于发挥各自的优势，精简机构。各自治市最接近社会生活，因此在处理社区内日常事务时得心应手；大伦敦市政府着眼于伦敦的战略发展规划，能够从局部利益中解脱出来，有利于协调各自治市的冲突和纠纷，促使总体福利改善。同时，由于大伦敦市政府仅仅负责战略规划和整体协调，部门设置达到了最精简的程度——日常管理的部门没有必要在大伦敦市政府的层次上设置，只需设置涉及整体战略规划的部门（图9-3）。

在戴德县与迈阿密市形成的双层制大都市政府中，上层政府承担了少量的区域

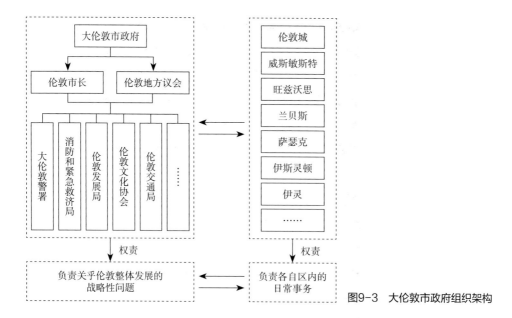

图9-3 大伦敦市政府组织架构

范围服务,资金来自整个大都市区范围的相关税收及那些非自治市地区的特别税,而下层政府承担了更具体的公共服务工作,例如迈阿密地区双层制大都市管理模式(表9-1)。

迈阿密地区双层制大都市管理模式　　表9-1

上层(大都市政府)	下层(市)
消费者的保护	教育
消防	环境卫生
公路和交通	住宅
警察	地方规划
公共运输	地方街道
战略规划	社会服务
垃圾处理	垃圾汇集

资料来源:张京祥,刘荣增,2001. 美国大都市区的发展及管理[J]. 国外城市规划(5):6-10.

这种双层制政府体制并不是严格的区域、城镇政府等级隶属制,在两个层次之间有明晰的分权。采取双层制结构体制是人们认识到了统一全地区所共有职能的必要性,而同时又希望能在地方性事务方面保存地方的和私人的经营与管理(张京祥 等,2001)。

9.2 单层次治理组织

相较于双层次治理组织强调科层权威领导跨界治理，单层次治理组织的架构未直接建立一个管辖全部跨界区域事务的政府体制，而是通过政府间契约基础联合起来形成自主性的区域公共管理关系社群，各个跨界主体之间的联系相对比较松散，侧重于通过各种共同建立的决策、协调和执行的联席会议、协议机构去处理区域问题、管理跨界区域，从而在一致性的、有序的、可预见的区域环境中促进资源实现跨界整合、流动与共享，共同运用这些资源满足跨界交易。

中国的单层次治理组织通常以行政契约（协议）的形式形成，从各地的实践来看，这种行政契约往往具有如下特点：①名称的多样性。有协议/协定、纲要、备忘录、倡议书、议定书、意向书、宣言和共识等称谓。②缔结主体的多样性。例如省市政府及其首长、厅局之间、处所之间都可能缔结协议，但是没有一项协议经过了地方或者全国人民代表大会或其常务委员会的批准或备案，因此协议的权威性较差。③法律效果差。从协议条款中的权利义务逻辑结构上看，法律规则意识不强，条款内容具有原则性、宣言性和政策性，缺乏明晰的权利义务拘束力。④执行力不强。从执行机构和机制看，协议的执行方式并不是由一个独立的行政实体组织来操作的，协议基本上采取了联席会议和沟通联络这样松散的管理模式来执行（于立深，2006）。

在美国，州际协议（Interstate Compacts）是由两个或两个以上州之间协商达成，并经国会同意的法律协议，缔约州受协议条款和《联邦宪法》"契约"条款拘束，就像商业交易中双方或者多方当事人受契约约束一样。通过缔结州际协议创建各类州际协议机构，作为执行和管理协议的专门机构，这些州际协议机构建立了各自的组织结构（一般为委员会制）、决策机制、权力运行机制、人事管理机制、财务机制、冲突解决机制和监督机制等，促进州际区域协作秩序的发展（吕志奎，2009）。

单层次治理组织的架构通常包含决策层、协调层和执行层三级运作体制框架。决策层一般表现为"行政长官联席会议""州际契约委员会"等形式，是跨界治理组织架构的最高管理层，主要事务为在重大事项上达成共识，缔结协议；协调层通常由各跨界主体的政府副职领导或秘书长组成，一般表现为"联盟秘书处""秘书长协调会议"等形式，通过交流、探讨推进跨界合作中的新情况、新问题，协调推进跨界合作事项的进展；执行层通常为相关主管部门，负责落实具体的跨界事务，或表现为重点跨界地区结对共建的形式，推动跨界资源的协调。

9.2.1 决策层

单层次治理组织的决策层一般表现为联席会议制度，通常由各跨界主体的最高行政长官组成，通过联席会议联系在一起，共同谋划跨界地区的发展战略，决策一定时间段的重大项目，研究解决区域合作中需要协调的重大问题。

在长三角地区，南京都市圈以市级政府联合构建的单层次治理组织相对成熟。南京市于2003年牵头组织召开了首届"都市圈一体化建设协调会议"。经过近十年的磨合，2013年由南京市牵头、其他城市积极参与共同成立了"南京都市圈城市发展联盟"。目前，南京都市圈已经历了接触、协作、联合的初步成长期，逐渐进入从要素流动向资源融合、从经济协同向社会融合、从松散协作向制度融合的深度转变期。南京都市圈的决策机构分为决策顾问和决策层。决策顾问由各成员市书记、市长组成，工作平台为"南京都市圈党政领导联席会议"，决策层为联盟理事会，由各成员市分管副市长组成，工作平台为"南京都市圈市长联席会议"，每年四季度举行。主要是贯彻落实党政领导联席会议决策和精神，商议南京都市圈年度工作计划，协调跨区域的重大合作事宜。设常设主席方和执行主席方，常设主席负责承办、主持党政领导联席会议、市长联席会议暨发展论坛（图9-4）。

泛珠三角地区对以省级政府探索建立的单层次治理组织也进行了一定的探索。"泛珠三角"于2003年7月正式提出，包含了福建、广东、广西、贵州、海南、湖

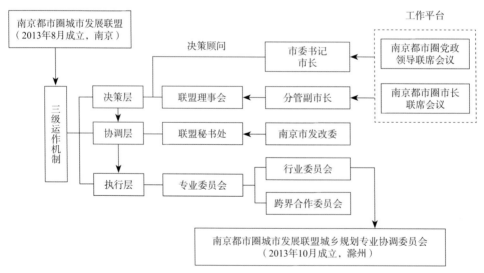

图9-4 南京都市圈城市发展联盟组织架构图

（资料来源：官卫华，叶斌，周一鸣，等，2015. 国家战略实施背景下跨界都市圈空间协同规划创新——以南京都市圈城乡规划协同工作为例［J］. 城市规划学刊（5）：57-67）

南、江西、四川、云南、香港和澳门。自2004年6月3日共同签署《泛珠三角区域合作框架协议》起，相关制度逐步建立，推动着"泛珠三角"合作向务实、纵深方向发展。其中，行政首长联席会议是泛珠三角地区政府间协议的最重要的程序平台，区域各成员通过定期会议制度的方式，来完成要约、承诺与价值考量的过程，并达成一致意见，从而最终缔结政府间协议。这种以行政首长的强力推进为特征的程序是比较适合中国国情的，在泛珠三角地区的实践中，绝大多数政府间协议都是通过这种程序来达成的。但是，这种程序平台也存在明显的缺陷，比如会议时间间隔比较长，一年仅有一次，并不能解决所有问题，况且行政首长往往事务比较繁忙，也不可能把所有的精力都投入到政府间协议的缔结中。

联席会议成员为"9+2"省（自治区）及特别行政区政府行政首长，以承办当届联席会议方的行政首长为当届的执行主席，执行主席任期自当届联席会议开始时起至下届联席会议开始前终止。联席会议由承办方政府负责组织筹备，珠三角区域合作行政首长联席会议秘书处配合，各方负责区域合作工作的秘书长和负责日常工作的办公室主任应列席联席会议。联席会议职责包括：研究区域合作规划，研究解决区域合作中需要协调的重大问题，审议、决定区域合作的重要文件，以及通报上届联席会议以来"9+2"各方推进泛珠三角区域合作的情况。联席会议成员职责包括：部署和推动本方参与区域合作的有关事项和重大合作项目工作，对泛珠三角区域合作的战略、规划、行动方案以及重大合作项目作出决策，以及向联席会议提出推进泛珠三角区域合作建议和需要提请联席会议审议的事宜。

在美国的单层次治理组织中，州际契约的执法机构扮演着决策层的角色，州际契约执法机构具有两个普遍而典型的特征：①该机构是依照州际契约，经过协商设定的长期性的行政实体（有会员单位、行政人员和雇员）；②采取委员会形式，一般情况下由每个州选举出相同人数的代表组成，每个代表拥有相同的表决效力，有时也吸收联邦政府代表或者联邦政府职能部门（如环保署）的官员参加（于立深，2006）。例如，三州大都市地区（Tri-state Metro Politan Region，即美国纽约大都市地区）的管治范围包括纽约州以及康涅狄格州与新泽西州的一部分。州际契约执法机构的工作重点是将规划转化为公共政策，其中又以1921年成立的纽约和新泽西州港务管理局为这类机构的典范，它是专门负责建设和管理纽约都市区的桥梁、港口、公交站点和空港等大型交通公共设施的最高决策机构，由12名成员组成（由纽约州和新泽西州选派和任命所在州的选民），对港口的发展与经营管理拥有最终决策权和监督权。港务管理局财政自主，不依赖于政府的预算，不向政府纳税，没有征税的权力，也不上交利润，获利部分全部用于港口的进一步建设和发展。港务管理局享有很大的经营管理自主权和土地使用权，不仅管理港区、码头，还管理火车站、机场、水下隧道和汽车站；不仅管理运输，而且负责管理港区内的两座贸易大厦。

9.2.2 协调层

单层次治理组织的协调层起到承上启下的作用，协调推进决策层缔结协议中提出的合作事项，对接执行层编制推进合作发展的专题计划，并向决策层提交跨界合作进展情况报告和建议。

在"泛珠三角"单层次治理组织中，为进一步推动泛珠三角区域合作与发展，根据《泛珠三角区域合作框架协议》的规定，建立政府秘书长协调制度。协调制度秘书长由福建、江西、湖南、广东、广西、海南、四川、贵州、云南省（自治区）政府秘书长或副秘书长，香港、澳门特别行政区政府相应官员担任。执行秘书长由承办当届行政首长联席会议的政府秘书长担任。协调制度秘书长负责协调"9+2"之间需要政府协调的相关具体合作事宜，负责协调本方参与"9+2"论坛与经贸洽谈会需要政府协调的具体工作事项，指导政府各有关部门衔接落实推进合作的具体项目及其他有关工作，并进行检查督促，每年定期或不定期向行政首长报告"9+2"政府合作过程中的有关情况和需要确定的问题，为行政首长联席会议年会作准备。执行秘书长负责汇总并确定秘书长协调会议的议题并作出议题安排，根据需要召集并主持协调会，加强"9+2"政府间有关推进合作事宜的沟通与联系，同时负责行政首长联席会议、区域合作与发展论坛及经贸洽谈会筹备工作的具体协调。

秘书长协调会议的议题主要有：①交流、探讨推进区域合作中的新情况、新问题；②协调推进区域合作事项的进展；③组织有关各方联合编制推进合作发展的专题计划；④研究向年度行政首长联席会议提交区域合作进展情况报告和建议，研究提出需由行政首长联席会议讨论决定的重大问题；⑤推举产生当届执行秘书长；⑥研究提出下一届行政首长联席会议、区域合作与发展论坛及经贸洽谈会的承办方建议，交联席会议议定，并根据承办方提出的方案，议定论坛和洽谈会的举办规模和形式。

9.2.3 执行层

单层次治理组织的执行层通常由各跨界主体的相关主管部门组成，重点在建立部门衔接落实制度，加强相关主管部门相互间的协商与衔接落实，对具体合作项目及相关事宜提出工作措施，制订详细的合作协议、计划，落实协议提出的合作事项。

1. 专业委员会形式

单层次治理组织的跨界治理行为在经过联席会议决策、秘书处协调后,具体事项的执行通常会涉及发改、规划、交通、水利、住建等多个部门。为了增强各跨界主体相关部门之间的沟通衔接,单层次治理组织会成立由各跨界主体相关主管部门组成的专业委员会,围绕涉及本部门的跨界合作事项制定计划,定期开展交流,为跨界事项的落地提供指导和支撑。

为推动东北东部十二市(州)区域合作与发展,根据《东北东部十二市(州)区域合作框架协议》的规定,建立部门衔接落实制度,负责对东北东部十二市(州)区域合作联席会议决定的与本部门有关的事宜制定互相衔接的具体工作方案、合作协议、专题计划。组织本部门编制推进合作发展的专题规划,制定本部门参与区域合作的工作方案;组织实施本部门参与区域合作的战略和规划;协调本部门与其他部门及外地在区域合作中的有关事宜。各部门定期向各方的日常工作办公室反映合作事项的进展、工作建议和存在问题。同时,不定期召开合作区域内对口部门衔接协调会议,衔接落实有关合作事宜,积极主动开展有关活动。

南京都市圈的执行层为专业委员会,包括行业委员会和跨界合作委员会。另外,成立了南京都市圈研究中心。《南京都市圈合作机制组织架构建议》提出建议,以项目合作推进都市圈深度融合发展。2013年南京都市圈市长联席会议上设立各相关专业委员会,在现有交通、旅游、统计专业委员会基础上,成立经信、规划、环保、商务、农业、教育、卫生、科技等专业委员会。如今,南京都市圈已成立秘书处,以及包括城乡规划专业协调委员会在内的17个专业委员会,进一步优化了都市圈发展制度设计。

各专业委员会作为南京都市圈的执行层,在城乡规划、产业发展、医疗卫生等影响都市圈各成员城市的关键领域发挥着重要作用,有力促进了南京都市圈党政领导联席会议的相关决策。例如,南京都市圈城市发展联盟城乡规划专业协调委员会先后发布《南京都市圈区域空间协调技术准则》《南京都市圈城乡规划协同推进工作方案》《南京都市圈规划合作框架协议》,明确建立共建国土空间规划区域协同、基础设施规划协同、规划技术交流合作等机制,对加强南京都市圈范围内城乡规划工作的合作协调,加快构建省际、城际规划协调的新机制,保障区域规划有序实施起到了一定的作用。南京都市圈经信专委会联席会议是推动都市圈城市互动合作、融合发展的重要平台,致力于一体化发展,有力地推动了圈内城市产业合作共赢、发展平台共享、资源要素共有。南京都市圈卫生健康专委会协商议定都市圈卫生健康工作重点围绕医疗卫生学科建设、学术交流咨询、信息化建设、医疗产业规划、重点领域产学研合作、科技成果转化、人才培养与援助、对口支援协作与资金扶持等方面开展合作。南京都市圈科技发展专业委员会围绕都市圈科技创新合作、产业协同、平台共建等事宜进行座谈交流，研讨加强都市圈科技创新合作的有效路径和措施，有利于深入贯彻长三角一体化发展国家战略，务实推进南京都市圈技术转移共同体建设，积极营造良好的技术服务生态，促进科技成果转移转化。

2．部门结对共建形式

为了推进跨界区域重点地区的跨界项目建设、跨界要素流动、跨界资源整合，往往会针对重点跨界地区采取结对共建示范区、特别合作区等方式。这种结对共建仍然是在跨界地区决策层缔结的行政契约、框架协议的基础上进行的，是一种具体落实推进跨界地区战略意图的执行手段。

以南京都市圈的宁淮特别合作区、顶山－汊河示范区、浦口－南谯示范区为例，南京和淮安两市于2019年启动宁淮特别合作区建设，重点打造宁淮新兴产业科技园、宁淮现代服务业集聚区两个特别合作区。宁淮特别合作区由南京方面主导开发建设，按照"管委会+平台公司"管理架构实行"封闭运作"，南京江北新区主导合作区经济管理、产业招商和建设事务，盱眙县负责征地拆迁和社会事务，积极争取授权行使市级经济管理权限，探索形成高效合理的"飞地"经济管理模式。

2019年10月1日，南京市党政代表团赴滁州市考察，南京市江北新区与滁州市来安县、南京市浦口区与滁州市南谯区分别签署跨界一体化示范区共建框架协议。其中，顶山－汊河示范区重点做好产业协作，打造先进制造业转型转移与跨区域发展的功能性合作平台；浦口－南谯示范区重点做好生态经济，打造长三角省际毗邻地区绿色发展示范区和苏皖跨界城乡融合发展试验区。10月15日，长三角城市经济协调会第十九次会议召开。会上，《江宁－博望跨界一体化发展示范区共建框架协议》签订。协议突出一体化和高质量要求，以市场化为主导，统筹推进南京市江宁区、马鞍山市博望区跨省毗邻地区一体化发展，协同推动生态环境跨区域联防共治。

从2015年开始，广佛在《广佛同城化建设合作框架协议》的基础上，在区和镇街层面尝试以结对共建促进重点跨界地区的合作。在区层面，涉及跨界地区的区政府通过签订涵盖规划、产业、环境、民生、交通等方面的同城化合作示范区框架协议，构筑区级的合作渠道。如南海－荔湾划出了五眼桥－滘口广佛同城综合开发试验片区，并提出了具体的产业发展导向，推动了跨界资源共享和合作的精准化。在街道/镇层面，广、佛外围的镇街，如广州市花都区炭步镇、赤坭镇分别与佛山市三水区乐平镇、大塘镇通过镇间结对的方式，建立了联系渠道，以加强跨界镇街的产业转型升级、农业发展等方面的合作。

9.3 产业联盟形式治理组织

在跨界治理的组织架构中，除了以政府部门为主导的双层次和单层次治理组织，产业联盟形式的治理组织也是跨界治理组织的典型模式。产业联盟本身实际上属于一个较为松散的契约联合体，联盟成员之间存在着竞争和合作的微妙关系，单个成员还存在着"搭便车"的可能性。因此，为克服这种不利影响，建立合理的组织架构对联盟的成败至关重要。一是需要合理设定联盟目标，定位于竞争前共性技术而非具体技术，避免联盟成员在联盟内部存在竞争关系，而着力凸显成员之间的合作关系。二是需要合理界定联盟成员的权利和义务关系。主要包括资金投入、知识产权归属和使用、研发任务分配等，用良好的激励约束机制抑制联盟成员的"搭便车"倾向（宋紫峰，2012）。

9.3.1 会员大会及理事会

产业联盟的最高权力机构通常为联盟会员大会。联盟会员大会具有制定和修改章程、选举和罢免理事、制定或修改会费标准、审议理事会工作报告和财务报告、决定终止事宜等职权；产业联盟的理事会通常由全体联盟成员以联盟会员大会的形式推选组成，由理事会行使联盟权力，决定联盟发展方向与重点工作和任务，协调各级关系及资金筹措、使用、项目实施及收益分配方案等联盟重大决策事宜。

在产业联盟组织架构中，产业联盟会员大会及相关企业是联盟的核心主体，确定研发导向，主导科技成果产业化和市场化。产业联盟能够站在整个跨界地区的高度，在研发阶段以市场需求为导向，提出研发计划，并承担部分研发任务，而后借助于高校和科研院所的人才和资源优势，主导产学研合作。在随后的生产阶段，产业联盟的企业承担着将技术成果产业化的职能，通过企业的生产转化，制造出适合市场需求的产品，从而促进跨界地区产业创新。

例如，在2020年10月，长三角G60科创走廊通航产业联盟2020年成员大会在北航芜湖会展中心召开。相关领导、部门组织、行业联盟成员代表及省直主管部门共200余人相聚一堂，共商长三角区域通用航空产业发展大计。大会认为G60通航产业联盟的构建是认真贯彻《长江三角洲区域一体化发展规划纲要》的重要举措，更是长三角G60科创走廊成员城市和通航企业齐心协力谋创新、谋发展的生动体现。未来，联盟将致力于形成更有责任、更有激励、更有约束、更有活力的管理运行机制，促进通航领域人才、技术、资本等要素高效集聚，促进通航产业区域合作及协同创新水平持续提升，促进长三角空中一体化联网全面提速。

长三角是中国集成电路、人工智能、生物医药产业要素最集聚、产业链最完整、创新资源最丰富的地区之一。长三角三省一市以建设世界级产业集群为目标，推动产业链深度融合。2021年5月27日，第三届长三角一体化发展高层论坛在无锡举行，会上，长三角集成电路、生物医药、新能源汽车、人工智能四大产业链联盟揭牌。四大产业链联盟以上海集成电路行业协会、中国药科大学、吉利控股集团、科大讯飞为首任联盟理事长单位。理事会承担政府与企业间的交流沟通平台职能，对产业链上下游的信息、技术、人才、资金等交流对接、联合攻关和推广应用，产业链创新平台和科研资源共享，吸引更多的人才服务产业链发展，联合开展产业链重大课题研究起到重要作用。

9.3.2　专家委员会（咨询机构）

产业联盟专家委员会作为联盟的综合咨询机构，由相关政要、成员单位的领导、国内外技术专家以及从外部特聘的技术和经济专家、院士等组成。为联盟指明正确的技术发展方向，并指导联盟提高管理水平。

专家委员会的职责通常有：①专家委员会成员接受邀请出席联盟的各种活动，对联盟工作重点给予指导意见，参与和指导专业委员会开展工作，并对实际合作项目提供技术咨询支撑；②负责制定联盟的技术发展方向，根据行业技术发展趋势提出项目计划，编制或审议重点项目实施方案；③负责对提高联盟的管理水平提出指导意见和实施方案；④负责项目实施的监督、检查、验收等工作；⑤对联盟资金使用情况进行监督，就资金筹措、使用等提出建议；⑥定期列席有关会议提出相关建议，并作专家委员会年度报告。

例如，长三角生态环保产业链联盟理事成员单位由江苏省环保集团、上海电气环保集团（上海市机电设计研究院有限公司）、浙江省环保集团有限公司、安徽环境科技集团股份有限公司、同济大学、南京大学、中国天楹、双良集团等长三角三省一市知名高校、科研机构、大型国有环保企业、上市环保企业等组成。联盟成立以来，发挥长三角科教和产业发展优势，搭建产学研用合作交流平台，联合攻关生态环境领域关键核心技术，加强生态环保产业链、供应链协同协作，提升长三角生态环保产业整体竞争力，有利于将长三角地区打造成全国有影响力的产业综合集聚区。

长三角生态环保产业链联盟聚焦蓝天、碧水、净土"三大战役"和环境监测监控领域，设立了由中国工程院院士、美国国家工程院外籍院士郝吉明，中国工程院院士、南京大学教授张全兴，中国工程院院士、美国国家工程院外籍院士曲久辉，中国工程院院士、深圳大学特聘教授杜彦良，中国工程院院士贺克斌，中国工程院院士、浙江大学教授朱利中，中国工程院院士、哈尔滨工业大学教授马军，中国工程院院士、南京大学环境学院院长任洪强，中国工程院院士、生态环境部卫星环境应用中心研究员王桥共九位院士领衔和四位行业知名专家组成的专家顾问团，为联盟发展方向、重大决策提供咨询。有了专家顾问团的"出谋划策"，有利于长三角环保产业的发展水平、科研实力、创新能力全面实现新突破，进一步巩固在全国领先的位置，为缓解生态环境压力、推动产业转型、催生经济新增长点发挥更大作用。

9.3.3 执行机构（秘书处）

秘书处通常为产业联盟理事会执行机构。联盟秘书处实行秘书长负责制，秘书长向理事会负责。秘书处工作人员由秘书长聘任，秘书处工作人员任期为四年。秘书处一般具有以下职责：①执行理事会决议，负责联盟日常事务；②负责理事会的筹备，向理事会作年度工作总结报告，编制年度工作计划、财务预算和决算方案；③负责规划和管理联盟专业委员会相关工作；④负责受理联盟项目（专题、课题）的立项申请，经形式审查后，提交专家委员会评议、理事会审批；⑤负责组织向有关部门申报项目；⑥负责对项目知识产权归属、成果推广等事项进行登记；⑦负责知识产权归属等事项的协调、调查等工作。

为了联盟的正常运作，秘书处还会下设办公室、产业中心、研究院等机构，办公室又下设人力资源部、咨询部、财务部、法务部、政策部、外联部、接待服务部、投资部等常规部门，负责联盟的媒体宣传、展会推广、交流研讨、人员管理等工作。

9.4 民间联盟形式治理组织

9.4.1 强化与政府的互动

跨界治理是一个复杂的系统工程，以产业联盟形式治理组织引导的市场机制是促进跨界地区协同发展的市场运行机制。但是，由于跨界治理的复杂性、不确定性，以及不可避免的政府失灵、市场失灵等问题，在市场机制和政府机制调控的同时，需要行业协会、商会、社团等民间联盟组织及公众的参与。民间联盟形式治理组织在弥补市场失灵和政府失灵、协调跨界地区内不同利益主体的关系、培育跨界地区内的社会意识等方面具有不可替代的重要作用。

民间联盟形式治理组织是推动跨界地区经济整合的社会力量代表，是社会机制正常运行并发挥作用的保证，作为一个行业自律性组织，是市场机制和政府机制的必要补充。民间联盟形式治理组织既能够及时地集中跨界地区内企业、公民等社会成员对政府的愿望、要求、建议、批评并"上传"给政府，又能把政府的政策倾向及对相关问题的处理意见"下达"给群内的成员。民间联盟形式治理组织在政策、制度、法律的制定过程中具有不可或缺的推动和建议的作用，它分担了政府机构的部分职能，强化了企业等微观主体的自律行为。

例如，2020年11月21日在无锡成立的"长三角一体化太湖融合创新联盟"，由上海社会科学院经济研究所、上海交通大学长三角一体化发展研究院、中国亚洲经济发展协会长三角发展部联合发起，包括红豆集团、无锡星洲工业园区开发股份有限公司、无锡市新产业研究会等12家成员单位联合加入。联盟的成立是一个合作的平台，2021年将围绕主要目标，确定一个长三角区域经济融合发展的研究课题展开工作，形成研究成果，并举办相关专题对接会及各类调研走访活动，把联盟工作做实，做出成效。联盟将从民间角度，多层面推动长三角地区经济、科技、社会文化要素流动，促进深度融合；同时为政府赋能方面发挥作用，促进市场主体与政府间沟通互动。联盟将促进长三角城市间协同创新，共建共进，促进区域开放共赢、民生共享。

为深入贯彻落实长三角一体化国家战略，响应以国内大循环为主体、国内国际双循环相互促进的新发展格局，支撑上海大都市圈协同规划、建设和管理，2020年9月28日，"上海大都市圈规划研究中心"暨"上海大都市圈规划研究联盟"在上海市正式成立。

"上海大都市圈规划研究联盟"由上海市城市规划设计研究院、中国城市规划设计研究院上海分院、上海社会科学院、无锡市规划设计研究院、常州市规划设计院、苏州规划设计研究院股份有限公司、南通规划设计院有限公司、宁波市规划设计研究院、湖州市城市规划设计研究院、嘉兴市国土空间规划研究院、舟山市城市规划设计研究院有限公司等11家单位共同发起创建。在2021年10月15日举办的"'双循环'中的都市圈——2021上海大都市圈年度论坛"中，江苏省规划设计集团有限公司、南京市城市与交通规划设计研究院股份有限公司正式加入上海大都市圈规划研究联盟。联盟以支撑上海大都市圈协同发展为导向，以"资源共享、优势互补、服务区域、共谋发展"为原则,以开展高水平规划研究、咨询服务、信息传播等为主线,共创非营利、开放性的区域发展平台,以国内领先的理论与理念,为上海大都市圈规划、建设和管理提供强有力的智力支撑。规划研究联盟的主要宗旨是促进大都市圈主要规划部门间的理念、成果、信息交流,探索大都市圈规划的前沿理论,着力形成都市圈发展的智力引领。

在联盟内部,上海市城市规划设计研究院、中国城市规划设计研究院上海分院、上海社会科学院三家单位合作成立"上海大都市圈规划研究中心"。中心以"资源共享、优势互补、服务区域、共谋发展"为原则,以开展高水平规划研究、咨询服务、信息传播、人才培养为主线,致力于对标国际最高标准,打造国内领先、具有核心竞争力和广泛影响力的跨学科、跨领域高端新型智库,为上海大都市圈规划、建设和管理提供强有力的智力支撑。

同时,联盟还设有指导委员会,由自然资源部国土空间规划局、长三角区域合作办公室、上海市规划和自然资源局、江苏省自然资源厅、浙江省自然资源厅、无锡市自然资源和规划局、常州市自然资源和规划局、苏州市自然资源和规划局、南通市自然资源和规划局、宁波市自然资源和规划局、湖州市自然资源和规划局、嘉兴市自然资源和规划局、舟山市自然资源和规划局、中国城市规划设计研究院组成,对联盟工作开展给予政策指导和监督。联盟还聘任了上海大都市圈规划研究中心、上海大都市圈规划研究联盟顾问专家,为联盟提供智力支持,参与联盟重大决策(图9-5)。

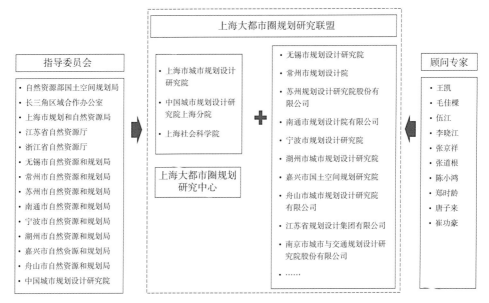

图9-5 上海大都市圈规划研究联盟组织架构图

在国外跨界地区治理过程中，也有很多由第三部门、民间联盟等所组成的治理组织，致力于动员推动利益相关者介入、发挥参与的主动性和积极性，相互依存、相互信任，为共同目标互动。例如，美国纽约区域规划协会（RPA）是位于美国纽约的一个独立的非政府性组织，由企业、市民和社区领导者组成，"是纯粹的私人组织，完全没有官方支持"。1925年以来的三次"纽约大都市区规划"均由美国纽约区域规划协会组织编制和推进实施。该协会的性质是非营利性组织，机构的运作资金完全来源于企业或社会赞助，是典型的"第三部门"，而其编制的规划并不具有法律效应，规划对区域的影响更多的是依靠影响政府官员或选民来发挥作用（图9-6）。

尽管这些非官方的联盟本质上不具备决策的权力，但其一旦建立起来，就可以利用组织间丰富的社会网络资本，通过向政府官员进行游说、向社会大众进行宣传等，促使区域性共识的形成，达到向各级政府提供政策建议的目的。这些跨界地区民间联盟组织的成立都说明，跨界治理需要市场机制、政府机制和民间组织机制合力促进。在跨界治理的进程中，市场机制主要对社会经济资源的优化配置起决定性作用，政府则对市场机制的发育、市场体系的健全、市场规则的完善以及市场环境的保障和优化起主导作用，民间联盟形式治理组织则是通过发挥和激励公共参与和监督意识，强化企业、个人等微观主体的自律行为，协调政府与市场之间的关系。市场组织、政府组织和民间组织之间的相互促进、相互协调与和谐发展是跨界地区协同发展的条件之一（袁莉，2014）。

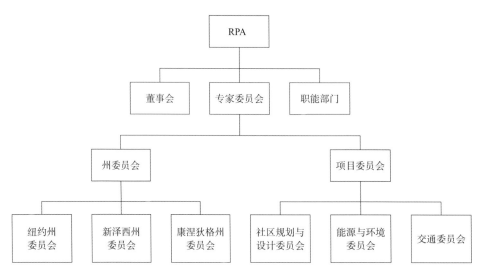

图9-6　区域规划协会组织架构图
（资料来源：根据RPA官方网站提供信息绘制）

9.4.2 强化行业之间互动

民间联盟的内部交流合作能够以非官方的形式加深跨界地区的科教、文体、旅游等行业的互动,以及加强专业技术的沟通与协调,有利于整合资源,提升跨界地区的凝聚力和认同感。

例如,在长三角地区,随着区域旅游企业的联合和行业自组织的不断发展,如"2005年中国长三角旅行社合作峰会组织""2006年长三角汽车俱乐部联合体"等行业合作组织不断建立,能够不断挖掘长三角地区的旅游资源进行整合联动,共同举办旅游节庆活动,促进江南水乡古镇生态文化旅游发展,打造国家乃至世界级旅游名片。

2018年5月22日成立的长三角科普场馆联盟,由上海科技馆、上海中国航海博物馆、江苏省科学技术馆、南京科技馆、浙江省科技馆、浙江自然博物馆、安徽省科学技术馆、合肥市科技馆八家科普场馆发起,其他盟员单位则由各省馆推荐产生,范围包括综合性的省市地区馆、各类专业场馆、企业、高校、科研机构、社会团体和民间机构等。长三角科普场馆间达成了长远合作愿景,将共同盘活长三角科普资源"一盘棋"。秉持共商、共享、共赢的理念,不断推进落实场馆间教育、展示、收藏和研究等各方面的深入交流,形成"产-学-研-用-展"一条链,实现馆间、馆企、馆研、馆校协同发展,共同为推动长三角一体化发展和具有国际影响力的世界级城市群建设作出应有的贡献。

北美五大湖流域面积约76.6万km^2,覆盖加拿大安大略省和美国8个州,内部重要城市数量超过30个。为了形成水资源等重大地区发展问题的共识,成立大湖委员会的跨国组织机构。大湖委员会日常工作主要以科学的研究为依据,以互惠互利的合作为前提,促进地区的经济繁荣和环境保护。例如在五大湖地区生态环境保护与恢复问题上,大湖委员会的工作更注重通过科学研究解决地区共同面临的问题。就非本地芦苇以及亚洲鲤鱼的物种入侵问题,委员会召开专题研讨会、组织专家制定战略框架和对策、开展物种的生态分离技术研究等,目标是提供可操作的技术指导;就河口重点地区的生境保护问题,委员会组织建立大湖河口实验室,目标是提高公众对淡水河口的科学认识,促进科学家和管理人员的协调与合作,应用科学技术手段提高河口养护与管理的水平。

再如在五大湖地区的风能利用问题上,大湖委员会促成利益相关者成立一个多部门的联合机构,重点研究促进五大湖地区风力发电的可持续发展。该机构重在建立一个对话和信息交换的有效平台,能够用先进的科学和技术辅助决策,协调多方面利益,就风力发电相关问题达成共识。大湖委员会主要负责的工作包括秘书处组织、项目管理、会员招募、工作团队支持、财务管理、协办会议、数据管理和网站设计、通信和信息服务以及研究、报告产品和公众联络等。

可见,大湖委员会在城市群发展的区域协调发展中更多地发挥专业技术的沟通与协调角色,目前的首要任务主要集中在清洁能源和气候、水资源、外来入侵物种、水质和生态系统健康,以及生境和沿海管理等问题,这种以专项研究和引导为重点的区域协调更容易促成不同利益主体达成共识。

9.5 不同模式跨界治理组织特征

无论是以政府部门为主导的双层次治理组织和单层次治理组织,还是以市场、自治为主导的产业联盟形式治理组织和民间联盟形式治理组织,都注重上下协调和横向沟通,注重多类主体共同参与、协调以确立合理的利益格局,达成最终的跨界治理方案。但不同模式的跨界治理组织具有各自的特征(表9-2)。

不同跨界治理组织架构对比分析表 表9-2

	双层次治理组织	单层次治理组织	产业联盟形式治理组织	民间联盟形式治理组织
治理主体	上层政府(如中央政府、大都市政府)+下层政府(如各省政府、自治市政府)	各省(城市、州、自治市)政府	企业、相关行业主管部门、专家顾问等	学术界、商界、教育界、社区、环保组织、规划机构等民间团体
治理重点	统领跨界区域的全面一体化发展	加强各跨界主体政府间的联系,促进基础设施、公共服务、产业的跨界协同	促进区域特定产业的发展	促进社会、经济、科技、旅游等领域的融合
合约机制	中央政府纲领性文件,约束性强	纲要、备忘录、倡议书、宣言等行政契约,约束性一般	联盟章程,约束性较弱	联盟章程,约束性较弱
联系强度	上层政府在区域协调中发挥重要作用,联系较为紧密	缺少上层政府统筹引领,联系相对比较松散	联盟成员之间存在竞争和合作的微妙关系,联系较为松散	依靠联盟章程进行联系,联系较为松散

双层次模式的治理主体通常采用"上层政府+下层政府"的组合模式。在中国，上层政府特指中央政府及其意志的代言人，例如长三角地区的"推动长三角一体化发展领导小组"、珠三角地区的"粤港澳大湾区建设领导小组"以及京津冀地区的"京津冀协同发展领导小组"，这类"上层政府"通常具有实体的组织形式，如推动长三角一体化发展领导小组办公室。关注的跨界治理重点主要是区域一体化体制机制的构建，全面统领跨界区域的一体化发展。中央政府纲领性文件是该类跨界治理组织架构的合约形式，例如《长江三角洲区域一体化发展规划纲要》中对推动长三角一体化发展领导小组及办公室的组织形式、主要职责进行了规定。由于中国施行"中央－省－市－县－乡"多层行政区划体系，中央对于跨界协调和区域合作具有重要的引领作用，各跨界主体之间的联系较为紧密。

单层次模式的治理主体往往是各跨界主体政府，例如南京都市圈城市发展联盟，其决策层——联盟理事会由各成员的政府领导组成，并没有共同的上一层级政府引导。美国州际协议框架下的区域合作也是通过政府间契约而非科层权威把他们联合起来。这种通过成员政府间自愿形成的合作模式通常没有独立的行政实体组织，依靠纲要、备忘录、倡议书、宣言等行政契约作为合作的依据和治理行为的约束，治理重点为加强各跨界主体政府间的联系，促进基础设施、公共服务、产业的跨界协同。由于缺少上层政府的统筹引领，成员之间的联系相对比较松散。

产业联盟形式的跨界协调组织的治理主体主要是各成员企业、相关行业主管部门以及专家顾问，形成联盟会员大会、专家委员会和执行机构三级架构模式，产业联盟本身实际上属于一个较为松散的契约联合体，为了共享资源、开发技术、开拓市场等共同的目标而达成战略合作关系，其资源共享、合作研发等治理行为往往通过联盟会员大会制定的联盟章程进行约束。

民间联盟形式的跨界协调组织的治理主体主要是学术界、商界、教育界、社区、环保组织、规划机构等民间团体，促进社会、经济、科技、旅游等领域的融合是联盟追求的目标。与产业联盟类似，通常也以联盟会员大会、专家委员会和执行机构三级架构构成，以联盟章程为其合约机制，联系较为松散。

第10章

跨界资源
协调政策

为了促成跨界协调问题的解决，跨界的各个主体组成了跨界治理组织，这些跨界治理组织发挥了对话合作平台的作用，其所提出的诸多跨界协调事项促进了跨界主体之间的协调发展。由于各跨界主体背后存在利益冲突和事权博弈，导致跨行政区划的生产要素流动受阻、设施无法共享和利益补偿难以均衡等。一方面，劳动力、资本、技术等生产要素作为社会经济发展所需要的重要资源，其按照市场的规律自由流动是商品经济条件下生产活动正常运行的基础，是价值规律作用下商品交换健康运行的必要前提，是追求利润最大化条件下促进区域经济高效发展的实现路径，但如果因行政壁垒导致要素流动不畅，必然会导致各地恶性竞争，不利于资源的有效配置；另一方面，对于跨界地区的基础设施、公共服务设施，则需要跨界治理组织统筹协调，做好利益分配，避免过度市场化而导致的囚徒博弈和外部不经济。基础设施的统筹布局能够避免重复建设、无序建设和衔接不畅等问题，公共服务的资源整合有利于形成梯度辐射的区域公共服务布局。此外，跨界地区的诸如生态治理、耕地保护和邻避效应等问题的解决，需要一方或多方跨界主体投入成本，从而使得区域整体获得收益，往往因未能建立健全利益补偿机制而阻力重重。

为了化解上述跨界矛盾，跨界治理组织除了通过对话、协商等方式共同制定跨界协调规划来协调跨界矛盾，往往还会针对要素流动、设施共享和利益补偿这三个影响跨界地区协同发展的方面，以"协议""备忘录""纲要"等合约形式，通过制定相应政策，促进跨界协调规划的落地。从某种意义上来说，这些跨界资源协调政策的制定和实施，是决定跨界治理成效的关键。

生产要素是实现地区经济发展的关键因素，而生产要素流动自主有序、配置高效公平能够激发整个区域的创造力和市场活力。跨界要素流动政策是结合不同生产要素跨界流动的机制和方式，制定适合跨界区域发展阶段的相关政策措施，着力打破跨界地区行政壁垒，促进人才、资本和技术等生产要素的跨界自由流动，发挥市场在资源配置中的决定性作用。

跨界设施共享政策是跨界主体在基础设施、公共服务等诸多方面推行合作共建，按比例出资投资各项建设，体现共建共享，实现互利互惠的双赢局面，使各跨界主体共享跨界发展带来的"红利"，形成利益共同体。这一政策制定的关键是跨界主体通过协商、对话等形式，按照合作共赢的原则，在受益各方的共建共享项目签约之前，经充分协商，完成产权的分割与利益的划定，按投资比例共同分享税收，从而激发各跨界主体设施共建共享的积极性，达成跨界地区的帕累托最优。

跨界利益补偿政策是跨界地区高质量发展的重要保障，生态环境治理、耕地保护等方面事关跨界地区的发展基础，需要各跨界主体共同应对，共担责任。通过跨界治理组织的介入来补偿负外部性的市场失灵，经过沟通协调，采用财政转移支付等政策手段对利益受损的跨界主体给予一定的补偿，建立跨界地区内部多样化的补偿机制。

10.1 跨界要素流动政策

10.1.1 人才流动政策

促进人才顺畅有序流动是激发人才创新创业创造活力的重要保障，但人才跨界流动机制尚不健全，妨碍人才顺畅跨界流动的体制机制性弊端尚未根除，因此需进一步完善人才交流合作机制，如推进跨界职业资格和职称互认等，从而促进人才顺畅有序跨界流动，不断释放和增强跨界地区的人才活力。

1. 完善人才交流合作机制

无论对于基础性人才还是中高端人才，跨界地区均需要以开放的战略姿态来促进人才共享和自由流动。对于基础人才，要推进在跨界地区工作年限有效接续和互认，推动户籍制度的改革。对于中高端人才，应推进跨界地区人才绿卡制度，让持卡人才在跨界地区内享受人才相关服务，为人才的合理流动提供根本性的制度保障。

例如，长三角G60科创走廊成立以来，九个城市坚持"合作、开放、共享、共赢"的发展理念，紧扣"一体化"和"高质量"两个关键点，以一体化的思路和举措打破行政壁垒、提高政策协同、畅通要素流动，完善人才交流合作机制，实现科技创新要素自由流动，推进人才领域更高水平开放协作，不断提升长三角城市群参与全球高端人才资源配置的整体竞争力。一是完善交流合作机制。共同签署了《深化G60科创走廊九城市人才交流合作协议》，加速推进长三角人才一体化发展进程；成立一体化发展城市联盟，联合推出人才驿站、人才绿卡、人才联评和人才培训等试点合作项目；落实人力资源服务行业协会联席会议制度。二是联合开展人才招聘。通过共同发布高层次紧缺人才需求、推出"九城纳贤"专栏、联合组团参加人才招聘会等，广泛吸引优秀人才向长三角流动。三是强化技能人才合作培养。通过签订技能人才队伍建设合作倡议书、举办家庭服务职业技能大赛、开展职业院校技能交流拉练等，促进技术推广转化。四是共享人才智力资源。通过建立九城市人才专家库、人才培训资源库，构建共建共享共用的长效机制。

2. 推进跨界职业资格和职称互认

统一相关职业资格考试合格标准和职称评审标准，推进专业技术任职资格和职业技能等级互认，也是劳动力和人才跨界流动的重要条件。职业资格和职称互认的打通，可有效衔接职称与职业资格，减少重复评价，降低社会用人成本，为人才减负，促进人才要素的自由流动，激发人才创新创业活力。具体做法如：对二级建造师、二级注册计量师、二级造价工程师、初级注册安全工程师等职业资格考试项目，实行统一合格标准、统一证书式样。对考试合格人员，允许跨区域注册执业。进一步打破户籍、地域、身份、档案、人事关系等制约，在部分专业技术领域探索实行统一的评价标准和方式，如推进临床住院医师规范化培训资质互认。已经按照国家规定评聘专业技术职务的人员，跨域从事与原专技职务相同或相近工作的，无需复核或者换发职称证书。对已经按照国家规定取得职业资格证书或职业技能等级证书的人员在跨界地区内就业的，不再要求对技能水平进行重新评价。

在推进跨界职业资格和职称互认方面，长三角地区已进行了一些探索。2021年6月，《长三角生态绿色一体化发展示范区机械专业高级工程师职称联合评审工作方案》印发，由一体化执行委员会，江苏、浙江和上海两省一市人社部门共同组建高级工程师职称联合评审委员会。三地人社部门结合产业优势，选取示范区范围内社会通用性强、影响面大的机械工程，作为首个开展职称联合评审的专业。示范区机械专业联合评委办公室设在苏州市吴江区人社局，吴江区人社局将负责评委会日常工作和评审活动的组织，包括组建评委专家库、制定评审标准等。在示范区内注册的企事业单位，特别是从事高端装备制造的企业，符合申报条件的专业技术人员均可申报。一方面为示范区装备制造产业领域专业技术人员提供了更为畅通的职称评审通道，另一方面也利于从人才引育角度巩固产业先发优势，推动传统产业焕发新活力，服务示范区产业布局调整和可持续发展。此外，外国人工作许可证（B类）跨域互认、示范区职称联合评审机制、专业人才资格和继续教育学时互认等一批人才政策正在实施。2021年6月，一位在江苏省进行二级建造师考试并取得执业资格证书人士，在上海市住建委受理注册，成为长三角跨省注册执业首个案例。

10.1.2 资本要素配置政策

资源配置，特别是资本要素配置在经济发展中占有重要地位，是推动经济发展的发动机。金融流，即资金流引导着要素流和产品流，由此形成了区域的经济结构，包括产业结构、行业结构、产品结构和消费结构等。此外，企业作为资本的载体，其在跨界地区的迁移也是资本要素跨界配置的一种形式。

1. 促进跨界区域金融一体化

金融是现代经济的核心，跨界区域金融一体化是区域经济一体化的核心，其作用和功能表现在对金融资源的优化配置上。区域金融一体化通过区域内金融资源的整体优化配置，将极大地提高区域资本边际生产率、储蓄—投资的转化率和储蓄率，从而成为区域经济增长的内在要求。金融一体化发展降低了信息与交易费用，使得资金投向回报率较高的项目，提高投资的生产效率（魏清，2011）。

在跨界地区，应鼓励金融机构打破区域界限，创新提供同城化的对公、对私金融结算服务，取消跨域收费。优化企业开户服务，鼓励跨界地区法人银行在共同接入合法资质清算机构个人银行账户验证通道的前提下，推进绑定账户的互相验证服务，为跨行、跨区域、跨链接远程个人开户提供便利服务。

为了促进资本要素的跨界配置，应支持在跨界地区联合授信，强化各跨界主体在项目规划、项目评审评级、授信额度核定、还款安排和信贷管理、风险化解等方面的合作协调。根据企业融资的实际需求组织核定总授信额度，实现跨界地区信贷资源跨区域配置。鼓励金融机构与不动产登记部门共同探索推进跨界地区企业融资抵押品异地互认，开展异地抵押物线上办理抵押登记。

同时，应支持各金融市场主体创新移动支付产品，创新跨界地区公共交通、医疗、养老等公共服务领域产品形式，实现互联互通。支持跨界地区金融机构试点设立一体化管理总部或分支机构，打破地域分割，进一步降低资金流动成本。在跨界地区建设公共信用信息共享平台，完善跨区域信用信息共享机制，服务小微企业信用融资。

2020年6月，上海、江苏、浙江相关金融监管部门联合印发《关于在长三角生态绿色一体化发展示范区深化落实金融支持政策推进先行先试的若干举措》（简称"示范区金融16条"），标志着长三角生态绿色一体化发展示范区金融服务"同城化"全面启动，促进跨界区域金融一体化的金融改革创新先行先试迈出重要一步。"示范区金融16条"提出了8个方面16条具体措施，包括同城化结算服务、跨区域联合授信、移动支付互联互通、支持设立一体化金融机构、建设一体化绿色金融服务平台、推进金融信息共享共用等。这些措施的出台将极大地推动长三角地区加快探索金融服务同城化，更好地服务长三角地区创新发展。

2. 优化企业自由迁移服务机制

企业是资本的载体，是资本的表现形式之一，企业跨界迁移本质上也是资本的跨界配置，破除企业自由流动的区域分割和地方保护，有利于优化资本要素配置，促进产业集群的形成。受制于税收政策等影响，在原迁移模式下，企业发生跨省（市）迁移时原有的税收信息数据不继承，需要先到迁出地办理注销税务登记，再到迁入地办理开业登记，手续烦琐。如《关于支持长三角生态绿色一体化发展示范区高质量发展的若干政策措施》中指出，长三角区域纳税信用级别为A级、B级的企业，因住所、经营地点在示范区内跨省（市）迁移涉及变更主管税务机关的，由迁出地税务机关为符合条件的企业办理迁移手续，并将企业相关信息即时推送至迁入地税务机关，由迁入地税务机关自动办理接入手续，企业原有纳税信用级别等资质信息、增值税期末留抵税额等权益信息可予承继。

当前，长三角税收营商环境一体化已迈出实质性步伐，例如，为实现数据跨省（市）有效衔接，嘉兴市税务局与上海青浦、江苏吴江等地税务部门对接，反复比对分析苏浙沪三地的税收征管流程，模拟各类迁移场景，反复细致进行技术推演和测试，重点对迁出条件校验准确性、数据迁移完整性等方面进行业务和技术验证，以确保企业跨省（市）自由迁移业务顺利落地实施。嘉兴市企业办理跨省（市）迁移业务的时间，已由原先的5至10天变为"即来即办"，并且完成迁移后，企业原有的留抵税额、未弥补亏损等权益均不发生变化，实现长三角区域企业跨省（市）迁移税收信息数据无缝衔接、资格资质有效继承、权益保障不断延续，彻底解决了原来跨省（市）迁移企业需重新认定纳税信用等级以及高新技术资格等现实问题，为纳税人顺利开展生产经营活动、维护企业合法权益提供了有力保障。

10.1.3 科技创新一体化政策

科技创新要素通过高效、有序、规范的流动、循环、聚合，可以实现跨界地区的科技企业规模不断扩大，带动整个区域的协同创新，促进企业转型升级。目前，跨界地区主要通过推动科技创新券通用通兑，建立科技创新券财政资金跨区域结算机制，针对目标清晰的跨界地区内企业共性技术需求探索"揭榜制"科研项目立项和组织机制等政策，探索科技创新一体化发展和激励机制，推动项目驱动一体化发展。

1. 科技创新券通用通兑

科技创新券是针对科技型中小微企业普遍存在的创新资源缺乏、经济实力有限、创新需求不足而设计发行的科技代金券，是一种事前补贴企业、事后兑现服务的政府购买方式和需求导向的新型创新政策工具。政府向企业发放创新券，企业用创新券向服务平台购买科研服务，服务平台持创新券到财政部门兑现。不仅有助于科技创新券提高财政资金投入的有效性，发挥市场配置作用，也有助于促进政产学研资源的有效整合。

目前，长三角地区市级、区级、园区发行了各自的创新券，使用范围和支持比例不一，随着创新券使用的范围逐渐扩大，创新券的效果开始显现，例如2016年江苏省南京市向全市1691家企业发放科技创新券1亿元，带动研发投入50亿元。在"互联网+"的背景下，上海、浙江相继建设了创新券服务平台（上海牵翼网和浙江省科技创新云服务平台创新券服务系统），企业可以直接在网络平台上申请创新券、购买创新服务、兑现创新券。截至2017年5月，浙江省科技创新云服务平台创新券服务系统平台共集聚了各级各类创新载体6000多家，汇集科学仪器设备10万余台（套），可提供各类技术创新服务内容近5万项，全省累计发放创新券8亿元。

目前，创新券的使用地域性明显，为了突破这一障碍，长三角各地在积极探索创新券的跨区域使用。其中，浙江省长兴县在全国较早开展了创新券跨区域试点工作，其创新券可以在上海市研发公共服务平台、江苏省大型科学仪器设备共享服务平台、浙江省科技创新云服务平台进行使用；浙江嘉兴于2017年8月开始进行浙沪创新券跨区域使用试点，嘉兴企业可以在上海"互联网+创新服务"电商平台牵翼网采购科技服务，但是目前试点的科技创新券仅适用于检验检测服务，未来还将向其他服务领域拓展。2017年5月浙江省科技厅、财政厅联合印发了《关于进一步推广应用创新券推动大众创业万众创新的若干意见》的文件，支持省内企业使用创新券支付外省各类技术创新服务费用，打开了省级层面支持创新券跨地区使用的局面（陈艳 等，2017）。

长三角科技创新券通用通兑试点，能够促进科技资源流动，降低企业研发成本。首批纳入长三角科技创新券服务机构615家，服务资源25000余项。截至2021年7月，长三角生态绿色一体化发展示范区内已有104家企业申领科技创新券，总金额约3000万元。科技型中小企业共享使用长三角科技创新资源开展创新创业，将加快构建长三角科技创新共同体。

2．跨界地区科研项目"揭榜制"

"揭榜制"是指针对目标明确的科技难题和关键核心技术攻关，设立项目或奖金向社会公开张榜征集创新性科技成果的一种制度安排。"揭榜制"注重任务导向和结果导向，也可以称为"科技悬赏制"。科技悬赏理念本质上是一种激励机制，让智者竭尽所能地努力，其目的在于最大限度地集聚社会智慧，最大限度地激发人们的潜能，推动科技难题的解决，促进科技成果的产生。

在跨界地区探索采用"揭榜挂帅制"科研项目公关，首先应在跨界地区广泛征求科技项目需求，需求应明确指标参数、时限要求、产权归属、资金投入及对揭榜方的其他条件要求等。应对重点领域重要科技前沿、关键核心技术和重大产业化科技成果进行项目部署与组织实施。进一步强化目标导向与结果导向，在智能产品、核心基础、智能制造关键技术装备、支撑体系等领域，探索采用"揭榜挂帅制"布局实施、组织管理重大科技项目。对涉及国家重大战略安全、高质量发展与民生福祉等问题的关键领域，要在请权威机构与专家验证后，确定重点方向，主动布局张榜，实行"揭榜挂帅制"项目管理，并以此为重点探索解决"卡脖子"关键问题的新途径，解决国家关心、政府关注的重点科技问题。对揭榜项目负责人实行"挂帅"制，与"挂帅者"签署责任书，实行"挂帅出征、挂图作战、挂责问效"，并在政策上（队伍组建、技术路线、经费使用等）赋予"挂帅者"充分自主权，最大限度释放活力，最高成效推进实施。

10.2 跨界设施共享政策

在交通和通信联系日益发达的条件下，许多大型公共服务设施和基础设施的可能服务半径已经超出城市或区域的范围，而所有设施的建设和运营又都有一定的"规模门槛"约束。如果各主体从自身利益出发，囿于自己的属地范围内进行大型基础设施和公共服务设施的布局，不利于发挥设施的利用效率，并造成成本的上升和资源的极大浪费。因此，需要在大型设施建设上进行协调，形成功能互补、共同享用的公共设施体系。

10.2.1 基础设施跨界共建协调政策

随着城市区域相互交融，城市交通拓展至区域尺度的需求不断增强。增强跨市交通供给有助于社会经济要素流动、产业升级和转移、扩大市场覆盖范围，并引导区域空间精明增长，构建具备竞争力的公共交通走廊。跨界合作能发挥各自优势，促进功能互补和经济结构优化。城际空间合作涉及领域、网络和尺度等维度，不同主体的策略和资源配置能力共同塑造了合作框架、地域整合、利益分配与跨边界合作。例如，跨市交通条件改善可能导致一些城市发展机会外溢，带来一定的财税损失，从而阻碍跨市交通发展。总体上，地方政府行为及区域合作受到了多种制度体制的影响，如"晋升锦标赛"激励模式、"经济激励和政治调控"双重约束等。跨界地区交通发展也面临多种矛盾：①单个地方政府的政策选择和都市区战略的矛盾；②公共政府决策和私有部门决策之间的矛盾；③短期政策选择和收益长期性的协调矛盾（林雄斌 等，2020）。

因此，利益协调分配机制是基础设施跨界共建的核心问题。由于各跨界主体的规模、区位、发展水平不一样，以及行政壁垒、财税制度及政绩考核等制约条件的存在，在缺乏利益协调分配机制的情况下，利益受损者会失去合作的动力。为此，要综合运用政府间缔结协议、谈判和上级政府统筹，以及通过领导人的集体磋商、产业联盟、民间联盟等方式，建立制度化的利益共享机制，解决跨界地区基础设施共建共享过程中的利益分歧。

建立利益共享机制的目的是使各市共享区域一体化带来的"红利"，形成利益共同体。按照合作共赢的原则，对于受益各方的共建共享项目，要在合作项目签约之前，经充分协商，完成产权的分割与利益的划定，政府可按投资比例共同分享税收。通过协商、对话，提出互惠互利的分配方案，是一种较好的组合城市利益分配机制。例如，引进项目投产后或者产业园共建后新增的增值税、所得税地方留成部分，各方按一定比例分成，地区生产总值等主要经济指标按比例分别计入。大型跨区域纯公益性项目的费用摊分，可按受益程度的大小确定出资比例。在基础设施、环境保护、文化教育及医疗等诸多方面，在接壤地区推行合作共建，按比例出资投资各项建设（王玉明 等，2015）。探索创新基础设施建设用地投入、投融资、管理运营模式，在轨道交通、交通枢纽建设中通过优化收费政策、土地综合开发引入社会资本参与，缓解财政压力。

1. 建立跨界基础设施专项协调制度

跨界地区各跨界主体在建设基础设施的过程中，尤其是涉及区域基础设施布局选址的问题，会存在非合作博弈关系的现象，导致跨界地区的基础设施发展陷入"囚徒困境"。港口、机场、轨道交通等重大基础设施作为重要的战略资源，对城市经济发展具有十分深远的影响，也是决定城市未来发展潜力的重要依据所在。在一些城市群、都市圈，重大基础设施建设缺乏综合协调，造成区域战略资源的低效利用现象比比皆是，这不仅造成战略资源的浪费，也在客观上降低了区域整体实力和综合发展潜力。

除了基础设施选址重复和浪费的问题，目前，部分城市群、都市圈地区拥有的铁路、公路、内河航道的长度与密度已经达到较高的水平，也拥有较为密集的港口群与机场群，但是，多数跨界地区的不同交通方式还尚未实现无缝对接，铁路、公路、航空与水路运输之间转运还存在较多障碍，交通一体化水平亟待进一步提高。

目前体制下，一般是由各城市负责其行政辖区内基础设施的建设，这种着眼于行政区范围的基础设施建设很难形成区域内统一协调的支撑体系。由于各城市经济实力存在差异，导致规划建设标准不统一或建设时序不能同步，不可避免地造成区域性的基础设施建设难以衔接，区域整体交通体系运行效率低下（杨俊宴 等，2007）。此外，环保部门的环评、自然资源部门的用地审查、劳保部门的拆迁补偿要求，也导致对同一空间同一项目的管制细节无法达成一致意见。因此，在一些跨界基础设施建设过程中，需要建立跨界基础设施专项协调制度，以跨界项目为依托，组建专门协调机构，解决基础设施项目的决策、协调（规划、审批）和执行等问题。

以长三角省界首条打通的断头路——昆山市锦淀公路对接上海市青浦区崧泽大道项目为例。首先，跨区域合作需要双方有职能相匹配的决策主体。从行政级别看，沪昆之间机构级别不对等；从职能设置看，上海市交通委员会是综合性部门，统筹交通运输、交通规划、交通管理、交通设施等职能，而昆山则缺少相应的组织机构，需交通局牵头规划、公安等多部门协调参与。2014年5月，在江苏省交通厅牵头和昆山市政府积极协调下，正式与上海交通委开展对接调研，昆山成立协调小组，包含规划局、交通局、淀山湖旅游度假区等部门。围绕打通省界断头路合作，2017年5月，青浦区、昆山市双方政府签订了《对接道路合作备忘录》，就合作原则、合作内容、合作形式、合作机制达成共识，从而迈过了决策关。

其次，规划与审批是省界断头路建设项目的两大阻碍。规划不同步，直接导致对接道路项目无法做好规划预留和红线控制。审批的困难在于路权的跨省性质，使得整体审批权限一般归属于两地省级或以上部门，程序较为复杂。2015年，昆山市交通局牵头与上海市青浦区建管委就锦淀公路与崧泽大道对接道路规划进行多轮沟通，就技术标准、建设规模、道路断面与线型衔接、界河桥梁方案、省界检查站设置、交通标志标线设置、投资估算等方面工作进行对接，终达成共识。2016年，双方单独立项向各自上级报批并获得通过。

西江引水工程是珠三角目前最大的跨行政区取水项目，也是广佛跨界合作的一项重要公益民生成果，它横跨两市的25个行政村。该项目早在1984年已出现在《广州市供水水源规划报告》中，但在2004年之前，广佛两市关于引水工程的行动较少。这主要是由于项目的受益方是广州，而绝大部分施工却在佛山境内，加上取水权由国家统一分配，不属地方政府的管理范围等原因。

在项目实施方面，西江引水工程于2008年12月正式启动建设，采取由广州市自来水公司主导并出资，由佛山市协助征地拆迁的方式推进。但由于前期鼓励机制的缺位，佛山市政府在推动管道沿线25个行政村的拆迁方面进展十分缓慢，而新构建的市长联席会议制度亦无能为力。为确保引水工程的顺利实施，经广州市政府请示，2009年9月广东省政府批准了西江引水工程联席会议的成立，由常务副省长担任第一会议召集人，省政府副秘书长作为会议召集人，省水利厅、省环保局等职能部门的负责人和广、佛两市分管的副市长是成员，负责协调和监督西江引水工程的进展；并在广州市水利局下设联席会议办公室，以及时汇报工程建设进展及存在问题。此外，广佛两市分别筹建协调小组，协同推进工程的建设；如遇到无法解决的难题则提请两市分管的副市长协调处理（图10-1）。

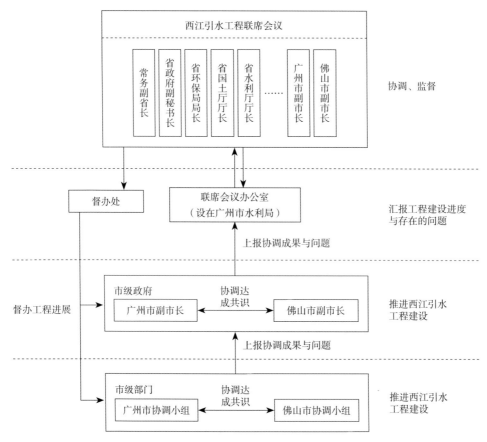

图10-1 西江引水工程联席会议组织架构

（资料来源：魏宗财，陈婷婷，刘玉亭，2019. 粤港澳大湾区跨界地区协同发展模式研究——以广佛为例[J]. 城市规划，43（1）：33-40.）

2. 建立成本分担的财政投入机制

从区域一体化角度统筹跨界区域整体发展和建设，需要设立财政专项予以支撑。建议建立跨界地区财政共同投入机制，设立跨界地区投资开发基金，统筹用于跨界地区基础设施开发建设。

一方面，应采取政府与市场合作模式，鼓励跨界主体联合投入。基于成本分担原则，按照跨界地区各跨界主体的经济体量，各地财政局投入相应比例的财政资金，设立跨界地区投资开发基金。借鉴嘉昆太创新圈基金设置模式（嘉定区财政局与温州市财政局、昆山市财政局、太仓市地方金融监督管理局、上汽集团等合作，形成市场与政府多方合作的模式），以市场化方式吸引银行等金融机构、上市公司、民营企业等资本，逐渐放大基金投资资金池，基金主要用于跨界地区跨区域协调重大基础设施建设。

另一方面，探索设立基金稳定的组织框架和运作机制。跨界地区投资开发基金的组织框架要对接跨界地区治理组织架构。跨界地区开发基金由跨界地区发展公司实行市场化运作。组建投资指导委员会，由基金投资人或基金投资人认可的其他重要投资人委派人员担任委员。委员会的主要职能是充分协调各地资源，对基金的投资方向及行业配置情况进行指导，让基金在跨界地区开发建设中有效运行，确保基金投资运作符合预期的投资方向。各方建立长期有效的沟通机制，并成立工作组，定期开展日常沟通联络，以推动和深化各项合作的开展。

3. 建立利益共享的税收共享机制

税收共享机制是基于利益共享、双方共赢的理念建立的基础设施跨界共建协调机制。一方面，税收共享对象是跨界地区因基础设施带来的增量税收，主要对跨界地区内新设基础设施形成的税收增量属地方收入部分实行跨地区共享；另一方面，税收共享比例依据各跨界主体对基础设施投入的比例来定（包括资金、土地、管理服务等方面投入），这也充分反映了各跨界主体投入带来的利益分红。

4. 建立跨区域共享指标统计和考核制度

跨区域财税共享，不仅要解决税收利益共享，还要进一步探讨GDP、财税等经济统计指标的共享。一般而言，共享项目常规统计调查按现行国家统计报表制度规定，由项目属地政府统计部门负责统计。在政府内部考核时，对于地区生产总值、工业总产值、固定资产投资额、进出口额、外商投资额等经济指标，允许合作方综合考虑权责关系和出资比例，以及能源消费、污染物排放等资源环境因素，进行协商划分，仅作专门用途供内部使用。园区污染物排放等指标应按照属地管理原则由所在地政府有关部门按现行制度和口径进行统计考核。从长远来看，财税统计指标的分享需要与国家统计制度相衔接。从国家层面推动各地统计指标的共享，建立跨区域共享财税统计机制的常态化。此外，还应将区域合作纳入政府绩效考核制度。跨区域财税统计指标的共享主要基于GDP的政绩考核制度。为此，从长远来看，转变政绩考核导向，才能从根本上破除制度障碍。2019年10月，国家发展改革委发布的《长三角生态绿色一体化发展示范区总体方案》的一大亮点便是没有经济考核指标，却有生态考核指标。例如，《方案》要求率先建立生态环保、营商环境、公共服务、产品、工程和服务等领域的高质量发展标准体系，率先构建全面反映和衡量区域高质量发展水平的统计体系，率先实施体现新发展理念落地的绩效评价制度，率先实施以高质量发展为主要导向的政绩考核制度。

10.2.2 公共服务资源跨界合作政策

公共服务跨界合作，指行政区之间通过人力支援、设施共享等形式，取各地区所长，从而高效配置公共资源。以美国特拉华谷区域委员会推行的社会服务共享机制（Shared Services）为例，其具有高效利用社会服务资源、减少城市运营开支的双目标导向，具体情况有二：①在两相邻行政区内的社会设施不平衡的情况下，跨界共享设施互补；②在各自的人口规模未达到建设某一设施的要求的情况下，两地可合作建设、共同使用该设施（钟佩茜 等，2019）。实现各类资源的跨界整合，构建均等化、区域化的公共服务体系，是当前我国全面推动区域治理的必然趋势和重要手段。

1．推动跨界公共服务人力支援政策

一是通过市场化手段，允许公共服务人员尤其是科技人员跨界兼职兼薪。早在20世纪80年代，"星期天工程师"就在苏南地区产生并逐渐扩大。20世纪70年代末期至80年代中期，当时苏南地区的乡镇企业从起步走向蓬勃发展，发展工业的积极性在十一届三中全会政策的激励下空前高涨，但大多数企业缺少技术、设备、市场门路和懂技术会使用生产设备的技术人员。于是，当时的乡镇政府和企业主要依靠从城市下放或退休在本地的干部和技术工人，或是通过种种关系从上海、南京、无锡、苏州等城市工厂和科研机构借脑借智，聘请工程师、技术顾问和师傅，帮助解决使用机器、开发产品、保证质量、降低成本等技术难题。1988年5月，上海市科协成立了上海市星期日工程师联谊会（简称"星工联"），为星期日工程师搭建有组织的服务平台。

二是通过帮扶机制，在跨界地区开展公共服务人力支援。要充分利用跨界地区核心城市优质教育、医疗资源丰富等优势，支持高端公共服务人才赴基层进行支

教、义诊、手术带教等。目前，在长三角地区打造高端和基层互通、分级诊疗落地的示范单位，基层医联体、名医工作室等已较为普遍。比如，由安徽方面牵头组织，上海瑞金、中山、华山等三甲医院以及在沪名医19次赴安徽老区、山区的县级医院进行义诊、公益讲座、学科共建等，直接惠及2万余人，义诊后和当地医院签订两地医疗合作协议。又如，浙江省舟山医院引进上海市五官科医院的多位专家坐诊、手术，引领当地眼科、胸外科科室发展，造福当地百姓；江苏省淮安市洪泽区人民医院引进上海市第一人民医院、南京鼓楼医院等名院专家，助其发展眼科等重点科室；安徽省怀宁县人民医院引进上海长征医院、上海市第一人民医院的骨科、眼科主任专家，成为安徽省唯一具备眼后节手术能力的县级医院；安徽省濉溪县引进东方肝胆医院肝胆外科等的知名专家，合作共建名医工作室等。

国外跨界公共服务人力支援的案例也较为丰富，例如，美国新泽西州的格洛斯特（Gloucester）县与塞勒姆（Salem）县展开了医疗设施的跨界合作。格洛斯特县的医疗急救服务及相关医疗服务在新泽西州内发展较好，具备帮助其他县优化医疗服务的能力。2014年，依据新泽西的《公众健康实施标准》中对当地医疗设施的建设标准，两县签订服务共享协议开展医疗服务合作。格洛斯特县政府首先指定持牌卫生官员来协调两县的医疗资源及医务人员配备，后期持续派遣有资质的医务人员到塞勒姆县，扶持其医疗水平提升，而塞勒姆县则主要提供医疗场地并负责医疗机构的日常开销（表10-1）。

格洛斯特县与塞勒姆县医疗服务共享内容及职能分配 表10-1

项目编号	1	2	3
年份	2014年	2015年	2018年
医疗服务共享内容	提供日常维护及管理的持牌卫生官员	提供体检医师服务	提供体检医师服务
格洛斯特县职责	派遣持牌卫生官员	派遣医务人员并负责人员薪酬及开销	派遣医务人员并负责人员薪酬及开销
塞勒姆县职责	提供场所，负责卫生官员薪酬	提供地块，设立县级体检医师办公室	提供地块，设立县级体检医师办公室
合同有效期	2014年1月1日－2018年12月31日	2015年1月1日－2017年12月31日	2018年1月1日－2022年12月31日
合同费用	72680美金，由塞勒姆县付给格洛斯特县	365000美金，由塞勒姆县分两年付给格洛斯特县	928921美金，由塞勒姆县分五年付给格洛斯特县

资料来源：钟佩茜，许欢，2019. 区域一体化背景下跨界合作美国经验借鉴［C］//中国城市规划学会，重庆市人民政府. 活力城乡　美好人居——2019中国城市规划年会论文集（16区域规划与城市经济）. 北京：中国建筑工业出版社.

2. 促进跨界公共服务设施共享政策

一是创新区域医疗合作模式，优化跨界地区医疗资源配置。发挥市场主导作用，探索医疗合作新模式，促进优质医疗资源下沉。对于医疗资源相对匮乏区域，政府财政收入通常较低，无法满足当地公共卫生服务需求，通过整合医疗设备供应商、金融机构、医疗信息服务提供商和跨界地区优质医疗专家资源，引入市场机制，公益性和市场化相结合，提高参与区域专科医联体平台建设的医疗人员待遇和积极性。比如，可选安徽部分地区的二级、三级医院，依托当地公立医院平台，发挥市场作用，引入专科特色门诊，做到"大专科、小综合"。

二是政府主导制定医疗服务标准和医疗信息共享标准。医疗服务标准制定包括跨区域医保医疗费用结算、跨区域电子病历认证、跨区域检测报告标准认证。公共卫生服务大数据系统要包括现有的传染病和突发公共卫生事件网络直报系统，还应包括居民基础防疫数据、居民健康监测数据（电子病历）、医保社保数据、医院药品器械采购数据等。建议发挥市场作用，建立区域统一的公共卫生服务大数据系统，同时政府还应加强对数据应用的监管。此外，整合跨界地区医教研资源，建立医联网提升地方三级综合医院医疗诊断水平，提升二级综合医院、社区医院康复管理水平，让病人大病治疗就地解决，大病康复就近解决。比如，可选择在安徽试点，突破院际信息壁垒，共享病人信息提高诊疗效率，提高病人对基层医院信任度，试点安徽远程会诊，发展精准医疗。

三是深化区域公共卫生突发事件联合响应演练。要实现区域风险共治目标，须不断优化协作机制、磨合协作行动，建议定期开展频次更高、场景更多元的联合处置演练活动。可通过模拟重大传染性疾病流行暴发场景，选择在省市交界区域模拟公共卫生突发事件应急管理的真实场景，按照风险研判、预警、响应、处置等步骤进行全流程各环节的实战操作，检验通过区域应急管理平台进行联合调度、防控处置的规范性、顺畅度和有效性，同时促进各省市应急人才队伍的业务交流（伍爱群 等，2020）。

四是探索教育协同发展体制机制。争取高水平大学在跨界地区设立分校区、联合大学和研究机构，并开设优势学科、专业。支持优质教育集团在跨界地区办学或者合作办学，对落户在跨界地区的高校、中小学校在开办条件和运行保障上给予支持。支持打造职业教育高地，结合跨界地区产业特点建设高水平职业院校。重点探索跨省职业教育"中高贯通""中本贯通"人才培养模式改革试点。例如，长三角生态绿色一体化发展示范区正探索实行跨区域学分银行协同共管机制，推动继续教育资源共享。在示范区内实行继续教育学时（分）互认、证书互认，对省级专业技术人才知识更新培训项目，可突破参训对象地域限制。聚焦示范区内重点产业，共建专业技术人员继续教育基地和高技能人才培养基地，并积极申报国家级基地。

五是强化技能人才合作培养。支持跨界地区共同开展职业技能培训、科研项目合作和学生专业实习工作，举办职业技能大赛和职工劳动技能竞赛，助力教产合作、校企一体的职工技能培训模式；在跨界地区开展职业院校技能交流拉练、技能竞赛互学、大师工作室互访等活动，促进技术推广转化。

3. 加强跨界公共服务资源交流政策

跨界地区有着各自的文化、旅游、体育等资源，在跨界地区展开合作发展，实现跨界地区城市阅读、文化联展、文化培训、体育休闲、旅游一卡通、一网通、一站通、一体化，能够发挥"1+1>2"的效果，促进跨界地区协同发展。

2020年10月，沪苏浙皖三省一市体育局联合印发《长三角地区体育一体化高质量发展的若干意见》，探索区域体育一体化发展的制度体系和路径模式，发挥长三角地区运作大型体育赛事的区域优势，提升联合举办重大赛事的能力，共同申办、承办重大国际性体育赛事，带动长三角城市群协同发展。文件提出，要推动三省一市在群众体育、竞技体育、体育产业、体育赛事等领域形成一批具有重大影响和示范作用的高水平合作成果，力争成为全国体育高质量发展样板区和区域体育一体化发展示范区。

为促进区域竞技体育联动发展，长三角地区实施训练基地与成果共享行动。以国家级综合或单项体育训练基地为龙头，以省（市）级体育训练基地为支撑，在长三角地区布局一批区域性、特色化的训练中心和基地，吸纳高校等社会优质资源建设长三角竞技体育后备人才培养基地，为运动队转训、交流比赛提供便利。统筹长三角体育科技资源，构建跨学科、跨地域、跨行业、跨部门的体育科技协同创新平台，加强科研攻关、科技服务和医疗保障工作。

此外，长三角地区还将共建区域体育产业协作载体。共同办好长三角运动休闲体验季、运动休闲博览会、体育产业高峰论坛等品牌活动，促进长三角户外运动产业发展，加快建设长三角国家步道系统。定期发布长三角地区最佳体育旅游目的地、体育旅游线路、汽车运动自驾营地等名单。探索建设"长三角全域户外运动智慧信息服务平台"，推动建立长三角体育产业数据中心，促进长三角户外运动发展。推动建立长三角体育产业数据中心，重点打造体育产业名录库、项目库、赛事库、资源设施库等核心数据库。加强长三角地区体育产业统计、体育消费调查的联动合作。加强长三角体育产业人才培训基地建设。建立长三角体育产业信息服务平台和权威发布渠道，定期出版长三角体育产业发展报告。

长三角地区通过不断深入的交流、沟通与整合，在旅游领域也进行多元化全方位合作，通过《长江三角洲旅游城市合作宣言》构建了中国首个无障碍跨省（市）旅游区，在品牌营销发展战略、服务管理规范制度、信息沟通网络平台等方面取得了较大成就。

自1990年代初"江浙沪游"概念的正式提出始，长三角区域旅游品牌营销发展战略历经二十多年的发展才逐步确立。2003年杭州市、苏州市签署《苏杭旅游合作框架协议》，共同打造"名城、名湖、名山""大都市、新天堂"等旅游精品线路。2006年长江三角洲旅游城市高峰论坛通过的《金华宣言》更是提出"建立长三角区域旅游产品开发、宣传促销、信息发布、目的地环境营造等联动机制，逐步形成沿江（长江）、环湖（太湖）、沿海（东海）、沿河（大运河）、沿线（高速公路、铁路）的十大长三角旅游精品线路及子区域的50条旅游精品线路，把长三角区域建设成为世界著名的旅游目的地"。

长三角地区不断加强质量管理，积极推进跨省旅游服务的对接，某些领域已初步实现"无缝隙服务"。2006年苏浙沪旅游标准化工作会议召开，确定共同编制《苏浙沪旅游标准化文件汇编》，从此长三角旅游标准化体系不断完善。区域旅游企业联合和行业自组织不断发展，如2005年的"中国长三角旅行社合作峰会组织"、2006年的"长三角汽车俱乐部联合体"等行业合作组织不断建立。

10.3 跨界利益补偿政策

跨界利益补偿政策需建立相对完善的利益评判与分配、补偿机制和事权交易制度，确保合作各方的综合收益大于合作成本。对利益损失或受影响的城市进行补偿。一方面，通过政策、财政转移支付等手段对利益受损方给予一定的补偿。财政转移支付的重点要向利益受损的城市倾斜。以生态环境保护为例，通过开征环境税，环境保护中获利较大的城市要向受到损失的城市给予相应的补偿或政策照顾。另一方面，通过跨界地区内各城市间排污权的交易、碳汇交易，使城市群内的环境资源得到有效整合。

10.3.1 生态合作政策

推进公共资源交易平台信息共享、资源整合，促进排污权、用水权、碳排放权、用能权等环境权益交易场所的互联互通。健全跨界地区生态补偿机制，形成受益者付费、保护者得到合理补偿的良性局面。建立健全市场化、多元化生态补偿机制。

2021年5月27日，长三角区域生态环境保护协作小组第一次会议在江苏无锡召开，初步建立长三角生态环境保护协作新机制，在有机废弃物处理利用、垃圾焚烧发电、大气污染防治、水污染防治等生态环境治理方面提出一系列要求。例如，环太湖有机废弃物处理利用要坚持分类收集、分类运输、分类处置、形成闭环；垃圾焚烧发电要统筹谋划布局，探索多元化投资主体和投资机制；大气污染防治要重点聚焦$PM_{2.5}$和臭氧的协同控制，协力推进挥发性有机物治理攻坚；固废危废防治要按照分类施策、优势互补原则，加快处置能力的共建共享；水污染防治要聚焦重点水体，推进流域治理、强化水岸协同，狠抓船舶港口污染整治；要在更大范围复制推广生态环境标准、监测、执法"三统一"等创新成果，紧扣碳达峰、碳中和目标任务，加强整体协同和重点领域合作，坚持高标准、高起点建设长三角生态绿色一体化发展示范区，打造绿色低碳发展的典范。

长三角生态绿色一体化发展示范区建设过程中，也在生态合作方面进行了一些探索。一是印发"一河三湖"等主要水体的环境要素功能目标、污染防治机制以及跟踪评估制度，为提升示范区流域一体化治理水平、夯实生态优势转化基底提供制度支撑。首次针对太浦河、淀山湖、元荡、汾湖等跨界水体及其周边重点区域的不同功能要求，建立统一的精细化管控机制，破解上下游、左右岸跨界协同管控等难点，改善示范区水生态品质，增强污染物防治水平。二是发布固定污染源废气现场监测、环境空气质量、挥发性有机物走航监测等首批生态环境统一标准，在示范区先行先试这三项环境空气检测领域标准。在标准编制过程中，试行两省一市统一立项、统一公开征求意见、统一专家技术审查，体现了两省一市各扬所长、通力合作的示范区工作特色。

粤桂两省区在推进区域生态环境保护方面也进行了一些有益探索，其中跨省区的生态补偿机制的创建是粤桂生态合作的一大亮点。2016年，广西壮族自治区人民政府与广东省人民政府签署了《关于九洲江流域水环境补偿的协议》。上下游横向的生态补偿机制，有利于激励上游保护生态环境，为下游人民提供生态保障。根据该协议约定，协议有效期为2015－2017年，期间广西、广东两省区共同设立九洲江流域水环境治理补偿资金，各出资3亿元，中央财政依据考核目标完成情况确定奖励资金，专项用于九洲江流域水污染防治工作。除此之外，如果广西壮族自治区能够按标准完成协议中约定的环境治理的任务，中央将转移支付9亿元资金（曾土花，2018）。

此外，新安江跨省流域生态补偿试点也是跨界地区生态合作的例子。新安江穿过皖浙省界，是浙江省最大的入境河流，多年平均流入下游杭州市千岛湖总水量占其68%以上，是连接安徽省黄山市和浙江省杭州市的生命之河，华东地区最重要的生态安全屏障。2011年，财政部、环保部牵头组织的全国首个跨省流域生态补偿机制试点在新安江启动实施，每年安排补偿资金5亿元（其中中央财政资金3亿元，浙江与安徽两省各安排1亿元）。在财政部与环保部印发的实施方案中明确："按照《地表水环境质量标准》，以高锰酸盐指数、氨氮、总磷、总氮等4项指标常年年平均浓度值为基本限值，以2008年到2010年的3年平均值测算补偿指数。"这4项指标测算以1为基准，若水质监测指标小于1意味着水质优于基准，由下游浙江补偿安徽1亿元，否则反之。生态补偿试点启动后，安徽与浙江还建立了新安江流域上下游互访协商机制，统筹推进全流域联防联控，合力治污。建立了联合监测、汛期联合打捞、联合执法、应急联动等机制，成立了地区联合环境执法小组，共同处置跨界污染纠纷。

10.3.2 邻避设施负外部性的补偿政策

经济学中解决负外部性的根本举措是政府干预，即政府通过制定财税制度向产生负外部性的主体征税进行社会转移分配，通过监管降低邻避设施负外部性总量（如限制企业的产量，提高企业污染排放标准），促进利益相关主体通过谈判达成协议等，从而将负外部性内部化。经济学方法对于解决跨界邻避设施的负外部性具有一定的局限性，最主要的原因是跨界邻避设施的负外部性涉及的层面较多，产生的影响较大，仅仅通过经济补偿措施是不够的，还要有技术补偿措施和制度补偿措施的支持，构建起科学合理的补偿机制，从而实现受邻避设施负外部性影响的群体收益－成本的均衡。

一是采取经济补偿措施。合适的经济补偿会让令人讨厌的邻避设施变成可让人接受的公共设施，可以仿照经济学中解决负外部性的方法，通过向邻避设施运营企业和享受邻避设施福利的群体征税来给承受负外部性的群体补贴，以此来实现负外部性的内部化。经济补偿措施能够实现资产的保值和降低群体的不公平感，一般分为货币补偿和实物补偿。货币补偿是指政府、邻避设施的建设单位或运营单位给受负外部性影响的群体一定数量的货币，主要形式有直接补贴现金、土地税费减免、购买健康保险等。实物补偿是指以提供良好的公共设施和公共服务的形式对周边居民的补偿，如设立公园、图书馆，提供就业岗位、医疗保健等。

二是采取技术补偿措施。邻避设施负外部性的工程技术解决视角包括生态补偿（如铺设绿地）和不具备邻避效应的公共设施建设（如建立图书馆）。科学技术发展是治理邻避设施负外部性的一项根本措施，技术补偿措施是最直接弱化邻避设施对公众健康的消极影响的方法。首先，邻避设施的选址应提高科学性，通过现代物流技术、运筹学、空间分析等新的方法，在综合分析选址时需要考虑的各要素的基础上，筛选确定出最合理的选址方案。其次，政府、项目建设单位和项目运营企业在邻避设施的项目全生命周期内都应当采取有效的环保技术措施，建立起有效实时的环境检测系统和评估系统，定期地向外部发布评估情况，并且通过绿地补偿、环境综合改造、开发和应用邻避设施的绿色替代工艺等措施来补偿受邻避设施负外部性影响的周边群体。例如，嘉定垃圾焚烧发电项目位于嘉定区外冈镇古塘村，项目厂址西南侧约1km为江苏省昆山界（花桥天福村），距离沿沪大道最近约1.9km，距蓬朗最近居住区约3km；西北距太仓界近2km。经过昆山市相关部门多次与嘉定区交涉，嘉定区承诺建设过程中采用最先进的工艺设备、执行最严格的法规标准，严格按相关的法定程序进行公示、审批。嘉定区残渣垃圾填埋场一期位于嘉定区和太仓市边界，距太仓市"新浏河"直线距离不到2.5km，严重影响太仓周边市民生活，经太仓市委、市政府和嘉定区政府交涉，嘉定区取消残渣垃圾填埋场二期工程项目，且关闭残渣垃圾填埋场一期工程项目并进行封场，进行生态修复。

三是采取制度补偿措施。一些环境基础设施（如垃圾填埋场、固废处理厂等）同时具有污染性和邻避效应，各地都不希望固废和危废处置设施落在本辖区内，但每个城市都建这种处置设施就会造成巨大浪费，因此需要通过制度设计推动环境基础设施的跨界共享。例如，《江苏临沪地区跨界协调规划研究》建议根据垃圾填埋场的处理规模探索将昆山、太仓的部分垃圾运送至青浦垃圾填埋场、嘉定垃圾焚烧厂进行处理。

10.3.3　土地开发权转移

土地开发权转移（Transfer of Development Rights）是跨界地区统筹土地资源的重要手段之一，它是指将一块土地进行非农开发的权利通过市场机制转移到另一块土地。或者说，如果我们把在某个地块上进行如非农开发之类的权利称为土地开发权，那么这种权利可以从权利发送（或出卖）区的地块上分离出来，并被有偿转移到权利接受（或购买）区的另一地块上，这样，权利接受区（或地块）就可以获得比原来土地利用规划确定强度更高的开发强度，而权利发送区在出售或转让开发权之后，通常会受到严格的开发限制。以美国为例，土地开发权交易是从20世纪70年代开始实施的，到目前有30多个州采用了这一发展策略，受保护的农地、自然保护区和开放空间等多达300000英亩（1英亩≈4046.86m²）。美国东北部城市群中，新泽西州的派恩兰和纽约州的长岛松树林区是两个较成功的土地开发权转移案例，他们都划定了开发权转出及转入区的范围，其中转出区范围不限于转入区行政范围内，可跨界转移至邻近行政区内，同时设立了"开发权信贷计划"（Development Credit Program），将待转移的土地开发权量化为"信用"并实时纳入数据库，并建立开发权更替地块新旧业主的交易准入平台。

土地开发权转移不仅能增加发达地区的土地利用和欠发达地区收入，也能通过市场化的自愿指标交易，节省（政府或管制者）进行耕保的信息和监督成本。从发达地区角度看，不仅可以通过市场化方式大大缓解这些地区的用地指标紧张局面，也可通过城市化来吸纳更多的农村与欠发达地区人口进入城市就业和定居，降低欠发达地区人口对当地耕地的压力和欠发达地区发展本地非农产业、占用耕地的压力。从那些具有更多耕地资源禀赋的欠发达地区角度看，他们可以通过土地开发权交易获得宝贵的耕地保护乃至农业发展资金，这不仅促进了区域之间财力的转移和区际财力平等，也有助于欠发达地区农业比较优势的充分发挥，从而实现跨界主体之间的帕累托最优。

在我国，一些省份在建设用地计划管理模式下的土地利用指标、耕地保护指标和占补平衡目标及其对发展空间约束的基础上，探索尝试了土地开发权转移和交易。

土地开发权转移和交易的首要内容是所谓的"折抵指标有偿调剂"，为了破解建设用地供给与需求的区域不平衡性，浙江省从2000年开始允许折抵指标（含复垦指标，下同）跨区域有偿调剂，从而构建了一个折抵指标市场。该土地指标交易市场使得省内欠发达地区政府可以选择把土地整理后获得的折抵指标用于本地发展，或者选择出售给其他地区来获得预算外财政收入；而省内的发达地区可以选择减少本地投资，降低建设用地需求，或者可以选择向欠发达地区购买折抵指标来满足建设用地需求。由于各地在使用折抵指标上的边际收益和通过土地整理获得折抵指标的边际成本各不相同，因此就存在很大的交易空间。折抵指标有偿调剂收入成为一些县市重要的财政收入来源,大大推动了资源丰富的欠发达地区的土地整理工作;而发达地区则通过折抵指标交易市场获得了大量的建设用地指标。

土地开发权转移和交易的第二个内容是"基本农田易地代保"。为了解决土地利用中碰到的"基本农田"难以建设的问题,2001年3月,浙江省国土资源厅采用了基本农田跨县市"有偿代划和保护"的做法,即所谓的"基本农田易地代保"。自该政策出台后,浙江省跨县市交易共达成80多笔,共计60多万亩（1亩≈666.67m^2）,价格从2001年的150元/亩上升到2003年的2000元/亩以上。基本农田易地代保政策大大拓展了经济快速增长地区的用地空间。仅杭州和宁波两地就置换出30多万亩基本农田,为浙江省内这两大都市区的经济发展提供了空间上的保障。

最后,土地开发权转移和交易还包括"易地有偿补充耕地"政策。区域层面通过土地开发权跨区交易进行耕地保护的尝试已经在广东、浙江等地出现。例如,《中共广东省委 广东省人民政府关于推进产业转移和劳动力转移的决定》(粤发〔2008〕4号)规定,对口调剂使用农用地转用计划指标和补充耕地指标,允许珠三角地区委托山区对口开发补充耕地。自20世纪90年代末期开始,杭州、温州、宁波等地市不断向省政府和国土资源厅要求更多的用地指标。为打破上述僵局,在广泛调研的基础上,浙江省陆续出台了以"折抵、复垦指标""待置换用地区"为两个基本要素的"区域内土地开发权转移"政策体系;同时,通过创造性地引入土地开发权跨区交易的市场机制,建立了以"折抵指标有偿调剂""基本农田易地代保""易地补充耕地"为三个主要内容的"跨区域土地开发权交易"政策体系,从而最终形成了一套土地开发权转移与交易的系统性政策体系。

第11章

跨界治理
实施保障

在跨界治理机制中，跨界治理组织居于主体地位，起着引领协调的作用，通过跨界协商制定相关政策措施以优化跨界要素配置，并协调跨界利益分配，这些政策直接作用于劳动力、资本等生产要素和基础设施、公共服务、生态环境等公共产品，一方面促进跨界要素流动，一方面弥补区域经济的市场失灵。然而，政策的执行和运作有赖于完备的实施保障，因此，构建跨界治理实施保障机制是跨界治理的重要支撑，直接决定了跨界地区的治理水平。

在跨界治理实施过程中，最为重要的是跨界地区的法制协同。对因跨界而产生的治理矛盾，如环境污染治理等跨界公共事务管理，现有行政管理手段难于解决，亟须通过跨界地区的法制协同提供顺应时代的行政运作法律制度。加强跨界区域立法是实现跨界治理的政治基础，也是赋予跨界组织合法性的重要保障。

在跨界地区基础设施、产业合作、生态治理、公共服务等项目推进过程中，设立跨界基金具有资金保障和引导调节作用，能有效促进区域集聚发展和均衡发展，实现跨行政区利益的共享。跨界地区基金鼓励和引导各级财政的投入，同时撬动社会资本积极参与，支持推进跨界地区交通、水利、能源、生态环保及教育、医疗等公益性、跨行政区划的重大基础设施和公共服务项目。

跨界治理中，因存在多元的利益主体，从决策到实施环节，再到监管环节均离不开必要的沟通与协商，建立健全的协调机制是保障区域治理有序、有效的必要前提。具体来说，跨界主体间首先需要达成共识，同时接受跨界组织的引导与约束，实施中利益主体之间可能发生矛盾与冲突，需要及时解决，治理过程则需要科学地、定期地进行评估与监督，以确保及时修正。这就需要一个相对稳定的"平台"持续发挥凝聚统筹、承上启下的作用，并明确无法达成共识时的解决途径。

跨界基础数据、政务服务、应急管理等平台的设立也尤为重要，是促进要素跨界流动、提供跨界公共产品的重要支撑。跨界基础数据平台是跨界交流的"沟通语言"，在此基础上，应加强区域一体化政务服务平台的建设，推进自然资源、不动产登记、医疗卫生、社会保障等方面的"跨界通办"，畅通国民经济循环，促进要素自由流动，切实提升国家治理体系和治理能力现代化水平；此外，公共安全与应急管理平台的构建也有利于加强公共卫生应急管理和联防联控，维护跨界地区公共安全。

此外，为确保跨界项目实施和跨界治理的可持续性，应建立监督检查和评估考核机制。例如，对于政府机构类的跨界协调组织，应要求其每年向同级人大报告跨界治理的工作情况，并接受人大监督，及时纠正不符合跨界治理要求的行为，并在各级政府及其有关部门建立健全投诉举报制度，对不符合治理要求的行为由上级机关责令限期改正。同时，对跨界主体（政府及各部门）进行评估考核，并对评估考核的制度建设、评估主体、对象、内容、指标和运用等方面进行相应规定。

11.1 跨界地区立法及合约机制

新制度经济学理论认为，法律是经济发展的内生要素，是降低市场运行成本的正式规则。跨界地区发展中存在一些亟须解决的问题，尤其是区域经济溢出行政区所产生的矛盾，如基础设施重复建设、生产要素恶性竞争以及邻避效应等，难以通过市场机制解决。此外，当前的跨界协调规划侧重于分析研究而非能够落地的法定规划，法律依据薄弱，规划的编制、审批和实施主体都不明确。因此，要形成区域空间规划编制实施的法律依据，及处理矛盾与问题的权威评判依据与制度流程，为跨界地区立法的应运而生提供现实基础。

区域立法是指对跨界地区的经济社会发展或公共事务管理所实施的立法活动。其目的是促进跨界地区整体发展、欠发达地区开发或跨界公共事务管理，其结果是制定适用于特定地域范围的区域性法规。按其内容，可分为综合性区域性法规和专项性区域性法规。因国家尚未制定综合性区域性法规，专项性区域性法规制定也很少，当前该类立法多由地方实施，即地方区域立法，主要以综合性区域规划及其实施的保障为立法素材，具有先行性、创新性、区域性和保障性（涂青林，2012）。

11.1.1 "综合立法－单行立法"相结合的立法体例

发达国家以法律为先导，规范区域合作则几乎成为国际惯例。在综合立法方面，德国制定了《改善区域经济结构法》，日本制定了《国土综合开发法》，英国制定了《工业分布法》和《新镇法》；在单项立法方面，美国颁布了《麻梭浅滩与田纳西河流域开发法》《阿巴拉契亚区域开发法》，日本陆续颁布了《北海道开发法》《孤岛振兴法》《北海道东北开发库法》等，均通过法制强化区域合作中各政府职责。我国经过多年的实践，已形成多中心区域经济一体化格局，各地在跨界地区协调合作问题上既有共性也有个性。一方面，针对跨界地区协调合作共性问题，可以采取综合立法模式，对协调合作的主体、合作程序、合作组织、合作执行、合作保障、合作监督等各个环节进行规范，将协调合作的手段、技术方法、行为方式、协调程序等共性的内容规范化、制度化。另一方面，各地发展不平衡，区域发展战略功能定位不同，跨界地区协调合作的各要素也存在差异，可采用单行立法体例进行规范。

1. 立法目的与调整对象

通过立法调整社会关系，构建一种社会秩序，包含着立法者希望通过该法的实施所要达到的结果，即对立法目的的追求。对于跨界地区协调合作立法而言，其应当追求何种目的，建立何种法制秩序，是必须考虑的首要问题。跨界地区协调合作立法必须服务于跨界地区跨界主体的组织构建和资源协调，以及跨界地区的法治建设，以解决跨界地区法治"一体化"与地方法治"碎片化"之间的矛盾。

一方面，跨界地区立法属于中国特色社会主义法律体系的一部分，故其立法目的既应具有联通整体法治建设的价值诉求，也应有解决区域治理实践问题的现实面向。尽管区域经济一体化的形成与发展主要依赖于市场机制，但伴随跨界治理进程中出现的基础设施建设、环境保护与资源开发、户籍制度与社会保障、市场要素流动等跨界公共事务治理问题大量出现，传统的行政区行政不能对这些跨界公共事务治理问题作出有效回应，推进跨界地区法治有助于跨界治理能力的提升。

另一方面，跨界地区协调合作立法的目的也会影响到立法的调整对象。跨界治理的客体是跨界资源的协调和跨界公共行政事务，跨区域性决定了跨界地区协调合作立法的调整对象，包括以中央与地方、上级与下级区域政府为主体的内部行政关系，以及区域行政的行政主体与相对人之间的外部行政关系。因此，跨界地区立法调整区域行政关系后所形成的区域行政法律关系，在关系主体、内容和运行机制上，均不同于地方法治下的行政法律关系。这种内部行政关系和外部行政关系以跨区域公共行政或区域治理为联结点。

2. 主要内容

哪些内容可以纳入跨界地区立法的调整范围从而构成跨界地区立法的基本架构，这受制于立法者对跨界合作中制度建构的法律需求的发现，以及对跨界地区治理实践中能够为立法提供的经验素材的提炼。一般而言，主要包括以下内容。

（1）跨界地区治理模式。从跨界地区治理模式来看，既有纵向合作模式，也有横向合作模式。孟德尔1988年提出应设置地方政府间经济合作的协调机构，认为应该建立组织间的网络，加强横向的联系和沟通，以替代传统的层级体系来协调政府间利益，凸显了横向合作的重要性。并且，在跨界治理实践中，横向区域合作所占比重更大。跨界地区立法应当对跨界治理模式有所回应。

（2）跨界地区治理主体。跨界地区治理主体是指能够独立参与区域合作事务并能独立承担法律责任的主体，其范围是仅仅局限于跨界治理的各级政府，还是包括社会组织、市场等其他参与跨界治理的主体；这些主体在跨界治理中的职权职责（权利义务）以及上下、左右之间的关系问题；推进跨界治理的工作机构的设置、职能与工作机制等问题；参与跨界治理的社会组织、市场主体，其资格与权限问题等，都需要跨界地区立法加以明确。

（3）跨界地区治理领域。跨界地区治理领域的确定，直接关系到跨界治理的调整范围以及对应的调整方式。实践中，跨界治理领域已经从经济拓展至经济、社会的中心领域和关键环节，从项目、资金等市场要素拓展到区域规划（政策）等制度要素的合作。就跨界治理的事务领域和空间领域而言，前者可以是交通设施、环境合作治理、科技人才流动、产业规划等，涉及组织法规定下的政府各项职能以及政府与社会、市场的行为边界问题，只要涉及跨界公共事务的，均可以纳入跨界治理范围；后者是指跨界治理的空间地域，这受制于现实中各跨界地区的空间发展版图，关涉跨界治理行为的管辖问题。

（4）跨界地区治理形式或平台。除传统的合作论坛、交流会、博览会外，区域合作框架协议、区域合作规划，以及"飞地经济"园区、承接产业转移示范区、合作试验区等都成为深化跨界治理的形式或平台。跨界地区立法对区域合作的形式或平台除了对既有的有效形式予以确认之外，也应当对这些跨界治理形式或平台的管理、运行进行规范。

（5）跨界地区治理程序。跨界地区治理程序是一套权力（权利）义务交涉过程的工作机制，其本质特点应当是过程性和交涉性。在跨界治理中需要淡化行政过程的单方性色彩，将参与跨界治理的行政主体、第三方主体等力量整合起来，以程序规制权力，让权力运行依规则行事；以程序发展和保障权利，拓展各权利主体参与、交涉、对话、协商的渠道和能力。跨界地区立法应当对主要程序环节、具体程序制度等作出明确规定。

（6）跨界地区治理机制。跨界地区治理机制也是跨界地区立法的重要内容，要通过立法解决好跨界地区治理中的机制设计与制度供给问题。应加强跨界地区治理机制建设，建立与之配套的制度，以推动跨界地区治理取得预期的成效。跨界地区治理机制涵盖很多内容，如法制协调机制、批准备案机制、利益调节与补偿机制、绩效评价机制、激励约束机制、监督保障机制、信息交流与共享机制、争议解决机制等都应在立法中得到体现，并建立相应的制度予以保障。

11.1.2 "中央立法-地方立法"相结合的立法体例

针对跨界治理过程中的共性与个性问题,任何单纯的中央立法在兼顾法治统一和整体调整的优势时,不可避免将忽视不同领域、不同区域的个性化法律规范调整需求。在我国中央统一领导与地方一定程度分权、多级并存、多类结合的独特立法体制下,针对区域合作治理的立法,可以采取中央-地方之间的央地配套、多层融合的立法体例。具体来说就是,中央对国家区域发展战略、跨省级区域合作事项进行上位立法,由各省级地方立法主体对区域内具有共同、共性、共识的公共事务采取立法协作方式,如2006年7月辽宁、吉林、黑龙江三省签署《东北三省政府立法协作框架协议》,开展联合立法,或者由地方共同的权力机关或行政机关对区域合作事项进行地方立法,形成中央宏观立法与地方中观立法相结合的立法体例,构建完整的跨界治理法律规范体系。

1. 立法目的与调整对象

跨界规划是特定行政机关以跨界地区为对象编制蓝图,具有预测性、或然性、导向性,即"向前看"的特点;制定前要吸纳民意,制定后应向社会公开,但对公民、法人和其他组织只具有间接影响力;是跨界地区内地方政府的行动指南,具有内部约束力,但未经上一级或同级人大通过的跨界规划没有法律效力。地方区域立法的结果是制定特定地方性法规,通过设定主体的权利、义务对既有社会关系进行调整,具有权威性、强制性和稳定性,即"向后看"的特点。因此,跨界规划和区域立法两者的概念、性质、特点和效力具有明显的区别。但两者在价值目标和规范政府行为等层面存在契合点。我国区域发展采取区域规划先行方式,但区域规划制订后,仅依赖政府内部约束难以保障其有效实施,且其自身亦应入法,这就是区域立法的逻辑起点。正确把握区域规划的精神、目标、内容及其保障机制,并转化为法规的价值目标和可操作的法律制度,即法律上的"责权利"范畴,是地方区域立法的主要任务。

2. 主要内容

当前地方区域立法的主要任务决定了其内容,即区域规划实施的保障性法律制度创设,尤其是行政运作制度等区域治理制度。其动因,是解决区域内各自为政的行政区体制滞后于区域经济整体发展的问题。

1)纵向行政运作制度

(1)组织协调制度。一是组织管理制度。如《广东省实施珠江三角洲地区改革发展规划纲要保障条例》(后简称《珠三角改革发展保障条例》)规定,各级政府要制订实施规划的年度计划并报上级政府备案。二是行政协调制度。包括协调机构设立(是否专设,则应根据区域实情考量)和协调会议制度,以有效解决跨界地区内横向政府之间协作难的问题。如《广东省珠江三角洲城镇群协调发展规划实施条例》规定,设立规划管理办公室这一专门常设机构,对跨行政区域重要事项进行管理与协调。协调会议包括政府间联席会议和专题会议两种形式。

(2)争议解决制度。我国的仲裁制度主要适用于私法领域,行政途径解决机制较符合当前实际,即通过跨界主体共同的上一级政府调处来解决跨界政府之间的争议。

(3)绩效考评制度。政府绩效考评是考评主体按照考评指标体系和程序,对政府履行职责的表现所进行的客观、公正评价。地方区域立法可从考评多元化主体、标准、程序和监督等方面进行具体制度建构。

(4)行政问责制度。公务员法和行政监察法规定了行政问责制度,但未规定具体情形,实践中难以操作。地方区域立法可在规定行政绩效考核制度的基础上,援引上述两法构建具体的责任制度。如《珠三角改革发展保障条例》规定,对实施区域规划连续两年考核不合格的,可责令地方政府主要领导辞职。

(5)利益补偿权制度。

①利益补偿权的界定。各级政府是当地利益的当然代表,因而也是利益补偿的权利主体或义务主体。利益补偿权的客体是一种可通过发展实现的特定利益。利益补偿的前提是双方的义务履行,如生态保护区应禁止发展污染项目,履行义务后则应获得利益补偿权。其救济途径一般为争议双方共同的上一级政府调处这一行政解决途径。

②利益补偿权的实现。可借鉴德国立法经验,纵向的利益补偿,由上级政府采取对特定主体专项拨款和税收返还等方法实现;横向的利益补偿,德国以人均税收为基准,我国地方区域立法可探索以人均收入、经济增益和发展贡献等为参数,设定科学的补偿基准,通过以上级政府财政部门为介质的、横向的直接财政转移支付,或者地区间项目合作、产业与劳动力"双转移"等间接方式实现。

2)横向行政运作制度

其内在机理,是行政管理应顺应区域发展,从目前科层结构的"命令与服从"这一纵向管理模式,转变为以横向政府间合作与自律机制为基础、纵横向管理有机统一这一区域治理模式。

(1)政府间沟通协商制度。该制度是区域内横向的各级政府,以协作机构和协作会议制度为法定化平台,直接进行沟通、协商、管理和决策,以促进区域合作的法律协调机制。

（2）政府间合作协议制度。政府间合作协议是区域内横向政府间为实现区域合作，在平等协商和合意基础上签订的民主协议，是当前区域治理中出现的行为机制，但在国家层面还未法律化。地方区域立法可规定其缔约主体、内容、程序、责任和效力等具体制度。

（3）信息共享制度。信息不对称不仅是造成市场失灵的重要因素，也是制约政府间合作、行政公开和公民知情权实现的障碍。政务信息共享制度，地方区域立法可从主体、行为和责任三个方面构建。如借鉴美国首席信息官制度，明确信息开发和管理主体制度。

11.1.3 长三角地区立法协同实践

为了持续推进长三角一体化，消除阻碍因素，落实长三角区域一体化的国家战略定位，开创改革开放新局面，制度性合作和规范化发展是必由之路。立法协作就是长三角一体化制度性对策中最重要的一环。

长三角地区在立法协同领域有着长期的实践探索。早在2007年，苏、浙、沪三地就开始探索通过立法协作推动区域协调发展。2014年，围绕大气污染联防联控，长三角"三省一市"携手立法，相继通过《大气污染防治条例》，分别就区域大气污染防治协作设置专门章节，实现我国区域立法协作"零的突破"。

长三角区域立法协作虽然取得了许多进展，但基本仍停留在松散的形式协作层面。阻碍其进一步发展的主要原因包括：

一是重大事项跨区域立法缺少合法性认证，立法协作依据不稳固。长三角地区的立法协作目前以国务院的相关发展规划纲要及区域性行政契约为基础展开，但是国务院规划纲要和区域行政契约难以通过《宪法》《立法法》等规定证实其地位、性质。规划效力偏向柔性，当相关地方政府或人大未能依照规划行事时，很少受到合法性审查，也不会面临急迫的行政问责，造成立法协作中"普遍共识、个别操作"的局面，因而难以有效根除地方利益保护和行政壁垒。

二是各地区立法经验参差不齐。在当前长三角三省一市区域范围内，不少"设区市"直到2015年《立法法》修改后才获得市一级的地方立法权，立法经验相对不成熟，仓促加入区域立法对话与协作后，易产生抄袭式立法或越权立法等现象。

三是地区立法层级性合作难以协调。长三角立法协作应当是横向同层级协作，具有同质与同级性质，也就是应当发生于同一级人大系统之间或同一级政府系统之间。上海市作为龙头城市，在立法层级上属于省一级，立法协作的展开对象是苏浙皖的省级人大及其常委会或省级政府。但上海作为直辖市，行政区划上仅拥有闵行、宝山等区，而这些区在《立法法》上并不具有地方立法的职权。因此，在设区市层次上，上海市同其他三省的合作链处于割裂状态，即使上海各区同其他三省设区的市产生了跨省交流，也无法上升到制度层面，难以产生规范的议事规则和成果。

四是协调规划粗放、形式单一、立法协作程序缺失使各地立法产生形式协作、实质割裂现象。行政契约是长三角区域立法协作中长期采用的一种模式，但契约的内容较为抽象、概括，解释弹性大。各行政区出于自身利益考量，更乐于宽泛地解释相关条款，以确证自身已经"履行义务"。此外，目前区域规划与契约，均没有可以依据的行政程序法，虽然联席会议有自身的议事规则，但议事规则本身也属于人大或政府之间达成的一种契约，并非国家层面的法律。在形成制度化平台的工作上，没有中央层级的参与，地方人大及其常委会与政府均难以有所作为。在此类平台缺失的情形下，形成契约前期的沟通、交流机制无程序可循。在执行契约、进行立法协作时是否必须经过重大项目咨询、可行性评估等环节亦不甚明晰。表现在结果上就是各个地方的立法千差万别，出现立法不协调的状况。

伴随长三角区域一体化发展上升为国家战略，长三角地区人大常委会主任座谈会于2018年7月在杭州召开，长三角"三省一市"人大签署了《关于深化长三角地区人大常委会地方立法工作协同的协议》，进一步完善了决策层、协调层和工作层层层推进的立法协同机制，助推一体化发展大事要事落地落实。同年11月，长三角"三省一市"的人大常委会会议分别表决通过各自省份的"关于支持和保障长三角地区更高质量一体化发展的决定"，要求凝心聚力支持和保障长三角区域一体化发展，从协同机制向实践操作迈出了坚实的一步。

2021年7月13日，长三角地区人大常委会主任座谈会通过了《2021年度长三角地区人大常委会协作重点工作计划》，未来将进一步落实2021年度长三角地区主要领导座谈会的决策部署，立足地方人大常委会工作职责，综合运用立法、监督、决定、代表视察等法定方式开展协同协作工作，努力提升人大依法保障和推动长三角一体化发展国家战略实施的实效。除继续推进已有项目协同立法（如大型科学仪器共享立法协同、铁路安全管理立法协同）外，由上海市人大牵头，各省市人大组织推进数据协同立法，贯彻落实国家大数据战略，通过立法推动长三角地区三省一市在数据领域的合作，共同加强数据技术中心建设、公共数据之间的共享和治理，推进区域"一网通办"和社会数据合作开发。此外，为贯彻习近平总书记关于长江大保护重要指示精神，落实《长江保护法》有关规定，将由江苏省人大牵头，上海市人大、安徽省人大参加，共同推进长江船舶污染防治协同立法，通过立法加强长江船舶污染联防联治，统一船舶设施配置、改造标准，共同保护好长江母亲河。

促进长三角区域一体化立法协作向纵深发展，根本出路是从宏观模式、协作内容和未来发展方面整合长三角区域的立法资源，重点包括两个方面。一方面以软法治理与硬法治理结合为协作原则，丰富立法协作的模式内容。改革开放40年来，长三角区域在一体化中已经实践过行政协议与示范条例的合作形式。可以在完善原有两种模式的基础上，参考《东北三省政府立法协作框架协议》，比照落实2019年《关于深化长三角地区人大常委会地方立法工作协同的协议》，以长三角大气污染治理的成功经验为依托，加强示范条例模式的协作。示范条例以各自区域内地方性法规形式呈现时，便转化为"硬法"，具有强制约束力，同框架性协议和行政协议配合，构成"软硬兼施"的灵活治理模式。

另一方面，联结既存规划与协议，探索对长三角区域立法协作的关键环节进行疏通。配合长三角一体化的阶段性规划与立法协作协议，有分工、有重点地展开地方在立法、修法、废法方面的对接工作。充分发挥原"较大的市"立法的先发优势，促进省内部的市际交流，尽快促成区域内立法水平提升。依照已经签订的协作发展协议和行动计划，将协作首先放在交通运输、能源、创新、信息企业协作，环境治理，市场一体化四个方面的立法工作上，有先后、有重点地进行立法协作，防止效率低下、立法资源浪费。在此基础上，完善相关程序与制度，使立法协作工作整体衔接流畅，架构完整。相关机制包含立法工作年度例会、区域内立法动态通报等事前协作程序；立法中的区域性参与等事中协作程序；区域内他方备案与立法后评估等事后协作程序。

11.2 区域投资开发及金融服务平台

11.2.1 区域投资基金平台

缺乏财政支持的跨界合作协调很容易停留在"议而不行"的阶段，因此必须设立跨界区域发展基金，促进跨界基础设施、环境保护、科技创新等项目的落地。

从国际经验看，"中央政府引导、多方出资、多元发展"的融资建设模式值得借鉴。德国各城市的地铁轻轨建设资金60%出于联邦政府，其余由州、市政府承担，同时制定鼓励公共交通发展的财税支持政策。美国公共交通建设方面，在建设初期联邦政府出资比例为66.7%，随着《公共交通法》的出台，联邦政府公共交通出资比例最高可达80%。巴黎的地铁建设资金，40%来自中央政府，40%由大区政府提供，另外20%由巴黎地铁公司自筹解决。日本轨道交通的建设资金采取国家补贴、地方投资、发行债券、民间集资和地铁公司自筹等多渠道筹资的办法。

在我国，通常在中央和跨地方层面设立区域共同发展基金，由中央政府、成员地方政府（省级政府）、成员城市政府三方按比例共同出资，发挥基金对区域内基础设施、产业合作、生态治理、公共服务等项目的保障作用和引导调节作用，有效促进区域集聚发展和均衡发展，实现跨行政区利益的共享。

例如，《关于支持长三角生态绿色一体化发展示范区高质量发展的若干政策措施》明确了两省一市共同出资设立示范区先行启动区财政专项资金，三年累计不少于100亿元，中央财政和两省一市财政共同出资设立示范区投资基金，为示范区提供资金激励。

又如，深莞惠城际建设基金的主要来源有以下三部分：一是中央或省政府的财政转移支付，二是深莞惠市各政府主体向组合城市委员会上缴的一定比例的财政收入，三是社会投资或者通过银行的"搭桥"贷款。深莞惠建设资金由组合城市委员会管理，根据专项业务分类拨款（胡刚 等，2012）。

而武汉城市圈共同发展基金的来源主要是圈内各地方政府按照地方国内生产总值的一定比例交纳，资金主要用于武汉城市圈区域战略规划和政策的制定、举办论坛和经贸洽谈、区域内公共服务项目的建设以及区域发展的专项研究等。

11.2.2 区域开发建设平台

在解决了跨界地区开发建设资金问题后，具体的基础设施、园区建设、成片开发仍然需要以市场为主体实施。长三角生态绿色一体化发展示范区在国土空间总体规划编制完成后，以规划为引领，开始进入建设阶段。在此阶段，无论是以智库顾问为特征的长三角生态绿色一体化发展示范区开发者联盟，还是以实施主体为特征的长三角一体化示范区新发展建设有限公司、长三角一体化示范区水乡客厅开发建设有限公司，都对示范区的开发建设起到积极的推动作用。

2020年8月25日，在长三角生态绿色一体化发展示范区执委会统筹指导下，长三角生态绿色一体化发展示范区开发者联盟成立，12家创始成员分别是中国长江三峡集团有限公司、阿里巴巴集团、华为技术有限公司、中国国际金融股份有限公司、中美绿色基金管理有限公司、中新苏州工业园区开发集团股份有限公司、中国城市规划设计研究院、上海城投（集团）有限公司、普华永道、复旦大学、上海交通大学医学院、新华通讯社长江三角洲新闻采编中心。从机构类型看，联盟创始成员汇聚了多种不同类型的市场主体，以及金融机构、媒体、研究机构与重要智库，体现了多元化和广覆盖的特点；从地域分布看，5家企业中，沪苏浙的龙头企业各有1家，另有2家来自长三角以外的地区，另外7家创始成员也都是面向全国乃至全球的，体现了成员地域分布的参与性、均衡性和成员辐射范围的广泛性、高能级性；从行业属性看，创始成员大多分布在数字经济、智慧城市、科技创新、园区建设、金融发展等领域，可以成为示范区重要的智力合作伙伴。

2021年5月，在第三届长三角一体化发展高层论坛上，长三角一体化示范区新发展建设有限公司（长新公司）、长三角一体化示范区水乡客厅开发建设有限公司（水乡客厅公司）揭牌，水乡客厅"一个主体管开发"取得实质性进展，"1+N"的开发建设模式初步构建。长新公司是长三角第一家由两省一市同比例出资、同股同权的市场主体，负责区域基础性开发、重大基础设施建设和功能塑造等，长新公司与三峡集团合资成立水乡客厅公司。两家公司的成立，标志着一体化示范区"业界共治、机构法定、市场运作"的格局真正成形，也标志着长三角一体化跨省域共投共建的机制真正做实。

开发者大会是深化示范区业界共治模式、展现示范区建设的开放生态的平台。长三角生态绿色一体化发展示范区开发者联盟在开发者大会上成立以来，联盟12家创始成员及13家第一批入盟成员，发挥在各自领域的头部优势，在空间规划、工程建设、生态环保、产业带动、专家智库等方面持续为示范区导入优质资源，展示了市场主体以务实举措积极参与示范区建设的阶段性成效。2020年10月入盟的联盟成员也积极参与，一年不到即取得初步成效。

2021年9月23日，长三角生态绿色一体化发展示范区开发者大会在苏州吴江举行，大会前夕，示范区开发者联盟遴选了新一批入盟成员，吸纳了16家新成员。作为先行启动区建设主体及负责水乡客厅区域重大建设的公司均加入联盟。示范区本土头部企业也加入联盟，将进一步立足示范区嫁接高端资源，实现跨越式发展。

11.2.3 区域金融服务平台

在长三角一体化的推动下，2019年年初，人民银行上海总部牵头筹备建立"金融服务长三角高质量一体化发展合作机制"，合作机制由党委理论学习中心组联学会、协调委员会、秘书处和专题工作组四个层次组成,并编发工作简报作为工作载体。4月22日,在沪召开合作机制第一次协调委员会会议,审议通过了各项工作机制及年度工作计划,确定了加强长三角经济金融数据统计共享与分析等首批12项专题合作工作,合作机制正式启动。2020年10月,由上海金融业联合会、江苏省金融业联合会、浙江省金融业发展促进会、安徽创新金融与发展研究院发起的长三角金融业发展联盟正式签约,从而发挥金融行业社会组织桥梁、平台和纽带的作用,整合长三角地区金融业资源,健全金融信息共享机制,推动金融机构在长三角地区跨区域协作,互惠互利。当前,长三角地区的金融机构、金融市场已经实现了一定程度的合作,如异地贷款、跨地区票据交换、跨地区外汇资金清算、证券市场融资等。随着产业转移、产业整合的深入,跨区域的资本融合也已经开展(丁萌,2007)。

1. 搭建经济金融数据共享平台

2019年,建立长三角金融数据和经济金融运行情况发布平台和长三角一体化重大问题联合课题研究工作机制,形成长三角经济金融分析研究合力,对金融支持长三角高质量发展起到积极信息支撑和政策参谋作用。实现按月向社会发布长三角货币信贷运行情况统计数据,并按半年度撰写《长三角金融运行分析报告》。

2. 强化金融监管合作平台

2019年,三省一市人民银行分支机构在金融稳定、金融消费者权益保护、反洗钱可疑交易合作机制等方面深入合作,金融风险联合防范机制初步建立。建立了反洗钱监管信息共享机制和联合工作机制;长三角地区金融消费纠纷非诉解决机制正式落地,三省一市人民银行分支机构签署合作备忘录,建立了调解专家人才共享机制、信息交流预警机制、典型案例会诊制度等,探索在线纠纷解决机制,运用"中国金融消费纠纷调解网",完成长三角地区跨区域调解"第一单",助力防范化解区域金融风险;制定了《长三角金融稳定季度指数和重大风险事件共享方案》,按季度根据宏观经济和金融机构两大方面共23个指标数据,编制长三角金融稳定季度指数,共享各地区重大风险事件,加强长三角区域金融稳定信息共享。

3. 搭建跨区域金融合作平台

三省一市人民银行分支机构制定了《再贷款再贴现支持长三角高质量一体化发展实施方案》,将再贷款再贴现支持企业范围覆盖到整个长三角区域。截至2019年12月末,共发放14.4亿元跨区域的再贷款再贴现用于支持长三角一体化发展,涉及沪苏浙皖企业1347家。推动中债估值中心在上海成功发布中债长三角系列债券指数,是全市场首个全面表征长三角地区债券市场的系列债券指数,将有效引入长三角一体化发展优质增量资金,引领区域内产业升级改造,扩大长三角地区投资者群体。

11.3 协商矛盾仲裁机制

在跨界治理过程中,经常会遇到无法或难以达成跨界各主体都认同的问题。这时需引入协商矛盾仲裁机制,明确无法达成共识时的解决途径。例如,柏林-勃兰登堡地区的分歧台阶最为典型;东京首都圈广域行政体内部成员可参与对方活动并有劝告权;巴黎大都市区市镇联合的背后是共同利益纽带,可以灵活联合也可以自由解散(苏黎馨 等,2019)。

11.3.1 分歧台阶制度

柏林-勃兰登堡联合规划部在德国独一无二,它同时是柏林"城市发展部"和勃兰登堡"基础设施和区域规划部"的组成部分,机构拥有直接的政治权力来制定和执行联邦州层面的规划决策。联合机构共有成员100名,其中16名来自柏林,84名来自勃兰登堡。虽然工作在同一个屋檐下,规划人员在编制上仍各自隶属于本州的规划部门,工资亦由本州承担。而联合规划机构运作的共同支出,如材料费等,则由柏林和勃兰登堡两州均摊。联合规划部的实际领袖有两个,一位是来自勃兰登堡的规划部部长(AL),另一位则是与之相制衡的来自柏林的规划部部长代表(SAL)。由双方州(市)长参与的"州规划会议"(Landesplanungskonferenz)是机构的最高委员会,联合区域规划的基本框架和原则都由它来决定。联合规划部下设9个办公室,7个由勃兰登堡负责,2个由柏林负责。为了充分保证规划决策的公正性,办公室的"伙伴原则"(Tandem-principle)规定每个办公室的负责人和其他工作人员需来自不同的州。例如"欧洲空间规划大都市区规划"办公室的领导隶属于柏林,其他工作在这里的成员则需来自勃兰登堡。这种特别形式的交互组合有助于将柏林和勃兰登堡置于同等重要的地位上,以保证规划过程及结果的均衡。

这样一个跨州联合规划部能够产生并生存下来的重要前提是:两个州在规划机构中拥有完全平等的权利和地位。因此,联合规划部做出的所有规划决策都必须基于双方共同同意的基础上。当两个州产生意见冲突时,"分歧台阶"(Conflict Stairs)从制度上保证了矛盾的最终解决。争议首先在规划部长及规划部长代表的主持下,尝试通过不同办公室的大多数人同意原则来达成结论。如果失败,问题则需要向上提交给州秘书处理。若州秘书依然无法促成共识,两州的部长和参议员将出面裁决。如果争议依然存在,"州规划会议"将被召集,勃兰登堡州州长、

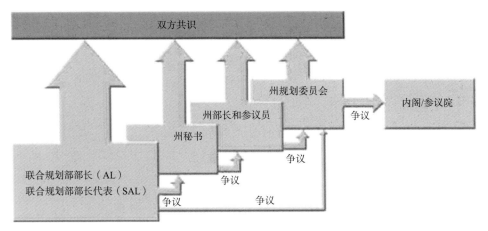

图11-1 柏林—勃兰登堡联合规划部解决规划冲突的"分歧台阶"制度
(资料来源：唐燕，2009. 柏林—勃兰登堡都市区：跨区域规划合作及协调机制[J]. 城市发展研究（1）：55-60.)

柏林市市长以及来自双方的部长和参议员等将在会议上共同作出决策。一些矛盾特别激化的议题，最终还可提交给两州内阁参议院来处理。实践表明，90%以上的跨州规划问题都可以通过联合规划机构找到答案，仅有小部分需要由双方的政治领导人来拍板，并且一些极具争议的问题也已通过双方的政治谈判得以妥善解决（图11-1）。

11.3.2 广域联合制度

基于广域规划的理念，东京首都圈从产业发展、居住环境、交通体系以及环境保护等方面进行了实践，通过在公共服务、防灾减灾与其他功能分区上的区域合作，代替国土规划政策区域的作用。首都圈广域规划范畴内的广域圈实际上并无明确的行政区域，可以是国、地方、县、都市圈、自治体以及地区中任何层次的组合。

出于加强区域合作、推进广域行政能力的目的，日本政府开始实行"广域联合"的制度，分担行政事务，组织行政事务组合，即特定的广域行政服务机关，使广域规划更加多样化和富于服务功能。广域联合是个有实际操作能力的广域组织，可以结合公共服务、防灾减灾等需要对各个行政部门提出要求，而各级政府的行政部门须对应广域联合提出的要求进行相应的广域规划。广域联合可以分别在都道府县和市町村设相应的机关，根据需要可进行广域空间范围的区域规划，通过必要的联络调整，推进广域行政的实行。广域联合可只处理一种事务，即公共服务的行政事务，也可以综合地处理更多行政事务，达到广域行政的区域管理目的。如市町村行政负责的一般废弃物的公共服务和都道府县的产业废弃物的公共服务就能够结合，综合推进区域行政的垃圾处理。依据广域联合编制的广域规划，不仅能够处理广域联合的行政事务，也可介入广域联合成员单位的工作，对成员单位的相关行政事务，具有劝告权。如运营垃圾处理设施的广域规划里，广域联合可以制定成员单位的垃圾处理方法和垃圾减量对策，针对相关规划内容对成员进行劝告，提出修改要求。广域联合可以受成员单位的委托执行相关职权，也可以接受国家和都道府县的委托，代替有困难的成员单位处理相关行政事务，可以通过法律、政令或条例的形式确定广域联合，通过广域联合直接处理相关行政事务。因此，可以认为日本首都圈广域地方规划将地方生活圈作为基础，通过广域联合的方式，结合公共服务、灾害防治建设等，为区域的协同发展提供了空间和契机（表11-1）。

行政事务组合和广域联合的异同　　　　　　　　　　　　　　　表11-1

	行政事务组合		广域联合
合作形式	• 局部事务组合	• 民间团体联合的地域组合	• 广域的官民合作主体
事例	• 公共下水道组合 • 广域消防组合 • 固废处理广域联合	• 事务协同组合	• 历史街道推进协会 • 广域消防组合 • "大名古屋计划"协会
相关组织	• 多数的地方公共团体	• 民间团体	• 多数地方公共团体、民间团体
目的战略	• 共同处理地方公共团体的事务	• 联合体处理个别的或由国家、地方公共团体委托的事务	• 地方公共团体 • 民间以对等的立场制定实施共同的战略
实施形态	• 一部分事务组合 • 以广域联合来处理事务	• 处理民间个别的或由国家、地方公共团体委托的事务	• 根据战略在广域范围内实施官民合作事业 • 官民合作制定实施战略
技能效果	• 处理与广域行政需要相对应的事务 • 只由地方公共团体构成 • 在事务处理方面由于是民间实施，使用新知识、技术的可能性小	• 可能应用民间的知识、技术 • 在由国家、地方公共团体委托的情况下，存在方针及法令的制约 • 与地方公共团体的政策实施的联系可能不够紧密	• 可能形成民间的知识、技术与行政政策实施的联系 • 由于有多数行政主体参加，可能形成极大范围的广域联合

资料来源：游宁龙，沈振江，马妍，邹晖，2017. 日本首都圈整备开发和规划制度的变迁及其影响——以广域规划为例［J］. 城乡规划（2）：15-24，59.

11.4 跨区域平台建设

11.4.1 区域基础数据平台

推进区域治理的首要事项是在技术层面建立统一的基础空间数据库,给予工作基础保障,以实现跨界主体之间基础资料数据库建设与共享、城市地理信息数据转换衔接和动态信息库共享。

构建区域基础数据平台需打破跨界地区数据资源的部门、行业与地域之间的壁垒,统一数据技术、平台与标准。在数据共享共用基础上加强数据利用的深度与广度。以工业互联网为例,现有的工业企业亟须加强不同互联网平台之间数据的互联互通,在跨界地区共同构筑开放协同的工业互联网融合生态。同时,数据共享共用对于跨界地区的民生与社会发展也具有重要意义,如进一步推进数据共享共用,在跨界地区建立区域性的公共卫生应急管理体系和联防联控机制,减少不必要的重复检测环节,从而有效防控跨界地区疫情。

当前,基于区域基础数据平台的数据共享也是实现"跨界通办"的基础条件。与通办相联系的各地方各部门之间以网络和数字技术为手段逐步形成相互依赖关系,随着业务的推进会出现区域基础数据更加密集的纵向和横向关系,最终形成纵横交错、密不可分的区域基础数据网络,这是信息时代必然产生的渗透性结构变迁。区域基础数据平台的构建是一个长期的社会—技术过程,技术和治理的因素在这一长期过程中都将发挥重要作用。

11.4.2 区域一体化政务服务平台

推进政务服务"跨界通办",是转变政府职能、提升政务服务能力的重要途径,是畅通国民经济循环、促进要素自由流动的重要支撑,对于提升国家治理体系和治理能力现代化水平具有重要作用。2020年9月,国务院办公厅印发《关于加快推进政务服务"跨省通办"的指导意见》,列出140项全国高频政务服务"跨省通办"事项清单,设定了"全程网办""异地代收代办""多地联办"三种服务模式,包括养老保险、不动产登记等。

在江苏省自然资源厅确权登记局的组织下,"宁苏锡常不动产登记跨市通办"第一次专题研讨会在常州召开,会上初步达成一致意见。四个城市统一构建基于江苏政务服务网下的"宁苏锡常不动产登记跨市通办"平台,按照先易后难、分步实施的原则,从不涉税的预告登记、抵押登记、抵押注销登记、变更登记、不动产登记信息查询开始"跨市通办"。待网上缴税全面实现后,再逐步推进涉税不动产登记的"跨市通办"。四个城市同时在登记大厅设立统一的"跨市通办"服务专窗,对拟开展的业务收件进行梳理,统一标准、精简材料,为"跨市通办"顺利开展创造有利条件。

长三角生态绿色一体化发展示范区注重打破区域限制,已建立"跨省通办"综合受理服务机制,让数据在省际多跑腿,企业群众少跑腿,重点推进医疗资源互补、医保信息互通、医保标准互认、业务经办互认、监管检查联合,完善医保异地结算机制,在示范区内全面实现异地就医门诊、住院医疗费用直接结算。截至2021年7月,在两区一县同步启用示范区"跨省通办"综合受理服务窗口,纳入三地所有权限内全部民生事项。青浦区1173项、吴江区1398项、嘉善县1306项已接入通办事项。

11.4.3 公共安全与应急管理平台

随着我国区域一体化进程不断加快,突发危机事件除了其自身具备的"不确定性、威胁性、时间有限性和危机双重效果"属性之外,还衍生出了新的特征,即危机不再限于单一行政区域或公共部门,而是广泛渗透和扩散到较大范围的区域中,许多危机已经超越了单一行政区域,使得区域性公共危机日益凸显。这些区域突发危机事件都呈现出在短期内各地同时爆发或者在一地爆发后迅速呈点状、带状或者面状扩散,波及两个或两个以上行政单元的特点,即明显的跨区域性。可以看出,该类跨区域突发事件的复杂性、非常规性、破坏性等均超出一般的突发事件,如果不能及时遏制蔓延态势,对整个区域的公共安全来说是一种巨大威胁。

跨界地区应急协同机制的建立,有利于充分调度跨界地区内部的各类应急资源,共同面对突发事件,提升跨界地区整体的应急救灾能力。近些年来,国内也逐步开始区域应急合作的政策实践,总体而言合作机制尚处于起步阶段,但部分地区对跨界地区应急合作开始了积极的探索和尝试,其中泛珠三角区域的合作进行了较好的实践。

泛珠三角内地9省(区)从2008年开始谋划开展应急管理区域合作。2009年4月15日,在广东省人民政府应急管理办公室的积极倡议和推动下,泛珠三角区域内地9省(区)应急管理合作会议筹备会在广州市召开。会议讨论通过《泛珠三角区域内地9省（区）应急管理合作协议》，2009年9月，联席会议第一次会议合作各方签署《泛珠三角区域内地9省（区）应急管理合作协议》，正式建立了全国首个省际区域性应急管理联动机制。2012年5月，《泛珠三角区域内地9省（区）突发事件应急联动机制管理办法》印发，对应急联动适用范围、基本原则、响应程序、现场指挥系统运行机制、应急联动事务保障等进行了详细规定。

2013年7月，广西贺州市发生水体镉、铊等重金属污染事件，鉴于贺江进入广东省肇庆市封开县江口镇后注入西江，对广东境内贺江段、西江水质构成威胁，广东省按照《泛珠三角区域内地9省（区）应急管理合作协议》《泛珠三角区域内地9省（区）突发事件应急联动机制管理办法》等有关规定，本着相互理解、相互支持的原则，与广西方面在水质监测、削污控污、水量调度、信息互通等方面进行积极沟通协作。第一时间建立协调联动机制，粤桂有关方面共同制订《贺江突发环境事件粤桂联合应急处置总体方案》，肇庆市、贺州市多次共同召开现场会，共商联合处置措施。第一时间建立信息通报机制，粤桂环境保护、水利等部门建立多层次信息沟通及联络员点对点联系渠道，实现水质水文同步监测、水库调度信息互动和监测数据资源共享。第一时间建立水量应急调度机制，共同制订《贺江应急水量调度方案》，对广西境内的合面狮、爽岛水库与广东省境内的江口、都平、白垢三个梯级电站实施联合调度，科学调水，共同确保西江水质安全，为跨省（区）处置环境污染事件提供了成功典范。

11.4.4 跨界协调规划管理平台

目前，跨界规划的编制方法已逐渐成熟，但是跨界规划的实施，是一个涉及不同行政区、不同部门、不同实施主体的协调过程，难度和复杂程度远高于一般规划。而要使跨界规划行之有效，必须在行政管理、技术、法制等各层面建立相应的保障机制，共同搭建一个管理平台，可以充分协调、解决因为规划调整变更给相关城市带来的利益冲突，有了这样的基础，跨界规划方可转化成为公共政策，成为可以协调各方在"共建"过程中分配利益、统一发展思想、调动各方积极性的抓手。

构建跨界协调规划管理平台，首先需要有能全过程指导跨界规划编制的统筹协调机构。当前一些跨界规划协调规划管理平台主要参与方为各跨界主体的规划部门，但仅仅局限在规划、建设部门层面对于跨界规划的实施是不足够的，应当建立能够全程指导跨界规划编制的第三方机构，由规划设计学者、专家等组成智库，服务跨界地区的协调规划，实现规划同编，解决跨界地区内多个城市之间，通过各城市自身努力解决不了的区域性问题。例如，2020年9月，上海大都市圈规划研究联盟正式成立，以支撑上海大都市圈协同发展为导向，以"资源共享、优势互补、服务区域、共谋发展"为原则，以开展高水平规划研究、咨询服务、信息传播、人才培养为主线，建设成为跨学科、跨领域的新型智库和平台，为上海大都市圈规划、建设和管理提供强有力的智力支撑。

其次，可借鉴规划委员会制度，探求跨界规划委员会协同运作的新机制。对于某一方跨界主体规委会审议位于跨界重点地区的法定规划，应允许另一方部分规委会成员列席、参与讨论、反馈意见。跨界主体规委会的共同参与，共同运作，方能保证跨界规划的公平性和权威性。

此外，要引导地区参与，构建多层次的协调机制，提高实施效率。要积极推进跨界规划的实施，需调动省、市、区、镇各级政府实施规划的积极性，一方面需要发挥上级政府的政策支持和监督指导作用，另一方面需要满足基层政府发展需求，将基层政府需求纳入跨界规划中来，并赋予其实施规划的相应权力，通过设立项目库、共同基金等激励机制，鼓励基层政府提出、实施对跨界地区协调发展有促进作用的建设项目。

跨界协调规划管理，离不开技术层面的相关保障。一是建立规划编制标准的统一平台。在公共服务设施配套、道路和市政基础设施规划、规划图例等方面施行统一的标准，强化交界地区各类基础设施和公共服务设施的对接，实现规划编制技术部门的对接。二是组建固定技术服务队伍及服务机制。跨界实施的政策很强，耗时相对较久，需要对各跨界主体的规划有充分了解，长期参与跨界主体规划编制的技术服务团队对跨界规划进行跟踪编制、研究、服务支援，确保跨界规划在技术上的稳定性和可靠性。三是搭建跨界公众参与的渠道。规划信息要公开，通过电视、电台、报纸、网络、移动传媒等渠道，开展公众咨询和宣传，对跨界规划编制信息、各阶段编制进度、阶段方案等都要在各跨界主体共同进行公示，并设立统一的公众意见征集平台进行意见征集和处理（刘松龄，2012）。例如，长三角生态绿色一体化发展示范区建立了示范区先行启动区控制性详细规划编制审批机制，针对跨省域控制性详细规划编制标准、审批流程不统一的问题，明确了统一的规划管控底线与标准。

11.5 考核监督机制

11.5.1 监管实施机制

监管是一个动态持续的过程,根据不同的跨界治理组织架构,其监管实施机制各有不同。如柏林-勃兰登堡地区直接合署办公,日常合作的同时相互约束;法国中央政府直接下放部门参与区域日常决策与管理;东京首都圈采取了PDCA模式(苏黎馨 等,2019)。

PDCA模式,即从提高本计划实效性和实现着实推进的目的出发,通过计划(PLAN)－实施(DO)－评估(CHECK)－完善(ACT)程序的反复回转,来有效进行计划管理,经常性实施检查评估,并采取必要的完善对策(白智立,2017)。

随着东京首都圈经济发展停滞、社会结构变化、价值体系转变,规划也开始转型,表现为逐渐强调地方行政主体的自主作用,鼓励形成自主联合的广域地方规划。国家层面上,取消了依据《国土综合开发法》编制的《全国综合开发规划》,改为《国土形成规划法》(Watanabe et al.,2010)。首都圈层面上,在《国土形成规划法》的引导下2008年成立了"首都圈广域地方规划协议会",并在以该协议会为中心的沟通协商下,通过了2009年的《首都圈广域行政规划》。"首都圈广域地方规划协议会"可以被视为规划的决策主体,包括中央在地方设置的国家行政机关如财务局、整备局、运输局等,还有规划区域内的都道府县、政令都市等地方政府。依托PDCA的流程循环模式对规划执行情况实施评估检查,发现问题后及时采取措施应对。

11.5.2 监测评估机制

为确保跨界规划的实施和跨界合作的可持续性,跨界治理组织应建立监督检查制度和评估考核制度。

例如,广东省于2011年出台了《广东省实施珠江三角洲地区改革发展规划纲要保障条例》,对珠三角城市发展与合作进行了立法约束,明确要求对落实《珠江三角洲地区改革发展规划纲要》和推进珠三角一体化进行监督和考核。要求省市政府每年向同级人大报告实施《珠江三角洲地区改革发展规划纲要》的工作情况,并接受人大监督,及时纠正不符合《珠江三角洲地区改革发展规划纲要》要求的行为;要求各级政府及其有关部门应当建立健全投诉举报制度,对不符合规划要求的行为由上级机关责令限期改正。

2011年，广东省人民政府办公厅印发《广东省实施〈珠江三角洲地区改革发展规划纲要（2008—2020年）〉督查办法（试行）》，对省实施《珠江三角洲地区改革发展规划纲要》领导小组（以下简称省领导小组）各成员单位和《中共广东省委办公厅广东省人民政府办公厅关于印发实施〈珠江三角洲地区改革发展规划纲要（2008—2020年）实现"四年大发展"工作方案〉的通知》（粤办发〔2010〕28号）明确的各项工作任务牵头单位进行督查。

督察组分为综合督查组和专项督查组。综合督查组由从省领导小组各成员单位抽调人员组成，可邀请省人大代表、省政协委员和专家学者参与。专项督查组根据督查事项由省有关部门（包括中直驻粤有关单位）相关人员组成，并按照异地交叉的原则邀请相关市人员参与。督查组具体成员由省规划纲要办在督查前报省领导小组确定。

综合督查即每年围绕广东省委、省政府实施《珠江三角洲地区改革发展规划纲要》年度重点工作，组织对《珠江三角洲地区改革发展规划纲要》实施情况进行全面督查，可与年度评估考核工作结合进行。专项督查主要对珠三角一体化规划实施情况、三大经济圈建设情况、实施《珠江三角洲地区改革发展规划纲要》重大项目建设情况及实施《珠江三角洲地区改革发展规划纲要》其他重要工作任务和省领导交办的相关事项进行专门督查。

督查组完成督查工作后，应当在20个工作日内形成督查报告提交省领导小组。督查报告应包括对被督查单位相关工作的总体评价、工作进展情况、主要经验做法、存在问题与不足、改进工作的意见与建议等内容。对督查报告反映的各地、各部门实施《珠江三角洲地区改革发展规划纲要》的经验做法或存在问题与不足，经省领导小组同意，可在全省范围印发督查通报。对督查发现的各地、各部门在实施《珠江三角洲地区改革发展规划纲要》中遇到的重大、复杂问题，督查组可提请省领导小组研究协调解决。督查情况将作为省实施《珠江三角洲地区改革发展规划纲要》年度评估考核的重要依据。

11.5.3 考核评价机制

考核评价机制是跨界治理得以良好实施的重要保障。应当优化政绩考核制度，实行差别化政绩考核，强化对区域间合作协同的政绩考核力度，有意识地引导地方政府间合作共赢。

例如，2011年由广东省社科院制定《推进珠江三角洲区域一体化工作评价指标及评价办法（试行）》，对珠三角地级以上政府和省政府各部门进行评估考核，并对评估考核的制度建设、评估主体、对象、内容、指标和运用等方面作了规定。评价指标包括基础设施一体化、产业布局一体化、基本公共服务一体化、环境保护一体化、城乡规划一体化、体制机制一体化六大类，共19项一级指标、60项二级指标。各项指标分别采用指标评价、工作测评和公众评价方法进行评价（表11-2）。

推进珠江三角洲区域一体化工作评价指标体系表　　　　表11-2

项目	一级指标	二级指标	数据来源	评价方法
基础设施一体化	交通基础设施建设	1. 圈内轨道交通建设和连接程度	公众评分	公众评价
		2. 圈内公路网（"断头路"）连通推进程度★	省交通运输厅负责	工作测评
		3. 圈内年票互通互认程度和城市间公共交通"一卡通"进展程度★		
		4. 圈内港口资源整合程度	专家评分	
		5. 圈内交通基础设施专项规划衔接程度★		
	能源基础设施建设	6. 圈内电网建设推进和连接程度	专家评分	工作测评
		7. 圈内成品油管道建设和连接程度	省发展改革委负责	指标评价
		8. 圈内天然气管道建设和连接程度		
		9. 圈内油、气、电的价格差异系数		
		10. 圈内能源基础设施专项规划衔接程度★	专家评分	工作测评
	水资源设施建设	11. 圈内供水保障一体化程度★	省水利厅、住房城乡建设厅负责	工作测评
		12. 圈内水资源保护一体化程度	省水利厅负责	指标评价
		13. 圈内防洪防潮建设设施和合作联动程度★		工作测评
		14. 圈内水资源设施专项规划衔接程度★	专家评分	
基础设施一体化	信息网络建设	15. 圈内无线宽带网络覆盖程度	省经济和信息化委负责	指标评价
		16. 圈内城市信息基础设施专项规划衔接程度	专家评分	工作测评
		17. 圈内信息服务一体化程度	省经济和信息化委负责	
产业布局一体化	产业布局一体化发展	18. 圈内产业布局一体化规划衔接程度★	专家评分	工作测评
		19. 圈内产业布局一体化协作发展程度★		
	优势产业聚集	20. 圈内服务业增加值占GDP比重变动系数	省统计局负责	指标评价
		21. 圈内先进制造业增加值占工业增加值比重变动系数★		
		22. 圈内高技术制造业增加值占工业增加值比重变动系数		

续表

项目	一级指标	二级指标	数据来源	评价方法
产业布局一体化	资源配置高效	23. 圈内单位建设用地第二、三产业增加值上升率★	省国土资源厅、统计局负责	指标评价
		24. 圈内全员劳动生产率提升率	省统计局负责	
基本公共服务一体化	基本公共服务投入	25. 圈内基本公共服务财政支出增加率★	省财政厅负责	指标评价
	基本公共服务过程	26. 圈内基本公共服务过程一体化指数	专家评分	工作测评
		27. 圈内基本公共服务制度对接占比率★	省财政厅负责	指标评价
		28. 圈内基本公共服务一体化专项规划衔接程度★		
	基本公共服务结果	29. 圈内公共教育一体化指数	省教育厅负责	指标评价
		30. 圈内公共卫生一体化指数★	省卫生厅负责	
		31. 圈内公共文化体育一体化指数	省文化厅、体育局负责	
		32. 圈内公共交通一体化指数	省交通运输厅负责	
		33. 圈内生活保障一体化（含社保流转等）指数	省民政厅、人力资源社会保障厅负责	
		34. 圈内住房保障一体化指数	省住房城乡建设厅负责	
		35. 圈内就业保障一体化指数★	省人力资源社会保障厅负责	
		36. 圈内医疗保障一体化（含医保异地结算等）指数	省人力资源社会保障厅、卫生厅负责	
环境保护一体化	一体化机制建设	37. 圈内环境信息共享程度★	省环境保护厅负责	工作测评
		38. 圈内环境执法合作联动程度		
		39. 圈内环境监测一体化程度★		
	一体化工作进展	40. 圈内重点跨界水污染整治项目完成程度	省环境保护厅、水利厅负责	工作测评
		41. 圈内重点大气污染整治项目完成程度★	省环境保护厅负责	
		42. 圈内城镇污水集中处理率	省住房城乡建设厅负责	指标评价
		43. 圈内城镇生活垃圾无害化处理率		
	圈内环境质量指数	44. 圈内空气质量优于二级指标的天数★	省环境保护厅负责	指标评价
		45. 圈内跨市河流交接断面水质达标率		
		46. 圈内集中式饮用水源水质达标率		

续表

项目	一级指标	二级指标	数据来源	评价方法
城乡规划一体化	规划编制	47. 圈内空间一体化规划配套政策衔接程度★	省住房城乡建设厅及各市规划部门负责	工作测评
		48. 城际地区同城化规划完成率		指标评价
		49. 城际轨道站点周边控制性详细规划报备率★		
	规划执行	50. 圈内城市规划信息互通程度★	省住房城乡建设厅负责	指标评价
		51. 城际项目纳入近期建设规划程度		工作测评
	实施效果	52. 圈内城市功能布局对接指数★	省住房城乡建设厅负责	专家评分
		53. 绿道网建设质量和区域特色塑造、公共空间品质提升指数	省住房城乡建设厅及各市规划局负责	工作测评、专家评分
体制机制一体化	形成一体化协作共识	54. 党委政府的组织协调力度★	专家评分	工作测评
		55. 公众对一体化的满意程度★	公众评分	公众评价
	建立一体化协作机制	56. 一体化组织措施对接与落实程度★	专家评分	工作测评
		57. 一体化决策机制与协调运作成效		
	创新一体化管理机制	58. 政府服务对接机制运作成效★	专家评分	工作测评
		59. 经济管理协调机制运作成效		
		60. 社会管理协作机制运作成效		

注：带★的指标为2011年评价指标。

资料来源：广东省社科院，2011. 推进珠江三角洲区域一体化工作评价指标及评价办法（试行）[EB/OL]. (03-07)(2022-03-25). http://www.gd.gov.cn/gkmlpt/content/0/139/mpost_139568.html#7.

随着"一体化""高质量""生态绿色发展"等逐渐成为跨界地区一体化中的重要目标，地方政府对于跨界地区治理事务的关注度也大大提升。应结合主体功能区规划，对承担不同主体功能的跨界主体，探索实行分类考核，防止一套评价体系"包打天下"。统一考核的后果是，各地跟着一根"指挥棒"转，没有地方创新空间，体现不了各地特色优势，甚至会加剧跨界主体的短期行为，难以做到跨界主体各司其职、优势互补。这样，实际结果也必定是资源配置效率达不到区域总体最佳，而且发展不可持续。因此，在以资源保护为主的地区，应摆脱唯GDP论的桎梏，实施绿色发展考核，逐步取消重要生态功能区、源头地区主要经济指标考核，加大对生态资源保护开发利用、节能减排、服务业发展等指标的考核。探索建立对GEP（生态系统生产总值）考核成绩突出地区的财政和政策倾斜机制，配套用于民生项目建设。将生态产品价值实现机制试点工作作为试验区干部考核奖惩的重要内容。全面开展领导干部自然资源资产离任审计，严格落实生态环境损害责任追究问责制度。

  区域治理的措施最终会以具体的行动计划和项目进行落实。因此，在跨界治理过程中，对于具体行动计划和项目落地的实施考核，也需要纳入到各跨界主体政府的目标管理和绩效考核当中，作为综合考核评价指标体系的重要组成部分，以确保各项治理事务得以有效推进。关于跨界治理组织架构的执行层，考核事项包括决策层任务落实情况、自行签署合作协议推进情况、推进机制完成情况；决策层和协调层的考核事项，包括协作任务落实情况、联系机制推进情况、推进机制完成情况。

参考文献

Conferenza Metropolitana, 1995. Accordo per la Citt a Metropolitana di Bologna.Un anno dopo: 14 febbraio 1994-14 febbraio 1995 .Comune di Bologna, Provincia di Bologan,1995 .

HUXHAM C, 2005. Managing to Collaborate: The Theory and Practice of Collaborative Advantage[M].

JESSOP B, 1997. Survey Article: The Regulation Approach [J]. Journal of Political Philosophy, 5 (3): 287-326.

JESSOP B, 1995a. The Regulation Approach, Governance and Post-Fordism: Alternative Perspectives on Economic and Political Change [J]. Economy and Society, 24 (3): 307-333.

JESSOP B, 1995b. Towards a Schumpeterian Workfare Regime in Britain? Reflections on Regulation, Governance, and Welfare State [J]. Environment and Planning A, 27 (10): 1613-1626.

GOTTMANN J, 1957. Megalopolis: The Urbanized Northeastern Seaboard of the United States [M]. Twentieth Century Fund.

LOWERY W D, et al., 1995. The Empirical Evidence for Citizen Information and a Local Market for Public Goods [J]. American Political Science Review, 89 (3): 705-709.

NEIMAN I M, TIMOFEEVA L A, 1976. Series Expansion of the Regularized Solution of the Molodenskii Problem [J]. Geodesy and Aerophotosurveying, 1976, 6: 23-26.

NEWMAN P, 2000. The New Government of London [J]. Annales De Géographie, 67: 127-145.

QIAN Y, Weingast B R, 1997. Federalism as a Commitment to Preserving Market Incentives [J]. Working Papers, 11 (4): 83-92.

RHODES R A W, 1997. Understanding Governance: Policy Networks, Governance, Reflexibity and Accountability [M]. Milton Keynes: Open University Press.

RUSSELL C, et al., 2002. Financial Collapse: A Lesson from the Great Depression [J]. Journal of Economic Theory, 107: 159-190.

SCOTT A J, 1996. Regional Motors of the Global Economy [J]. Futures, 28 (5): 391-411.

STOKER G, YOUNG S C. Cities in the 1990s: Local Choice for a Balanced Strategy [M]. Longman, 1993.

WATANABE K, TAKEUCHI Y, 2010. Peripheries and Future Urban Spatial Structures of the Tokyo Metropolitan Area: Correspondence of Regional Planning [J]. DISP, 46: 60-68.

ZHOU Y X, 1991. The Metropolitan Interlocking Region in China: A Preliminary Hypothesis [C]// GINSBURG N, KOPPEL B, MCGEE T. G. The Extended Metropolis : Settlement Transition in Asia, Honolulu: Univ. of Hawaii Press: 89-112.

白智立，2017．日本广域行政的理论与实践：以东京"首都圈"发展为例［J］．日本研究（1）：10-26.

长三角生态绿色一体化发展示范区执行委员会，上海市青浦区人民政府，苏州市吴江区人民政府，嘉善县人民政府，2021．长三角生态绿色一体化发展示范区先行启动区规划建设导则［Z］．

陈佛保，郝前进，2013．环境市政设施的邻避效应研究——基于上海垃圾中转站的实证分析［J］．城市规划，37（8）：72-77.

陈建华，2020．新基建助力长三角高质量一体化发展［N］．安徽日报，08-25（007）．
陈亮，2019．城市群区域治理的"边界排斥"困境及跨界联动机制研究［J］．内蒙古社会科学，40（1）：8．
陈柳钦，2011．城市功能及其空间结构和区际协调［J］．中国名城（1）：46-55．
陈小卉，2003．都市圈发展阶段及其规划重点探讨［J］．城市规划（6）：55-57．
陈小卉，钟睿，2017．跨界协调规划：区域治理的新探索——基于江苏的实证［J］．城市规划，41（9）：24-29，57．
陈艳，2006．欧洲治理与制度变迁［D］．上海：上海社会科学院．
陈艳，皮宗平，2017．创新券在长三角区域通用通兑的路径研究［J］．特区经济（11）：35-37．
陈永贵，张扬，曹胜亮，2021．超大城市社会跨界治理的机制构建与动力支持［J］．企业经济，40（9）：20-26．
崔丹，吴昊，吴殿廷，2019．京津冀协同治理的回顾与前瞻［J］．地理科学进展，38（1）：3-16．
崔功豪，2001．都市区规划——地域空间规划的新趋势［J］．国外城市规划（5）：1．
崔功豪，2000．借鉴国外经验 建立中国特色的区域规划体制［J］．国外城市规划（2）：1-7．
崔功豪，魏清泉，2018．区域分析与区域规划［M］．3版．北京：高等教育出版社．
戴德梁行，2020．中国都市圈发展报告2019——城镇化白皮书5.0［R］．
丁萌，2007．长三角区域金融合作机制研究［D］．南京：南京理工大学．
董石桃，范少帅，2019．权威多层治理和区域合作发展中的府际协调——以粤港澳大湾区规划过程为例［J］．岭南学刊，283（6）：21-29．
董晓峰，史育龙，张志强，李小英，2005．都市圈理论发展研究［J］．地球科学进展（10）：1067-1074．
方创琳，2009．城市群空间范围识别标准的研究进展与基本判断［J］．城市规划学刊（4）：6．
方创琳，祁巍锋，宋吉涛，2008．中国城市群紧凑度的综合测度分析［J］．地理学报（10）：1011-1021．
方伟，赵民，2013．"新区域主义"下城镇空间发展的规划协调机制——基于皖江城市带和济南都市圈的探讨［J］．城市规划学刊（1）：51-60．
方熠威，2019．区域一体化背景下的城市群治理：府际竞合与潜在风险［J］．大连干部学刊，35（7）：54-58．
符天蓝，2018．国际湾区区域协调治理机构及对粤港澳大湾区的启示［J］．城市观察，58（6）：22-29．
傅永超，2007．城市群府际管理模式研究——以长株潭城市群为例［D］．武汉：华中科技大学．
戈特曼，李浩，陈晓燕，2009．大城市连绵区：美国东北海岸的城市化［J］．国际城市规划，S1：7．
顾朝林，2002．中国城市地理［M］．北京：商务印书馆．
顾朝林，浦善新，2008．论县下设市及其模式［J］．城市规划学刊（1）：5．
官卫华，叶斌，周一鸣，王耀南，2015．国家战略实施背景下跨界都市圈空间协同规划创新

——以南京都市圈城乡规划协同工作为例[J]. 城市规划学刊（5）：57-67.

国家发展改革委，住房城乡建设部，2016. 长江三角洲城市群发展规划[Z].

郭磊贤，吴唯佳，2019. 基于空间治理过程的特大城市外围跨界地区空间规划机制研究[J]. 城市规划学刊（6）：8-14.

韩莹莹，李宁宁，朱酥利，2021. 粤港澳大湾区合作机制的分析框架与实现要素——以港珠澳大桥的建设为考察对象[J]. 城市观察（3）：16-27.

合肥日报，2020. 长三角G60科创走廊九城市签订协议——加快技能人才合作共建[EB/OL]. （10-30）[2021-11-30]. http://www.hefei.gov.cn/ssxw/csbb/105532925.html.

何乐，焦高星，2018. 打通省界断头路的创新之举[J]. 群众（17）：69-70.

何翔舟，金潇，2014. 公共治理理论的发展及其中国定位[J]. 学术月刊，46（8）：125-134.

何子张，李小宁，2012. 行动规划的行动逻辑与规划逻辑——基于厦门实践的思考[J]. 规划师，28（8）：63-67.

洪世键，张京祥，2009. 中国大都市区管治：现状、问题与建议[J]. 经济地理，29（11）：1816-1821.

洪银兴，刘小川，尚长风，等，2003. 公共财政学[M]. 南京：南京大学出版社.

胡刚，孙钰佳，2012. 深莞惠城市融合途径探索[J]. 开放导报（2）：94-97.

胡剑双，孙经纬，2020. 国家-区域尺度重组视角下的长三角区域治理新框架探析[J]. 城市规划学刊（5）：55-61.

胡荣，于涛方，吴唯佳，2016. 简政放权背景下中国区域规划事权交易制度[J]. 规划师，32（7）：17-22.

胡序威，2019. 一生无悔：地理与规划研究[M]. 北京：中国建筑工业出版社.

华中源，2013. 试析泛长三角区域合作政府协调机制的构建[J]. 科技管理研究，33（5）：81-85.

黄亚平，2002. 城市空间理论与空间分析[M]. 南京：东南大学出版社.

黄银波，2020. 超越边界：尺度重组中的跨境区域空间演化与治理转型——基于粤港澳大湾区的案例研究[J]. 城乡规划（1）：17-27.

黄卓，宋劲松，杨满伦，董男，2007. "协调规划"与"规划协调"——珠三角"一级空间管治区"的规划与实施[J]. 城市规划（12）：15-19.

霍尔，佩恩，2010. 多中心大都市：来自欧洲巨型城市区域的经验[M]. 北京：中国建筑工业出版社.

姬兆亮，2012. 区域政府协同治理研究[D]. 上海：上海交通大学.

江苏省城市规划设计研究院，江苏省城镇化和城乡规划研究中心，2015. 苏南丘陵地区城镇体系规划（2014-2030年）[Z].

江苏省城镇化和城乡规划研究中心，2016. 跨界联动，特色发展——江苏省域空间相关情况和发展思考[Z].

江苏省城镇化和城乡规划研究中心，2016. 苏北苏中水乡地区城镇体系规划（2016-2030年）[Z].

江苏省城镇化和城乡规划研究中心，2018. 关于推进苏锡常一体化发展的建议[Z].

江苏省城镇化和城乡规划研究中心，2017．宁镇扬一体化空间协调规划［Z］．

江苏省城镇化和城乡规划研究中心，2015．江苏临沪地区跨界协调规划研究［Z］．

江苏省地方志编纂委员会，2013．江苏吴文化志［M］．南京：江苏科学技术出版社，2013．

江苏省规划设计集团江苏省城镇与乡村规划设计院有限公司，2021．环阳澄湖特色田园乡村跨域示范区规划［Z］．

江苏省规划设计集团江苏省城镇与乡村规划设计院有限公司，2021．昆山南部水乡特色精品示范区规划［Z］．

江苏省住房和城乡建设厅，2016．环太湖生态廊道和区域风景路规划［Z］．

江苏省自然资源厅，2021．江苏省国土空间规划（2021－2035）（公开征求意见版）［Z］．

寇大伟，2015．我国区域协调机制的四种类型——基于府际关系视角的分析［J］．技术经济与管理研究（4）：99-103．

李浩，2019．中国规划机构70年演变——兼论国家空间规划体系［M］．北京：中国建筑工业出版社．

李浩，2017．城·事·人：新中国第一代城市规划工作者访谈录第三辑［M］．北京：中国建筑工业出版社．

李金龙，王敏，2010．城市群内府际关系协调：理论阐释、现实困境及路径选择［J］．天津社会科学，1（1）：83-87．

李万勇，李磊，2019．成都都市圈现状及未来趋势研判［J］．四川建筑，39（5）：36-40．

李仙德，宁越敏，2012．城市群研究述评与展望［J］．地理科学，32（3）：7．

李郇，谢石营，杜志威，等，2016．从行政区划调整到同城化规划——中国区域管治的转向［J］．城市规划（11）：72-77，86．

林登．无缝隙政府：公共部门再造指南［M］．北京：中国人民大学出版社，2002：12-18．

林雄斌，杨家文，2020．粤港澳大湾区都市圈高速铁路供给机制与效率评估——以深惠汕捷运为例［J］．经济地理（2）．

林雄斌，杨家文，林倩，2015．都市区中心城与次区域跨界协调发展探讨——以宁波为例［J］．城市观察（4）：74-86．

刘建军，2014．跨界治理：京津冀协同发展的体制机制创新研究［C］．廊坊：第九届河北省社会科学学术年会．

刘君德，1996．中国行政区划的理论与实践［M］．上海：华东师范大学出版社．

刘君德，林拓，2015．中国行政区经济与行政区划［M］．南京：东南大学出版社．

刘君德，王德忠，1996．中国都市区行政区划改革若干问题探讨［J］．浙江学刊（2）：18-22．

刘珺，2018．技术逻辑与利益博弈：跨界协同规划要"两条腿走路"［C］//中国城市规划学会，杭州市人民政府．共享与品质——2018中国城市规划年会论文集（16区域规划与城市经济）．北京：中国建筑工业出版社．

刘松龄，2012．跨界规划的实施问题与保障机制构建——以广佛同城规划为例［J］．现代城市研究（4）：45-48，54．

刘志虹，彭翀，顾朝林，2007．辽中城市群空间协调规划［J］．城市规划（10）：48-51．

罗海明，汤晋，胡伶倩，等，2005．美国大都市区界定指标体系新进展［J］．国外城市规划，20（3）：50-53．

罗忠桓，2018．跨区域治理公共责任实现中监督机制的运用［J］．理论研究（3）：75-80．

罗小龙，沈建法，陈雯，2009．新区域主义视角下的管治尺度构建——以南京都市圈建设为例［J］．长江流域资源与环境，18（7）：603-608．

罗勇，2014．行动规划编制和实施的有效路径探索［J］．城市发展研究，21（4）：8-11．

罗震东，2008．改革开放以来中国城市行政区划变更特征及趋势［J］．城市问题（6）：77-82．

罗震东，2005．中国当前的行政区划改革及其机制［J］．城市规划（8）：29-35．

罗震东，张京祥，苟开刚，卢金河，2009．城市区域跨界协调机制设计研究——以常州市新北区为例［C］．天津：2009中国城市规划年会．

吕志奎，2009．州际协议：美国的区域协作性公共管理机制［J］．学术研究（5）：50-54．

马素娜，范嘉诚，朱烈建，陈侃侃，陈雪伊，冯真，2020．从接轨到融合——上海大都市毗邻区发展策略研究［J］．城市规划，44（S1）：26-33．

马向明，陈洋，黎智枫，2019．粤港澳大湾区城市群规划的历史、特征与展望［J］．城市规划学刊（6）：15-24．

南京都市圈城市发展联盟城乡规划专业协调委员会，2014．南京都市圈区域空间布局协调规划［Z］．

齐子翔，2014．我国省际基础设施共建成本分摊机制研究——以首都第二国际机场建设为例［J］．经济体制改革（4）：48-52．

上官莉娜，李黎，2010．法国中央与地方的分权模式及其路径依赖［J］．法国研究（4）：83-87．

上海市人民政府，2018．上海市城市总体规划（2017－2035年）［Z］．

沈立人，戴园晨，1990．我国"诸侯经济"的形成及其弊端和根源［J］．经济研究（3）：12-19．

石忆邵，章仁彪，2001．从多中心城市到都市经济圈——长江三角洲地区协调发展的空间组织模式［J］．城市规划汇刊（4）：51-54，80．

舒庆，1995．中国行政区经济与中国经济改革［M］．北京：中国环境科学出版社．

宋紫峰，2012．新能源汽车产业联盟发展的国际经验及启示［J］．中国发展观察（3）：3．

搜狐网，2020．宁镇市委书记仅隔两月再聚首，共推宁镇G312产业创新走廊建设［EB/OL］．（09-11）．https://www.sohu.com/a/417780370_120207615．

苏黎馨，冯长春，2019．京津冀区域协同治理与国外大都市区比较研究［J］．地理科学进展，38（1）：17-27．

孙晓敏，张晓荓，袁鹏洲，2017．跨行政区划的武汉大都市区发展路径思考［J］．中外建筑（8）：84-88．

唐燕，2009．柏林-勃兰登堡都市区：跨区域规划合作及协调机制［J］．城市发展研究（1）：55-60．

陶希东，2016．20世纪美国跨州大都市区跨界治理策略与启示［J］．城市规划（8）：100-104．

陶希东，2005．跨省区域治理：中国跨省都市圈经济整合的新思路［J］．地理科学（5）：529-536．

陶希东，2011. 跨界治理：中国社会公共治理的战略选择［J］. 学术月刊（8）：8.

陶希东，2020. 世界知名大湾区跨界治理经验及启示［J］. 创新，14（1）：25-33.

涂青林，2012. 论我国地方区域立法［J］. 人大研究（3）：30-33.

汪伟全，2012. 区域合作中地方利益冲突的治理模式：比较与启示［J］. 政治学研究（2）：98-107.

王德，朱玮，叶晖，2003. 1985－2000年我国人口迁移对区域经济差异的均衡作用研究［J］. 人口与经济（6）：3-11.

王富海，陈宏军，邹兵，施源，2002. 近期建设规划：从"配菜"变成"正餐"——《深圳市城市总体规划检讨与对策》编制工作体会［J］. 城市规划（12）：44-48.

王建，1996. 我国区域经济发展战略的选择［J］. 财政研究（9）：6-10，30.

王郁，2005. 日本区域规划协调机制的形成和发展——以首都圈为例［J］. 规划师（10）：112-114.

王玉明，王沛雯，2015. 珠三角城市群一体化发展：经验总结、问题分析及对策建议［J］. 城市（1）：42-47.

王云峰，2020. 粤港澳大湾区区域协同治理路径研究［J］. 学术探索，249（8）：141-146.

魏清，2011. 金融资源流动与长三角金融一体化研究［M］. 北京：中国商业出版社.

魏宗财，陈婷婷，刘玉亭，2019. 粤港澳大湾区跨界地区协同发展模式研究——以广佛为例［J］. 城市规划，43（1）：33-40.

温铁军，2013. 八次危机——中国的真实经验［M］. 北京：东方出版社.

伍爱群，胡佩，2020. 关于加快构建长三角区域一体化公共卫生服务和应急体系的思考和建议［J］. 中国科技信息，641（23）：119-120.

吴缚龙，高雅，2018. 城市区域管治：通过尺度重构实现国家空间选择［J］. 北京规划建设（1）：6-8.

吴骏莲，崔功豪，2001. 管治的起源、概念及其在全球层次的延伸［J］. 南京大学学报（哲学·人文科学·社会科学版）（5）：123-127.

吴蕊彤，李郇，2013. 同城化地区的跨界管治研究——以广州－佛山同城化地区为例［J］. 现代城市研究（2）：89-95.

吴志强，王伟，李红卫，等，2008. 长三角整合及其未来发展趋势——20年长三角地区边界、重心与结构的变化［J］. 城市规划学刊（2）：1-10.

肖金成，马燕坤，2019. 世界典型都市圈的城市分工格局［J］. 中国投资（中英文）（23）：65-66.

谢识予，2002. 经济博弈论［M］. 上海：复旦大学出版社：11-13.

熊健，孙娟，王世营，等，2019. 长三角区域规划协同的上海实践与思考［J］. 城市规划学刊（1）：50-59.

徐海贤，韦胜，孙中亚，等，2019. 都市圈空间范围划定的方法体系研究［J］. 城乡规划（4）：87-93.

徐现祥，李郇，2005. 市场一体化与区域协调发展［J］. 经济研究（12）：57-67.

许丰功，易晓峰，2002. 西方大都市政府和管治及其启示［J］. 城市规划（6）：77-79.

许均，周国华，唐承丽，等，2016. 长沙都市圈空间界定的定量研究[J]. 安徽师范大学学报（自然科学版），39（2）：175-180.

杨德才，2009. 中国经济史新论（1949－2009年）[M]. 北京：经济科学出版社.

杨光斌，2000. 政治学导论[M]. 北京：中国人民大学出版社，93-95.

杨宏山，2017. 首都功能疏解与雄安新区发展的路径探讨[J]. 中国行政管理（9）：65-69.

杨俊宴，陈雯，2007. 长江三角洲区域协调重大问题的调查研究[J]. 城市规划，31（9）：17-23.

姚士谋，1992. 我国城市群的特征、类型与空间布局[J]. 城市问题（1）：10-15.

姚士谋，陈爽，陈振光，1998. 关于城市群基本概念的新认识[J]. 现代城市研究（6）：4.

姚士谋，陈振光，朱英明，等，1992. 中国的城市群[M]. 合肥：中国科学技术大学出版社.

姚士谋，王书国，陈爽，等，2006. 区域发展中"城市群现象"的空间系统探索[J]. 经济地理，26（5）：5.

易行，韩孟杉，2019. 欠发达地区都市圈范围、绩效与规划应对研究——基于昆明、贵阳、南宁都市圈实证[C]. 重庆：2019中国城市规划年会.

殷存毅，2004. 区域协调发展：一种制度性的分析[J]. 公共管理评论（2）：25-53.

殷荣林，2019. 协同治理与区域"生态共同体"的构建研究——以太湖治理中苏、浙、沪跨界合作为例[J]. 湖州职业技术学院学报，17（1）：75-79.

游宁龙，沈振江，马妍，等，2017. 日本首都圈整备开发和规划制度的变迁及其影响——以广域规划为例[J]. 城乡规划（2）：15-24，59.

于立深，2006. 区域协调发展的契约治理模式[J]. 浙江学刊（5）：139-146.

余亚梅，唐贤兴，2020. 组织边界与跨界治理：一个重新理解政策能力的新视角[J]. 行政论坛，27（5）：52-58.

袁莉，2014. 城市群协同发展机理、实现途径及对策研究[D]. 长沙：中南大学.

曾土花，2018. "一带一路"背景下粤桂生态合作机制探析[J]. 玉林师范学院学报，39（186）：58-62.

张成福，李昊城，边晓慧，2012. 跨域治理：模式、机制与困境[J]. 中国行政管理（3）：102-109.

张广威，刘曙光，2017. 我国区域治理的制度经济分析[J]. 现代经济探讨（3）：40-44.

张建伟，2010. 长三角都市圈区域治理研究[J]. 辽宁行政学院学报，12（3）：21-22.

张京祥，2013. 国家－区域治理的尺度重构：基于"国家战略区域规划"视角的剖析[J]. 城市发展研究，20（5）：45-50.

张京祥，2001. 美国大都市区的发展及管理[J]. 国外城市规划（5）：6-10.

张京祥，陈浩，2014. 空间治理：中国城乡规划转型的政治经济学[J]. 城市规划，38（11）：9-15.

张京祥，耿磊，殷洁，等，2011. 基于区域空间生产视角的区域合作治理——以江阴经济开发区靖江园区为例[J]. 人文地理（1）：5-9.

张京祥，胡嘉佩，2016. 中国城镇体系规划的发展演进[M]. 南京：东南大学出版社.

张京祥，刘荣增，2001. 美国大都市区的发展及管理[J]. 国外城市规划（5）：3.

张京祥，罗震东，2013. 中国当代城乡规划思潮［M］. 南京：东南大学出版社.

张京祥，沈建法，黄钧尧，等，2002. 都市密集地区区域管治中行政区划的影响［J］. 城市规划，26（9）：40-44.

张京祥，吴缚龙，2004. 从行政区兼并到区域管治——长江三角洲的实证与思考［J］. 城市规划（5）：25-30.

张京祥，吴缚龙，马润潮，2008. 体制转型与中国城市空间重构——建立一种空间演化的制度分析框架［J］. 城市规划，246（6）：55-60.

张军，屈朝霞，2005. FDI与中国区域经济平衡发展关系的实证分析［J］. 企业经济（9）：134-135.

张尚武，王颖，王新哲，陈懿慧，刘亚微，2017. 构建城市总体规划面向实施的行动机制——上海2040总体规划中《行动规划大纲》编制与思考［J］. 上海城市规划（4）：33-37.

张维迎，2013. 博弈与社会［M］. 北京：北京大学出版社.

张五常，2009. 中国的经济制度：神州大地［M］. 增订版. 北京：中信出版社.

张暄，2011. 政府规划主导下的东京世界城市发展模式［J/OL］. 城市建设理论研究（30）：Z10-ZZZ.

张云，2019. 国际关系中的区域治理：理论建构与比较分析［J］. 中国社会科学（7）：186-203，208.

赵倩，姚秀利，2017. 基于"美丽宜居"战略的地方行动规划探索——以"盐城美丽宜居城乡建设行动规划"为例［C］. 海口：2017城市发展与规划大会.

赵峥，王炳文，2020. 迈向"治理联盟"：全球大都市圈空间治理的经验与启示［J］. 中国发展观察（13）：4.

中国城市规划学会，中国城市规划设计研究院，2020. 风雨华章路：四十年区域规划的探索［M］. 北京：中国建筑工业出版社.

钟佩茜，许欢. 区域一体化背景下跨界合作美国经验借鉴［C］//中国城市规划学会，重庆市人民政府. 活力城乡 美好人居——2019中国城市规划年会论文集. 北京：中国建筑工业出版社，2019.

周岚，宋如亚，陈小卉，等，2017. 关于借鉴荷兰兰斯塔德经验将江北"七湖"水网地区构建为江苏永续"绿心"的建议［Z］.

周黎安，2007. 中国地方官员的晋升锦标赛模式研究［J］. 经济研究，42（7）：36-50.

周一星，2007. 城市地理学［M］. 北京：商务印书馆.